JOHANNES RAU

Stationen und Begegnungen

Lebensbilder in Texten und Gesprächen,
Interviews und Fotos

Herausgegeben und mit Einleitungen
und Erläuterungen versehen von
Rüdiger Reitz und Manfred Zabel

Gütersloher Verlagshaus

Die Deutsche Bibliothek – CIP-Einheitsaufnahme

Johannes Rau – Stationen und Begegnungen:
Lebensbilder in Texten und Gesprächen, Interviews und Fotos /
hrsg. von Rüdiger Reitz und Manfred Zabel. –
Gütersloh: Gütersloher Verl.-Haus, 1999
ISBN 3-579-02292-X

ISBN 3-579-02292-X

Umschlaggestaltung: INIT, Bielefeld, unter Verwendung eines Fotos von Edwin Elsner,
© dpa-Bildarchiv, Hamburg
Satz: Weserdruckerei Rolf Oesselmann GmbH, Stolzenau
Druck und Bindung: Westermann Druck Zwickau GmbH, Zwickau
Gedruckt auf chlorfrei gebleichtem Werkdruckpapier
Printed in Germany

Inhalt

DRITTER TEIL

Die Herausgeber dieses Buches haben Stationen und Begegnungen im Leben von Johannes Rau aufgesucht, einander zugeordnet und erläutert. Darin unterscheidet sich dieses Buch grundlegend von bisherigen Versuchen einer Rau-Biographie.

Es sagt sich leicht, daß jemand sich selbst über die Jahre treu geblieben sei. In einer Zeit jedoch, die den *flexiblen Menschen* zur Ikone gemacht hat, ist dies nicht leicht. Die Herausgeber haben sich von der Frage leiten lassen: Wie kann ein Mensch in einer Gesellschaft, die aus Episoden und Fragmenten besteht, seine Identität und Lebensgeschichte zu einer Erzählung bündeln? Die Leser werden erkennen, daß Treue zu Überzeugungen das Wagnis langfristiger Zielsetzungen erlaubt.

Deshalb möchte dieses Buch ein sinnvoller *Erzählrahmen* für Selbstzeugnisse sein. In ihnen lassen sich Identität und Kontinuität finden. Woher Johannes Rau kommt, wofür er einsteht und was wir von ihm in Zukunft erwarten können – diese Fragen möchte das Porträt zu beantworten versuchen.

Erstaunlich ist sein beharrliches Festhalten am durchgängigen Lebensthema, an Grundüberzeugungen und einer ganz eigenen Sicht der Dinge. Sie erschließen sich den Leserinnen und Lesern, wenn sie denn den Stationen auf dem Lebensweg vom Schüler in den Bibelkreisen Wuppertals bis hin zum Staatsoberhaupt im Schloß Bellevue in Berlin begegnen möchten.

Dabei gibt es einiges zu entdecken, wenn man auf Zwischentöne in diesen Stationen und Begegnungen horcht. Vom »Staunen« hat Johannes Rau gesprochen, als ihn die Nachricht von der offenen deutsch-deutschen Grenze 1989 in Leipzig mitten in einer Rede erreichte. Staunen ist in der Sprache der Politik ein rares Wort – für Rau ist es freilich kennzeichnend.

Entdeckt haben wir bei Johannes Rau auch Ansätze einer *theologischen Ethik des Politischen*. Vom Glücksfall, daß ein Christ und Demokrat zum Bundespräsidenten gewählt wurde, war schon bei der Wahl Gustav Heinemanns 1969 die Rede. Dreißig Jahre später wird Johannes Rau Nachfolger dieses väterlichen Freundes, ohne den er den Weg in die Politik nicht gegangen wäre.

Herzlich danken wir *Hedda Höbig* für die Sichtung bisher noch unveröffentlichten Bildmaterials; ebenso *Peter Munkelt*, Leiter des Archivs des SPD-Parteivorstandes; sowie *Dr. Matthias Schreiber,* theologischer Berater und Mitarbeiter von Johannes Rau in der Zeit als Ministerpräsident, für Anregungen und Hinweise auf Zugangswege zu wenig bekannten Selbstzeugnissen aus der Feder von Johannes Rau.

Bonn/Siegen, im Oktober 1999

Rüdiger Reitz
Manfred Zabel

ERSTER TEIL

WOHER KOMMT JOHANNES RAU?

Teilnehmende Distanz und distanzierte Teilnahme – Von der Freiheit eines Christenmenschen

Im 1. Korintherbrief beschreibt Paulus sein Verhältnis zu den gesellschaftlichen Rahmenbedingungen mit dem Vorbehalt »Haben, als hätte man nicht« (1. Korinther 7). Einen sehr ähnlichen Vorbehalt mit biblischer Perspektive nennt Johannes Rau, als er auf das Verhältnis von christlichem Glauben und Politik angesprochen wird: Das entscheidende Kriterium des christlichen Glaubens ist für ihn die Nicht-Verfügbarkeit der Welt und des eigenen Lebens und die Zuversicht, daß diese Welt nicht im Verhängnis lebt, sondern daß noch etwas kommt. Mit der Vorläufigkeit menschlichen Handelns läßt sich die Machbarkeit von Politik hervorragend verbinden.

Mit der dialektischen Spannung infolge dieses Vorbehaltes ist Rau in das gängige Schema schwer einzuordnen, das sich für Politiker eingebürgert hat. Ein Christ ist ein freier Herr und niemandem untertan und zugleich ein dienstbarer Knecht und jedermann untertan, so hat Martin Luther diese Dialektik benannt. Auch das paßt nicht so recht. Bekennerpathos ist nicht der Stil des Politikers Rau. Großen Worten gegenüber bleibt er eigentümlich spröde: Wer ein christliches Weltbild hat, gehört in die CDU, heißt es. Damit bestreitet Rau, daß es ein Weltbild gibt, das verbindlich für alle Christen ist. Eine Reduktion des christlichen Glaubens auf »Nächstenliebe = Solidarität« lehnt er also entschieden ab. Über seinen persönlichen Dialog mit Gott im Gebet verweigert er die Auskunft: »Das ist zu privat.« Predigen und Beten im Gottesdienst auf einem Kirchentag? Nach einigem Zögern macht er mit. »Warum soll ich mich verstellen?« Das alles hat mit demonstrativer Frömmigkeit nichts zu tun. Christentum als parteipolitisches Instrument ist ihm zuwider seit jenen Jahren mit Gustav Heinemann, als der Kampf gegen den Mißbrauch des »C« in der Politik Adenauers geführt wurde.

Die distanzierte Teilnahme innerhalb der Sozialdemokratischen Partei macht Johannes Rau bei jeder seiner Reden gleich zu Beginn deutlich. Nicht das traditionelle »Genossinnen und Genossen«, sondern ein schlichtes »Liebe Freunde!« hören die versammelten Parteimitglieder. Rau mag das Wort Genosse nicht. Heinz Kühn, Ministerpräsident von Nordrhein-Westfalen in den Jahren 1966-78, hat ihn in

Briefen mit »Bruder Johannes« angeredet. Das ist hängengeblieben. Den Stallgeruch der Arbeiterbewegung hatte keiner von denen an sich, die 1957 von der GVP in die SPD kamen. Im Kreis der »bürgerlichen« Seiteneinsteiger haben die Freunde ganz eigene Beiträge in die SPD eingebracht: die Justizreformer Gustav Heinemann und Diether Posser, der programmatisch orientierte Vordenker Erhard Eppler und – wiederum ganz eigenständig – Johannes Rau als Ministerpräsident sehr nahe dem Anspruch eines »Bürgerpräsidenten«, wie Heinemann das Bundespräsidentenamt verstanden wissen wollte.

Für viele ist Johannes Rau bekannter und beliebter als seine Partei. Sein Programm als Kanzlerkandidat stellt er am 16. Dezember 1985 unter dem Leitwort »Versöhnen statt spalten« sehr betont in der kleinen Stadt Ahlen in Westfalen vor. Dort hatten Christliche Demokraten am 3. Februar 1947 das sogenannte »Ahlener Wirtschaftsprogramm für Nordrhein-Westfalen« formuliert mit dem Anspruch eines christlichen Sozialismus, was Adenauer überhaupt nicht paßte.

Dieser Auftakt eines langen und am Ende erfolglosen Wahlkampfes steht in der Kontinuität der politischen Arbeit von Johannes Rau. Nachdem er am Wahlabend des 25. Januar 1987 seine Niederlage erkannt und der Partei sein Mandat als Kandidat zurückgegeben hat, macht er seine Arbeit unverdrossen weiter. Um das Aufweichen der weltanschaulich künstlichen Fronten in der Politik ist er bemüht, um Mut zu kleinen, übersehbaren Schritten, die zugunsten der Nächsten, der Nachbarschaft oder der Gemeinschaft getan werden. Das durchzieht alle Perioden seines Wirkens in seiner Heimatstadt Wuppertal, in der Landeshauptstadt Düsseldorf, in Bonn und Berlin. Front-Denken in jeder Hinsicht fordert ihn heraus. Da kann er gelegentlich sehr hart mit seinen Widersachern fechten. Weltanschauliche und konfessionelle Fronten in der Innenpolitik und ideologische Begründungen militärischer Fronten zwischen den Staaten gilt es aufzuweichen. Hier setzt er immer wieder an, die harten Bretter zu bohren, Bewußtsein zu erweitern und Rahmenbedingungen zu schaffen für neue Wege zum Miteinander. Daran wird er auch als Bundespräsident arbeiten. »Ich habe ein calvinistisches Verhältnis zu der Arbeit. Ich arbeite so gerne, daß es manchmal gefährlich ist, weil es überlastet«, sagt er selbst.

Seine großen Erfolge in der Kultur-, Schul- und besonders in der Hochschulpolitik in Nordrhein-Westfalen dienen dem Ziel, Chancengleichheit herzustellen. Bildungsbarrieren abbauen kann die Fronten aufweichen helfen. Die Interessenkonflikte zwischen Ökonomie und Ökologie überwinden, darin sieht Rau eine große Chance für die Strukturreform im Industrieland an Rhein und Ruhr. Diesem Ziel verpflichtet, organisiert er Gesprächsrunden quer zu den Parteigrenzen, gründet

Stiftungen, bringt Menschen unterschiedlicher Herkunft an einen Tisch. Sein Regierungsstil ist diesem Ziel untergeordnet. Diskussionen und Delegation von Verantwortung und immer wieder: Gespräche mit den Bürgerinnen und Bürgern, für die Politik da ist und gemacht wird.

Es gibt nur wenige Themenbereiche, in die ein anderer Johannes Rau seinen Beitrag einbringt. Einer davon ist das Verhältnis zwischen Christen und Juden, Deutschland und Israel. Hier redet er schroff gegen den Wohnzimmerfaschismus in der Bürgergemeinde und gegen die Judenmission in der Christengemeinde. Das Ziel ist eine Erneuerung des Dialogs nach dem Holocaust. Darum kann es keine Relativierung der Schuld geben. Die politischen und die religiösen Wurzeln der Judenfeindschaft als der exemplarischen Gestalt einer rassistischen Ideologie benennt Rau schonungslos. Hier ist nichts von Harmoniesehnsucht zu merken, wohl aber Erleichterung und Dankbarkeit für Gelegenheiten im In- und Ausland – vor allem in Israel –, wenn die Überlebenden des Holocaust zum Dialog bereit sind. Wenn die Frage lautet »Wo ist dein Bruder Abel?« hat die distanzierte Teilnahme ihren Sinn verloren. In der Israelfrage gibt es keine Gnade der späten Geburt.

Johannes Rau ist der Antityp zu allen frommen und weltlichen Fanatikern. Das muß mit seinem Elternhaus zusammenhängen. Weil er »von Kind auf die heilige Schrift weiß und sich unterweisen läßt« (2. Timotheus 3, 15), fühlt er sich gehalten und zugleich zu andauerndem Dank verpflichtet in Erinnerung an seine Eltern.

»Pfarrer war er nicht, Wanderprediger nicht. Ein Prediger unterwegs«, so läßt Johannes Rau das Porträt seines Vaters ausklingen. Als Johannes Rau 1931 in Wuppertal geboren wurde, stand sein Vater im Dienst des Blauen Kreuzes, vom Sohn später liebevoll distanziert als ein »mittelständischer Konzern des Pietismus« bezeichnet. Der Vater liebte das Lachen, fragte nach Hoffnung für die Welt und ging allen frommen, engstirnigen, lustlosen und engen Typen verärgert aus dem Weg. Das Elternhaus war gastfrei ohne Murren, »Ökumene regional«, stets offen für die Mühseligen und Beladenen. Der geregelte Tagesablauf mit Losung und Lehrtext, Tischgebet und Schriftauslegung hat Spuren hinterlassen im Lebensstil und Lebensgefühl des Erwachsenen. Von der Bibel als dem »täglichen Brot des Lebens« zehrt der Sohn in allen Lebenslagen. Oft hat Rau das treffende Bibelzitat zur rechten Zeit parat – immer mit entkrampfender Wirkung. Hinter dem befreienden Lachen steckt ein Sinn. So neu sind unsere heutigen Fragen und Antworten nicht. Das haben unsere Vorväter schon in Worte gefaßt. Deshalb sollen und brauchen wir uns nicht ganz so wichtig und ernst zu nehmen.

Manche haben Johannes Rau den spielerischen Umgang mit Bibelworten übelgenommen oder ihn gar als Ausdruck von Überheblichkeit gewertet. In der Tiefe deutet sich hier jedoch die Bemühung um Versöhnungsarbeit an. Die Gegensätze in Kirche, Gesellschaft und Politik relativieren sich sub specie aeternitatis, d.h. aus der Perspektive der Ewigkeit. Da werden Spaltungen durch Versöhnung überwunden, nicht überkleistert. Schon 1953 lädt Rau die jugendlichen Leser der Jungenwacht *ein, sich eigene Gedanken zu machen über Dankbarkeit und Distanz zum eigenen Elternhaus und danach zu handeln. Dank auf der einen Seite für die Nestwärme einer christlichen Hausgemeinschaft, in der Gottes Wort das Brot der frühen Jahre war – trotz vieler Sorgen um das tägliche Brot auf dem Tisch. Und Distanz auf der anderen: »Wenn ich einmal Familie habe, wird manches anders sein.« Wie er diese Vorsätze im Alter von 51 Jahren umzusetzen beginnt, darüber dringt nur gelegentlich etwas nach draußen. Seine Frau Christina, geb. Delius, eine Enkelin von Gustav Heinemann, und die Kinder Anna Christina, geb. 1983, Philip Immanuel, geb. 1985, und Laura*

Helene, geb. 1986, werden den Hausvater an seine frühen Versprechungen bezüglich Taschengeld und Verständnis erinnern. Wie es drinnen aussieht in der Familie Rau, geht andere nichts an. Die Familie bleibt wohlweislich ein geschützter Bereich, aus dem nur gelegentlich Anekdotisches in Reden einfließt. Wer wissen will, welches Brot bei Raus heute gegessen wird, sei auf das Buch hingewiesen »Pfefferpotthast, Panhas, Dämmerkauken: Nordrhein-Westfalen kocht« – Original-Rezepte, gesammelt und herausgegeben von Christina Rau. Was dort an Gaumenfreuden genannt wird, haben Raus probiert, läßt uns Christina Rau wissen.

Meine Eltern

Beim letzten Weihnachtsfest saß der Großvater noch unter uns und erzählte. Er war Revierführer der Schutzpolizei gewesen und hatte viel erfahren. Nun ist er gestorben. Er wird nicht mehr dabeisein. Aber Thomas ist da, der Sohn meines Bruders. Er wird zum ersten Mal den Christbaum sehen, und sein lustiges Geschrei wird manches Weihnachtslied stören. Er liebt das Singen noch nicht und hat wohl auch etwas gegen die Lieder, die meine Eltern noch aus ihrer Jugend kennen und die ich meinen Kindern einmal vorsingen werde.

Ich bin das dritte von fünf Kindern, nach dem deutschen Zusammenbruch haben wir noch einen Jungen aus Ostpreußen aufgenommen. In

Johannes Rau (2. von rechts) im Kreis der Eltern und Geschwister

unserer Familie ist immer etwas los. Gäste, Feste, Sorgen ... Interessiert euch mein Vater? Er ist 55 Jahre alt geworden und ist wie alle Väter. Wir lieben ihn und machen das »Generationsproblem« unter uns aus. Noch arbeitet er für uns, für die Jüngeren. Dann werden wir, so Gott will, für ihn arbeiten. Und für die Mutter.

Das Haar meiner Mutter ist grau geworden, weil ihr Leben nur Arbeit kannte jeden Tag. Aber sie ist unsere Mutter und arbeitet gern. Ihr Leben vollzieht sich in den Bahnen eines großen Stadthaushaltes mit vielen Verwandten und Freunden. Meine Eltern haben ihre Ehe ganz unmodern begonnen. Sie haben nicht nur nach ihrer Liebe, sondern auch nach dem Willen Gottes gefragt, weil er der Vater über alle Familien ist. Dieser Wille Gottes ist noch heute für meine Eltern die Richtschnur des Lebens.

Und doch sind wir fünf keine Musterkinder geworden. Jawohl, meine älteste Schwester ist von der Gemeindeschwester zur Pfarrfrau »avanciert«, mein Bruder hat für seine Frau und für Thomas Leben und Glück. Die beiden jüngeren werden bald die Ausbildung geschafft haben. Aber mit der Schule zum Beispiel hat es immer gehapert. Ich interessierte mich mehr fürs Lyzeum als fürs Gymnasium. Die Lehrer ärgerten sich und machten zu den guten Noten ungute Bemerkungen.

Wenn die Eltern uns fünf – nein, uns sechs – jetzt beieinander haben, sind die Augen hell von Dankbarkeit, und das mag uns beschämen. Wir haben oft nicht so gelebt, wie das Vorbild der Eltern es vielleicht bewirkt haben müßte. Und wenn das Vorbild der Eltern versagte (wie wir meinten), dann haben wir auch versagt.

Unsere Wohnung hallt nicht wider vom »Immer fröhlich, alle Tage Sonnenschein ...«. Aber in unserer Wohnung sind die Eltern, und ihr Leben wird nicht autonom bestimmt. Es kann schon geschehen, daß mein Vater wegen der Rechnungen des Lebensmittelkaufmanns, wegen der Telefonrechnung und auch wegen der Mieterhöhung nervös wird. Es kann geschehen, daß meine Schwester über Mangel an Verständnis klagt und daß mein Bruder mehr Taschengeld fordert, weil er »schließlich auch etwas vom Leben haben« will. Wir sind eine normale Familie. Ganz normal, die Sorgen sind ein wenig größer als normal ...

Aber wir haben im Wohnzimmer einen Spruch hängen (neben vielen Bildern). »*Du stellst meine Füße auf weiten Raum.*« Wir haben die Andacht und das Gebet. Es kann geschehen, daß wir Brüder mit dem Vater beten.

Wenn ich einmal Familie habe ...«

Wenn ich einmal Familie habe, wird manches anders sein. Ich werde kein Harmonium haben wollen (Psalterpumpe sagen wir manchmal), und ich werde mit meiner Frau ab und an ins Kino gehen. Ich werde wahrscheinlich eine moderne Methode der Kindererziehung einführen, WK-Möbel sollen die Wohnung zieren. Aber ich werde jenes Wort nicht aus meinem Vokabular streichen, das meine Eltern manchmal brauchen: »So Gott will«.

Meine Kinder werden keine Musterkinder werden, hoffe ich. Und sie werden einmal mehr Verständnis fordern und mehr Taschengeld. Dann werde ich vielleicht von jenen Zeiten reden, in denen alles ganz anders und viel normaler war. Dann werde ich sagen: »Eure Eltern früher ...«

Aber ich werde Gott bitten, daß er auch in meiner Familie bei mir und ihr ist. Daß er auch der Vater meines Hausstandes sein möge und Sünde gegen meine Eltern nun nicht heimsuche bis ins dritte und vierte Glied. Um Christi willen, den meine Eltern mir gezeigt haben, zu dem meine Eltern mich führten und dem meine Eltern mich anvertrauen, wenn sie die Augen schließen, und wenn ich – dann erst – erkenne, was Familie ist. Wieviel mir Gott mit meinen Eltern schenkte!

Jungenwacht 12/1953

Ich weiß nicht, durch wen und warum mein Vater das geworden ist, was er einen »bewußten Christen« nannte. Er verstand sich so, bevor er meine Mutter kennenlernte. Da müssen Menschen an seinem Weg gewesen sein, deren Leuchtkraft ihn bewegte. Prominent werden sie nicht gewesen sein, sonst hätte er uns ihre Namen gesagt. Fromme, engstirnige, lustlose und »enge« Typen können sie nicht gewesen sein, sonst wäre er ihnen verärgert aus dem Weg gegangen. Statt dessen ging er mit ihnen, wenn er seine Ladentüre zugeschlossen hatte, und hielt »Stunde«, wie das bei uns im Bergischen heißt. Er »hatte Gemeinschaft«, wie man das bei uns nennt – und bei den Schwaben und bei denen in Minden-Ravensberg und im Siegerland, wo die »Erweckungsbewegung« Menschen bewegt und verändert hatte.

Als mein Vater siebenundzwanzig war, ließen sich Beruf und Geschäft nicht mehr vereinbaren. Beruf – das war und das wurde das Predigen mit Vollmacht und ohne Diplom. Ob es das heute nicht mehr gibt oder nur in mir verschlossenen Kreisen, weil sie das Gesetz fürs Evangelium halten?

Ich, ich bin euer Tröster.
Aus dem Losungswort des Sterbetages:
Jes. 51, 12.
Du stellst meine Füße auf weiten Raum.
Psalm 31, 9.

Gott nahm am 15. Dezember unerwartet Seinen getreuen Diener, meinen geliebten, treusorgenden Mann, unsern guten Vater und besten Freund, unseren lieben Schwiegervater und Großvater, Pflegevater, Schwager, Onkel, Neffen und Vetter

Ewald Rau

im Alter von 55 Jahren in Sein Reich. Sein Leben war in fröhlichem Dienst, in Hingabe und Liebe reich und gesegnet. Wir danken Gott für alles, was Er uns mit ihm gab und wissen, daß Er ihn uns nahm.

In getröstetem Leid:

Helene Rau geb. Hartmann
Pfarrer Karl Hager und Frau Leni
geb. Rau
Traugott Rau und Frau Gerda
geb. Lauber mit Thomas
Johannes Rau
Christel Rau
Hartmut Rau
Heinz Graff
und Angehörige

W.-Barmen, Bensberg/Rhld., W.-Vohwinkel, am 17. Dezember 1953
Rieschelder Straße 14

Die Beerdigung findet am Sonnabend, dem 19. Dezember 1953, um 11.00 Uhr von der Friedhofskapelle an der Hugostraße aus statt.

Montanus u. Ehrenstein, Wuppertal-W.

»Du stellst meine Füße auf weiten Raum« – dieses zentrale Bibelwort im Leben von Johannes Rau erscheint in der Todesanzeige für den Vater.

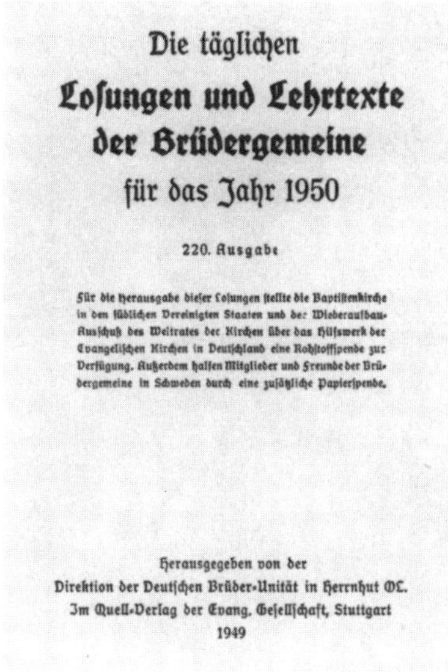

Die täglichen

Losungen und Lehrtexte
der Brüdergemeine
für das Jahr 1950

220. Ausgabe

Für die Herausgabe dieser Losungen stellte die Baptistenkirche in den südlichen Vereinigten Staaten und der Wiederaufbau-Ausschuß des Weltrates der Kirchen über das Hilfswerk der Evangelischen Kirchen in Deutschland eine Rohstoffspende zur Verfügung. Außerdem halfen Mitglieder und Freunde der Brüdergemeine in Schweden durch eine zusätzliche Papierspende.

Herausgegeben von der
Direktion der Deutschen Brüder-Unität in Herrnhut OL.
Im Quell-Verlag der Evang. Gesellschaft, Stuttgart
1949

Losungsbüchlein der Herrnhuter Brüdergemeine (1. Ausgabe 1730) für das Jahr 1950. Diese Losungs- und Lehrtexte sind tägliche Begleiter für Johannes Rau.

»Deutscher Hauptverein des Blauen Kreuzes« hieß der Arbeitgeber meines Vaters zwanzig Jahre lang. Mit der *Bekennenden Kirche* hatte dieser mittelständische Konzern des Pietismus nicht viel im Sinn, die war ihm zu politisch (und auch mein Vater hat spät gemerkt, daß die politische Abstinenz viel gefährlicher war als das Einstehen und das Durchstehen des Evangeliums gegen seine germanischen Mißbräuche). Er reiste, hatte seine Sprengel

Sechs Pfarrer, die in der evangelischen Kirchengemeinde Barmen-Gemarke tätig waren, v.l.n.r.: Erich Schmidt, Karl Immer, Paul Humburg, Paul Kuhlmann, Adolf Lauffs, der Johannes Rau taufte, Hermann Obendieck. Foto vom August 1932.

und seine Schutzbefohlenen, war wochenlang unterwegs und ganz zu Hause, wenn er nach drei Wochen eine oder nach vieren zwei zu Hause war. Wir durften nicht stören, wenn er »sich vorbereitete«, aber ich jedenfalls stöberte in seinen Büchern, wenn er irgendwo in Sachsen oder in Ostpreußen »evangelisierte« und bloß väterlich-mahnende Postkarten schrieb.

Habe ich jetzt erzählt, was und wer er war? Ich konnte es jedenfalls einer ganz gebildeten und wohlwollenden Journalistin nicht erklären, in deren Feder mein Vater zum »Wanderprediger einer Sekte« wurde, weil sie bloß zwischen Kirche und Nichtkirche glaubte unterscheiden zu können. Bei uns ist das komplizierter und viel reicher. Die »Losungen« der Herrnhuter und der »Neukirchner« (mit den früher jedenfalls entsetzlichen Rückseiten) waren keine Fesseln.

Die Jahre nach dem Krieg waren die Jahre eines »freien Evangelisten«, in denen wir Kinder unseren Vater öfter hören konnten. Wer seine Vorbilder waren, weiß ich nicht: vielleicht Spurgeon, vielleicht Moody, vielleicht Daniel Schäfer? Nach der Melodie »Die Predigt habe ich fertig, mir fehlt nur noch der Text« ging es da nicht (und bei wie vielen Studierten geht's heute noch danach!). Er konnte sich quälen, weil sich eine Bibelstelle nicht erschloß und weil er doch heraushören wollte, was in ihr an Befreiung lag. Darum hat ihn der (bergische, schwäbische, englische) Pietismus nie versuchen und nie sauertöpfisch machen können. Christen, denen das Lachen vergangen war, fand mein Vater zum Weinen, auch wenn sie ihre Erweckungs- und Bekehrungssstunde kannten und notiert hatten.

Bei uns zu Hause war Ökumene regional, als der Weltkirchenrat noch nicht in den Schlagzeilen stand und als Kirchen und Freikirchen sich noch mißtrauisch vor Tribunale zogen. Wir sangen die »Reichslieder« und die reformierten Psalmen, und im geselligen Kreis war unbedeutend, ob jemand Baptist oder Lutheraner war. Ob er Hoffnung für diese Welt habe, danach konnte mein Vater seinen Gesprächspartner hartnäckig fragen. Da drohte keiner mit dem Weltgericht. Aber ob der Tag kommen würde, an dem »alle Knie sich beugen und alle Zungen bekennen werden, daß er der Herr sei«, das war schon wichtig. Wenn man das »Allversöhnung« nannte, scherte ihn das nicht. Kirchlichen und außerkirchlichen Sonderbewegungen stand er mit neugierigem Interesse gegenüber, aber wenn irgendwo nach seiner Einsicht nicht das Brot des Lebens, sondern bloß die Torte des theologischen

»Obwohl ich in den Kriegsjahren aufgewachsen bin, habe ich eine Kindheit gehabt, von der ich hoffe, daß sie andere auch noch erleben – unter anderen Umständen.«

Eigensinns, nicht das Salz der Erde, sondern bloß der Zuckerguß der christlichen Welt angeboten wurde, dann wandte er sich schnell desinteressiert ab.

Für uns, die fünf Kinder, war des Vaters Bücherschrank eine unterschiedlich stark frequentierte Fundgrube. Vielleicht gehörte die bunte Vielfalt dessen, mit dem er sich umgab, zum notwendigen Arsenal eines Autodidakten, der kein Dilettant bleiben wollte. Daß einer der Brüder, 1929 geboren, Traugott genannt wurde, muß wohl mit der damals viele faszinierenden Biographie des baltischen Pfarrers Traugott Hahn zu tun gehabt haben. Der Bruder hat den Namen in der Schule eher erlitten als getragen, aber das ging vielen Pfarrerskindern in jenen Jahren ganz genauso. Ich bin manchen dieses Vornamens begegnet, sie waren alle Pfarrerssöhne aus den gleichen Jahrgängen ...

Viel faszinierender als die Bücher – Historisches, Musikgeschichtliches, »Schöngeistiges« – waren die Leute, die kamen. Leute kamen eigentlich immer. Da waren nicht nur die Kollegen mit unterschiedlichen akademischen Weihen oder ganz ohne sie, nicht nur die sprichwörtlich gut betuchten Barmer oder Elberfelder Fabrikanten und Kaufleute, sondern eben auch die »verkrachten« Existenzen, die »geretteten Trinker«, die von der Bahnhofsmission Mitgebrachten ohne festen Wohnsitz, denen wir Jungen einmal für eine Nacht zu weichen hatten oder die mit bei Tisch saßen. Das war interessanter als kulinarische Küche, die wir uns nicht leisten konnten.

Jedenfalls haben wir gelernt, daß die Kirche Jesu Christi nicht irgendein mittelständisch-religiöses Unternehmen ist, sondern daß die »Mühseligen und Beladenen« dazugehören und daß die, denen Jesus sich zuwendet, nicht nur so aussehen, wie Schnorr von Carolsfeld sie gemalt hat. Toulouse-Lautrec hat einen schärferen und einen liebenderen Blick gehabt als mancher Bibelillustrator.

Die Kinder schwärmten allmählich aus. Daß einem, mir, das Klischee von der Bibelfestigkeit anhing, war von daheim bestimmt. Für uns gehörte das, was heute wie ein altmodisches Ritual zu wirken scheint, zum Lauf des Tages wie Waschen und Essen, wie Spielen und Schlafen: daß man den Tag am Morgen unter die »Losungen« (der Herrnhuter) stellte, daß »Tischgebet und Schriftauslegung« zur Mahlzeit gehörten wie Messer und Gabel und daß man manchmal sehnsüchtig schielte, wie lang die Auslegung wohl heute sei und was dem Autor an scheinbar Belanglosem wohl einfiel. Für Kinder war das in den wenigsten Fällen geschrieben, was da zu hören war.

Verzerrungen gab es auch: Nirgendwo wird so stark wie in unseren Breiten die Frage nach dem Christsein so sehr auf das reduziert, was der Christ dürfe, statt auf das, was er sei und was man ihm abspüre. Ob der Christ rauchen, trinken, ins Kino oder (wie mein Vater mit Vorliebe) ins Kabarett gehen könne, das hat manchen Abend die Gemüter stärker erregt als der Vorwurf Nietzsches, die Erlösten sähen zuwenig erlöst aus, als daß er an ihren Erlöser glauben könne. Da war viel Zeitgeist im Geist der Zeit.

Aber Freiheit haben wir nicht bloß als Thema des Galaterbriefes kennengelernt, sondern als Kinder erfahren. Die sprichwörtliche Enge der Frommen kenne ich nur als Sprichwort. »Bringt heute mit, wen ihr liebhabt«, konnte es am Sonntagmorgen heißen. Dann waren am Nachmittag die Schulfreunde und die Nachbarskinder und die Jugendlieben (Beständigkeit im Wandel) dabei, und Langeweile schien ein Fremdwort zu sein.

»Ich habe Ihren Vater noch erlebt, ich habe Ihren Vater hier in der Kirche gehört« – noch heute begegnen mir, wenn ich durch unser Land fahre oder in andere Bundesländer komme, Menschen, die mich auf ihn anreden. Manche wissen noch die Texte, zu denen er sprach. Da wird dann bildhaft, was die Ströme lebendigen Wassers sind, die von dessen Leibe fließen sollen, der »an ihn« glaubt. Ich fand das Bild immer falsch und lustig, aber heute verstehe ich es ein wenig. Und ich denke daran, daß mein Vater immer auf den scheinbaren Widerspruch hinwies, wenn in einem Psalm der Sänger von dem neuen Lied erzählt, das auf seine Lippen gegeben sei, und dann vermutet: »Das werden viele *sehen* und den Herrn preisen.« *Sehen* solle man das neue Lied, nicht bloß hören, sagte er, *auf unser Tun komme es mehr an als auf unser Reden.*

Das lernt man nie zu Ende, auch dann nicht, wenn man selber so alt ist, wie der Vater wurde.

Pfarrer war er nicht, Wanderprediger nicht. Ein Prediger unterwegs.

Aus: Greiffenhagen, Martin (Hrsg.): Pfarrerskinder. Autobiographisches zu einem protestantischen Thema, Stuttgart 1982.

Zu Hause war viel Weltoffenheit

Gaus: Die Herkunft, das Elternhaus von Johannes Rau: einfache Leute, jedenfalls väterlicherseits, mütterlicherseits eher gutbürgerlich wohlhabend. Der Großvater war Pflasterer, Steineklopfer, dann Polizist. Der Vater war pietistischer Evangelist und Prediger im Bergischen Land, wo es von altersher viele Sekten gegeben hat. Johannes Rau, geboren am 16. Januar 1931 in Wuppertal, zwei Schwestern, zwei Brüder. Was hat Ihnen das Elternhaus mitgegeben, was der Vater, was die Mutter?

Rau: Also, mein Vater, so haben Sie mit Recht gesagt, war ein bergischer Pietist. Wenn man das Wort Pietist ausspricht, sagen viele Leute als Assoziation sauertöpfisch, humorlos, frömmelnd, und genau das war er nicht. Er war fröhlich, er wußte, christlicher Glaube lebt nicht aus Tradition, sondern aus Hoffnung, aus Zukunft. Er hatte ein offenes Herz für Menschen, er sagte uns schon, als wir kleine Kinder waren, bringt mit, wen ihr lieb habt. Das war zwar die Sprache der Väter, aber es war so viel Weltoffenheit und bei meiner Mutter so viel fürsorgliche Strenge und Liebe, daß ich sagen muß, obwohl ich in den Kriegsjahren aufgewachsen bin, habe ich eine Kindheit gehabt, von der ich hoffe, daß sie andere auch noch erleben unter anderen Umständen.

Gaus: Sind Sie ein bißchen nah am Wasser, wenn Sie über Ihre Eltern reden?

Rau: Ja, das gebe ich zu. Das hängt aber auch damit zusammen, daß ich meinen Vater verloren habe durch einen tödlichen Unfall, bei dem ich nicht Zeuge war, aber wenige Minuten später dazukam, daß ich da noch in der Phase war, in der ich meinen eigenen Weg suchte.

Gaus: Wann war das?

Rau: Das war 1953, und ich habe damals ein paar Jahre – ich schrieb Artikel und politisierte ein bißchen –, ich habe manchmal gedacht, warum schreibe ich noch, er liest es ja doch nicht mehr. Ich habe eine starke Bindung an meine Eltern gehabt, und ich bin jetzt froh darüber, daß ich in einem Familienverband lebe, der sich ständig vergrößert.

Aus einem Interview mit Günter Gaus am 25. Oktober 1993, SAT 1

»Die sprichwörtliche ›Enge der Frommen‹ kenne ich nur als Sprichwort. ›Bringt heute mit, wen ihr liebhabt‹ konnte es am Sonntagmorgen heißen, dann waren am Nachmittag die Schulfreunde, die Nachbarskinder und die Jugendlieben dabei.«

Immunisiert und nicht politisiert

Anläßlich der Eröffnung einer Ausstellung »Widerstand 1933-1945. Sozialdemokraten und Gewerkschafter gegen Hitler« am 9. Januar 1982 im Museum für Volk und Wirtschaft *in Düsseldorf ging Johannes Rau ebenfalls auf sein Elternhaus ein:*

Für mich als jemanden, der am Ende des Zweiten Weltkriegs und am Tage des Zusammenbruchs vierzehn Jahre alt war, eignet sich der Ausstellungsgegenstand nicht. Ich komme aus einem Elternhaus, das immunisiert war gegen Nationalsozialismus, aber nicht politisiert, denn ich hatte in der Breite meiner Verwandtschaft sowohl den, der das Parteiabzeichen stolz trug, als auch denjenigen, der seinem eigenen Neffen nicht erzählen durfte, wo er denn drei Jahre gewesen war.

Ein Stück Heimat

ZEIT: Wie haben Sie den Krieg erlebt?

Rau: Ich komme aus Barmen-Gemarke, aus der Gemeinde, in der die Bekennende Kirche begründet worden ist. Das habe ich immer als ein Stück Heimat empfunden; es hat mich davor bewahrt, ein kindlicher Mitläufer zu werden, obwohl ich aus einem eher nationalen Elternhaus stamme. Den Krieg erlebte ich als eines von fünf Kindern, deren Vater sechs Jahre lang Soldat war und am Schluß verwundet wurde.

ZEIT: Ihr Vater war Prediger, davon bleibt Ihnen etwas.

Rau: Ich hoffe es.

ZEIT: Werden Sie auch als Präsident predigen?

Rau: Lesen Sie bitte die Bremer Predigten aus dem 19. Jahrhundert. Weltlicher geht es kaum!

ZEIT: Bruder Johannes ...

Rau: ... hat moralische Maßstäbe, ist aber kein Moralist.

DIE ZEIT vom 8. April 1999

Vaters Bücherschrank, eine Fundgrube für die fünf Kinder, gefüllt mit »Historischem, Musikgeschichtlichem und Schöngeistigem«. Der Sohn vermutet: »Vielleicht gehörte die bunte Vielfalt dessen, mit dem er sich umgab, zum notwendigen Arsenal eines Autodidakten, der kein Dilettant bleiben wollte.«

Zu den Mahlzeiten im Elternhaus gehört nicht nur das Tischgebet, sondern auch eine vorgelesene Schriftauslegung: »Für Kinder war das in den wenigsten Fällen geschrieben, was da zu hören war.«

Früher Umgang mit Büchern prägt. Ob es daran liegt, daß sich Johannes Rau nie als »Draußen vor der Tür« vorgekommen ist wie Wolfgang Borchert, daß die Erfahrungen von Krieg, Hunger, Elend und Entbehrungen ihm wenig haben anhaben können? Vergessen hat er sie dennoch nicht. Ständig »unterwegs«, umgetrieben, hungrig nach mehr Wissen, das er im Dialog mit Pastoren und Schülern in den Bibelkreisen und im Verschlingen des zu Büchern geronnenen Wissens zu sich nimmt.

Auch Johannes Rau ist Autodidakt. Der vorzeitige Abgang vom Gymnasium bleibt ein »Makel« in seiner Biographie, vielleicht das einzige bleibende Zeichen jener frühen Jahre im Haus des Predigers, der oft unterwegs war. Alles, was er weiß und kann, hat Rau sich selbst angeeignet. Ein Leben mit Büchern, das wäre etwas für den Sohn, meint Vater Ewald Rau und bringt den interessierten Achtzehnjährigen im Verlag Emil Müller KG als Lehrling unter. Als Rau 1949 seine Ausbildung als Verlagskaufmann beginnt, verkaufen sich »Die zehn Gebote Gottes« von Emil Brunner als Bestseller mit 100.000 Exemplaren. Rau lernt alles über das Büchermachen. Er nimmt an Autorengesprächen teil, redigiert Manuskripte, liest Korrektur und wird schon in der Ausbildung Verlagsvertreter, der mit seinem Dienstwagen durchs Land reist und Buchhandlungen besucht.

Seit 1950 schreibt er für die Westdeutsche Rundschau *und als Kolumnist in der* Jungenwacht*, der Monatszeitschrift der Bibelkreise. Journalistische Gesellenstücke entstehen und – auch hin und wieder unter Pseudonym – ein Stück Erbauungsliteratur, jedoch von Beginn an gewürzt mit einer Prise Humor und politischer Perspektive. Der Verlag der Schülerbibelkreise (SBK) verdankt seine Existenz einer Initiative von Hermann Ehlers, der nach 1945 unermüdlich die Arbeit der Bibelkreise anregte. Er war zugleich Schatzmeister und als Verlagsleiter Mitglied im Reichsausschuß der SBK. Im Kreis vieler junger Theologen wurde Johannes Rau der »Fachmann für das Herstellen und den Vertrieb von Gedrucktem: Zeitschriften, Broschüren,*

Blätter, später Bücher«, so erinnert sich der ehemalige SBK'ler Pfarrer Eberhard Warns und fügt hinzu: »Dir war die Fähigkeit zur Autorenermunterung gegeben.«

Gegen schlichte Jugendtümelei setzt der Lektor und Kommentator Rau neue Maßstäbe: Literarisches Niveau und politische Akzentuierung christlicher Verkündigung werden zu einem Erkennungsmerkmal der Jungenwacht. *Eine der ersten journalistischen Arbeiten von Rau ist eine Buchbesprechung von Oktober 1950 in der* Westdeutschen Rundschau. *Sie gilt der Erzählung »Unruhige Nacht« von Albrecht Goes. Der Rezensent zeigt sich »beglückt von solcher Gestaltungskraft und auch angewidert … von der Erscheinung des Krieges«. In der* Jungenwacht *gewährt der Kolumnist Einblicke in »Meine Bücherregale«. Im Regal stehen versöhnt nebeneinander, was draußen zwischen den Theologen Barth und Brunner als Streit um die Grundfragen der Dogmatik die Diskussionen unter den Theologiestudenten jener Jahre bestimmt.*

Meine Bücherregale

Meine Liebe zu den Büchern fing eigentlich, wenn ich mich recht erinnere, mit dem Tage an, an dem Vater jedem seiner fünf Kinder ein Fach in der linken Seite des großen, vornehmlich mit Büchern angefüllten Wohnzimmerschrankes »zu treuen Händen« und zum Trutz gegen kinderreiche Unordnung übergab. Da sammelten wir: die Mädchen Puppen und Ab-

»Die Liebe zum Lesen machte mich irrtümlich zum Buchhändler.«

zieh- und Tauschbilder, das erste Poesie-Album erhielt seinen Platz – die Jungen Bleisoldaten (ja leider!), Burgen und kleine Pferdeställe. Nur ich ließ diese jungenhaften Utensilien weg. Nicht weil ich Pazifist und darum kein Junge gewesen wäre. Nein, wegen der Bücher.

Die erste kleine Bibliothek wurde numeriert und laufend ergänzt, wenn Vater aufräumte oder wenn Weihnachten gewesen war. Da konnten Bücher wie »Der Kaiser in Doorn«, für den eine Tante Sympathien erübrigte, neben dem Neuen Universum und Peters' Auslegung des Hebräerbriefes stehen. Mich störte es nicht, wenn die Reihe voll wurde.

Ich las das ganze Zeug, aber es hat – habe ich mir bestätigen lassen – nicht geschadet, daß ich so früh mit Politik, Theologie und Pietismus zusammenkam. Was ich damals zusammenlas, habe ich vergessen. Ein paar Eindrücke blieben: »Onkel Toms Hütte« und Tom Sawyer, aber auch ein Kitsch-Roman von Helene Hübner. Das meiste ist vergangen.

Aber die Liebe zum Lesen blieb. Sie machte mich irrtümlich zum Buchhändler (da hat man keine Zeit zum Lesen mehr) und verleitete mich, hie und da über Bücher zu schreiben, so daß ich viele kostenlos bekam. Die Liebe zum Lesen ist aber auch die Liebe zum Buch. Und deshalb habe ich heute Bücherregale und nichts mehr von Doorn und Hübner darin.

Ich liebe diese Regale sehr. Sie sind aus geschenktem Holz und waren dennoch teuer. Man muß schon etwas hergeben, wenn man seine Bücher gut herbergen will. Und das will ich. Deshalb sind sie nicht hinter Glas zur Vorführung, es quietschen keine Türen. Die Bücher stehen in soliden Regalen und sind meine Freunde. Niemand darf sich ohne meine Gegenwart mit ihnen allzu ausführlich befassen, nur mein Neffe Thomas. Der mag sie mir mit seinen anderthalb Jahren einzeln und stöhnend zutragen und stolz »Da« sagen. Das tut er gern, ich will ihn deshalb zum Buchhändler ausbilden. – Regale sollten Platz bieten, übersichtlich sein, nicht zu groß (damit man sie abstauben kann) und gut gefüllt. Ich habe deren drei: zwei gleich große und ein breites.

Regal 1: Buchreihen, Bücher über Bücher, Politik, Geschichte, Wirtschaft, Literaturgeschichte, Sprachen, Musik, Künste, Nachschlagewerke, Atlanten. Nicht etwa, daß ich den Stolz eines Buchhändlers hätte und meinte, meine Bücher müßten »mein Wesen« spiegeln und folglich müßte alles da sein, was zur Bildung gehört. Sie sind, die Bücher, ganz zufällig oder mit viel Bedacht zusammengekommen. Von allem etwas, aber nicht, weil ich von allem etwas verstehen möchte – und über alles reden. Überall gibt es Schönes, Gutes, Nützliches. Ich suche und sammle und lese das. Es macht Spaß. Und mehr.

Regal 2: Theologie, Evangelica. Ja, das ist mein »Hobby«, wenn man von diesen erlauchten Dingen hier einmal so reden darf. Ich bin nie Pastor geworden, aber ich lese sehr gern Theologie, habe Freunde, die des Studiums dieser Fakultät beflissen sind – so kam es. Natürlich bin ich kein guter Theologe, deshalb habe ich Karl Barth und Theodor Bovet und Emil Brunner hübsch nebeneinander. Bei mir darf sich nicht gebissen werden. Sie vertragen sich und sind traurig, daß ich »Laie« sie so wenig lese. Wie soll ich auch! Man muß Freunden nicht immer sagen, daß man ihr Freund ist, und gegen Bultmann habe ich Bedenken. Übrigens: Mein Hobby ist KG. Kirchengeschichten haben sich bei mir angesammelt, von der alten Hagenbach'schen bis zu Loewenich. Ich sehe ab und an in eine und lese, daß es in der Kirche immer schon mal kümmerlich aussah. Das muß ein Laie heute wissen!

Regal 3: Belletristik. Und damit meine ich dann die sogenannte schöngeistige Literatur, in der Geist und Schönheit um des Namens willen sein müßten. Sind sie aber nicht immer! Bei mir fängts mit dem Parzifal an, Griechen habe ich nicht. Es geht über Mörike und Claudius – haarscharf an Goethe vorbei – bis zu meinen Freunden Hausmann, Waggerl, Goes, Paton. Im Schöngeistigen bin ich eigenwillig: Ich gehe gern an der großen Literatur vorbei, weil ich sie doch so oft nicht verstehe. Allerdings: Kleist habe ich ganz, und er ist ganz groß.

Die Ordnung im Regal? Fehlt. Es geht so kunterbunt (denn ich leihe gegen besseres Wissen doch manchmal aus), daß ich mich immer aufs Aufräumen freue. Erst beim Sortieren entdecke ich, was sich in aller Stille überlebt hat und was vielleicht einen Blick wert ist. Dieser Blick dauert oft Stunden. Nachtstunden beim Aufräumen sind schön.

Sonst begnüge ich mich damit, ab und an über die Rücken meiner Bücher zu streichen. Ich brauche sie nicht zu oft, aber wenn ich sie brauche, sind sie da: Kierkegaard, den ich so gern besser verstehen möchte, und Spoerl, den ich komisch finde. Wie reich kann doch Druckerschwärze machen. Wenn ich meine Regale nicht hätte!

Jungenwacht 12/1954

Jungenwacht: ein Blatt evangelischer Jugend

1934 erscheint der erste Jahrgang, herausgegeben von dem Juristen Hermann Ehlers in Berlin als Zeitschrift des Bundes deutscher Bibelkreise, gegr. 1928. Dieser Bund widersetzte sich 1933 der Zwangseingliederung in die Hitlerjugend und löste sich 1934 selbst auf. Die Jungenwacht konnte bis zu ihrem Verbot 1938 12.000 Leser erreichen. Nach dem Krieg wird Ehlers zunächst Oberkirchenrat in Oldenburg, 1947 erscheint die Jungenwacht wieder mit dem Redakteur Karl-Heinz Meyer in Oldenburg. 1951 wird der Jugenddienst-Verlag gegründet als Rechtsnachfolger der Bibelkreis-Verlage Emil Müller und des Jungenwacht-Verlages Kurt Otto und Co. in Wuppertal-Barmen. 1954 wird Johannes Rau Geschäftsführer. Durch den plötzlichen Tod seines Vaters ist Rau in Wuppertal gebunden. Auf Beschluß der beiden BK-Leiter Dr. Hermann Ehlers, CDU-MdB und Präsident des Deutschen Bundestages, und Oberkirchenrat Johannes Schlingensiepen zieht der neue Verlag von Oldenburg nach Wuppertal um. Die Wohnung Riescheiderstraße 14, in der Rau aufwuchs, wird die Verlagsanschrift. Her-

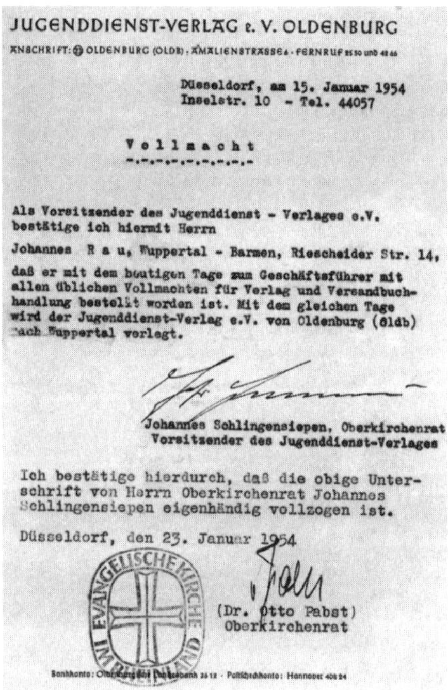
JUGENDDIENST-VERLAG e. V. OLDENBURG
ANSCHRIFT: OLDENBURG (OLDB) · AMALIENSTRASSE 4 · FERNRUF 2550 und 4866

Düsseldorf, am 15. Januar 1954
Inselstr. 10 - Tel. 44057

V o l l m a c h t

Als Vorsitzender des Jugenddienst - Verlages e.V. bestätige ich hiermit Herrn
Johannes R a u, Wuppertal - Barmen, Riescheider Str. 14,
daß er mit dem heutigen Tage zum Geschäftsführer mit allen üblichen Vollmachten für Verlag und Versandbuchhandlung bestellt worden ist. Mit dem gleichen Tage wird der Jugenddienst-Verlag e.V. von Oldenburg (Oldb) nach Wuppertal verlegt.

Johannes Schlingensiepen, Oberkirchenrat
Vorsitzender des Jugenddienst-Verlages

Ich bestätige hierdurch, daß die obige Unterschrift von Herrn Oberkirchenrat Johannes Schlingensiepen eigenhändig vollzogen ist.

Düsseldorf, den 23. Januar 1954

EVANGELISCHE KIRCHE IM RHEINLAND

(Dr. Otto Pabst)
Oberkirchenrat

Bankkonto: Oldenburgische Landesbank 3612 · Postscheckkonto: Hannover 40824

Mit 23 Jahren erhält Johannes Rau im Jahre 1954 die Vollmacht zur Geschäftsführung des Jugenddienst-Verlages in Wuppertal, eine Aufgabe, der er bis 1967 verbunden bleibt.

mann Ehlers ist bis zu seinem Tod 1954 Chef und Förderer des Verlages, sein Nachfolger ist Johannes Schlingensiepen. Die Jungenwacht erreicht eine Auflage von 5.000, der Geschäftsführer des Verlages ist zugleich Autor vieler Beiträge. 1966 wird aus dem Jugenddienst-Verlag der Peter-Hammer-Verlag. 1967 führt Johannes Rau seinen Nachfolger Hermann Schulz in die Verlagsleitung ein.

Ich war damals Autodidakt

Gaus: Als sie aufwuchsen und ohne Abitur die Schule verließen, haben Sie da manchmal bittere Gefühle von »zu kurz gekommen«, von »um Chancen und Bildung gebracht werden« gehabt?

Rau: Ja, ich habe die beneidet, meine früheren Klassenkameraden, die auf Universitäten waren. Aber die Methode, mit der ich dann damit umgegangen bin, war, *daß ich ein paar Jahre mehr Bücher als Freunde gehabt habe*, daß ich versucht habe ...

Gaus: ... das ist erstaunlich, Sie haben viele Freunde.

Rau: Ja, aber ich war damals *Autodidakt*, der nicht zulassen wollte, daß die anderen mehr wußten.

Gaus: Haben Sie alles gelesen, was Sie unter die Hände kriegten, oder haben Sie gezielt gelesen?

Rau: Gezielt, aber unendlich viel. Dann habe ich Gespräche gesucht, dann habe ich *Vaterfiguren* entdeckt. Dann bin ich wieder zu den Menschen zurück.

Gaus: Können Sie noch aus der Erinnerung sagen, was Sie gezielt gelesen haben, was vor allem? Was haben Sie gesucht in der Lektüre?

Rau: Ich habe sehr viel, das hängt nun wieder mit meinem Elternhaus zusammen, ich habe sehr viel über Theologie gelesen. Ich habe sehr viel russische Literatur des 19. Jahrhunderts gelesen, Dostojewski, Tolstoi.

Gaus: Haben Sie dafür eine Erklärung?

Rau: Ja, das hing zusammen damit, daß wir an einer unserer Hochschulen einen mennonitischen Professor (Johannes Harder – die Hg.) hatten, der Rußland-Deutscher war und der uns die Brüder Karamasow und Alijoscha so nahegebracht hat, daß man gar nicht mehr leben konnte ohne den Dialog mit diesen Gestalten Dostojewskis.

Gaus: Die evangelische Kirche, auch ihr pietistischer Zweig, zu der Ihre Familie gehörte, hatte ausgeprägte deutschnationale Züge. Warum und wie haben Sie sich davon abgenabelt, Herr Rau?

Rau: Mein Vater hat deutschnational empfunden und ist deshalb kein Nationalsozialist geworden und hat der Partei nicht angehört, hat in diesem Spannungsfeld innerhalb der evangelischen Kirche gelebt, bei der ja nicht nur die Gefahr war, daß sie ins Deutschnationale abdriftete, sondern daß sie auch in die Innerlichkeit, in die Nische zurückging.

Gaus: Bei Pietisten besonders.

Rau: Bei Pietisten besonders. Davor hat er uns immer gewarnt, und er hat uns immer dazu geraten, weltoffen zu bleiben und skeptisch zu bleiben. Er hatte das Pauluswort zitiert »Prüfet alles, das Beste behaltet«. Ich bin dann sehr früh auch durch die Bekennende Kirche, die ich ja nur als Kind erlebt habe, in eine nicht-pietistische Entwicklung gekommen, in der dann zum Beispiel der Streit zwischen Heinemann und Ehlers oder zwischen Gollwitzer und Herntrich eine Rolle spielte über die Frage, ob der Christ sich einmischen darf oder nicht. So bin ich auch in die Politik geraten. Ich wollte ja gar nicht in die Politik.

Gaus: Warum die Abnabelung vom Deutschnationalen? War das eine Kriegs-, eine Nachkriegserfahrung?

Rau: Ja, das war eine Kriegs- und eine Nachkriegserfahrung. Ich war zwölf, als die Stadt, in der ich aufgewachsen war und geboren bin, zerstört wurde. Mein Vater war im Krieg. Meine Mutter hat die Koffer gepackt, und wir sind nach Sachsen gezogen. Dort haben

Hermann Ehlers auf dem Sennezeltlager der Schülerbibelkreise im Jahre 1933

wir die Schule besucht, in Chemnitz, wir haben keine Wohnung gefunden. Dann sind wir zu einem Onkel, der auch im Krieg war, also zu seiner Frau, nach Erfurt gezogen und sind da in die Schule gegangen. Wir haben in den letzten Kriegsjahren, das war auch ein Grund, warum ich dann später sehr früh die Schule verlassen habe, den Krieg gespürt und mitbekommen, was es an Elend gegeben hat. Ich erinnere mich, es war am 30. Mai 1943, hat mein Vater uns um den Tisch versammelt: »Ich muß euch erzählen, was mir ein Kamerad gesagt hat.« Dann erzählte er von der Existenz von KZs. Ich werde diesen Morgen nie vergessen. Ich war erst zwölf. Wir wurden beschworen, darüber nie zu reden. Deshalb gab es für mich nach '45 keinen Rückweg ins Nationale.

Aus einem Interview mit Günter Gaus am 25. Oktober 1993, SAT 1

Evangelische Dichter sehen den Krieg

Albrecht Goes hat in seiner Erzählung »Unruhige Nacht« den Krieg nicht nur künstlerisch anders gestaltet, sondern den Stoff auch von einem anderen Aspekt her beleuchtet. Ihm, dem feinsinnigen Goethe- und Mozartfreund, wird vor allem eines klar: Der Mensch ist im Kriege in seiner Originalität, in seinem freien Willen, in seiner Eigenschaft als Individuum bedroht. Während Herbert Kuhns Menschen leicht zu Karikaturen werden, sind die Gestalten Goes' feingezeichnete Silhouetten, die, jede für sich, von der Erscheinung des Krieges angegriffen werden. Goes wagt es selbst als Kriegspfarrer (das hat ihm sicherlich mancher übelgenommen), in solchen Grenzsituationen bürgerliche Ordnungen wie die der Ehe zu mißachten. Aber welch zarte Schau der Liebe stellt er an die Stelle, wo die Nörgeleien verkrampfter Moralisten beginnen könnten! Die Ungerechtigkeit ist für Goes das Merkmal des Krieges – Grund genug, ihn zu ächten und im eigenen Leben friedfertig zu werden. Niemand legt die »Unruhige Nacht« aus der Hand, ohne beglückt von solcher Gestaltungskraft, aber auch angewidert zu sein von der Erscheinung des Krieges.

Westdeutsche Rundschau, 14. Oktober 1950

Bekennende Kirche – Erinnerung oder Zukunft?

Wer in den »alten« Zeitungen, Berichten und Protokollen blättert, die es »damals« – 1934 – gab, der muß zumindest rückwirkend sein Ja zum Kampf der Bekennenden Kirche, zur Barmer Synode und zu den zahlreichen nachfolgenden Synoden sagen. Da konnte es geschehen, daß gegen ein Hitlerbild auf dem Altar protestiert werden mußte! Da geschah es, daß »bis in die Knochen deutsche« Pastoren ihr Nein zum Staat sagen mußten, weil ihr Gewissen, weil ihr Glaube ihnen dies Nein abforderte.

Gestern nun hat man in Barmen jener erregenden Tage in unserer Stadt gedacht, welche die »Barmer Zeitung«, die es 1934 als einzige Wuppertaler Zeitung wagte, mit einer Sonderausgabe zu erscheinen, mit Recht »ein kirchengeschichtliches Ereignis« nannte. Man hat das getan auf eine ganz besondere Art, die man nicht genug begrüßen kann: ohne jeden Hang zum Schwelgen in Erinnerungen, ohne jede Heroisierung der gewiß kampfreichen Tage, ohne falsche Verschönerung, ohne Sentenzen von »großer Einmütigkeit«.

Für uns Wuppertaler verbinden sich mit jenen Tagen gewißlich viele Namen, die in der heimatlichen Kirchengeschichte bleiben werden: Klugkist, Hesse, Humburg, Bockemühl, Immer, die mutigen Kirchmeister Halstenbach und Frowein und viele, die in Stille und Treue ihren Dienst taten.

Diese Namen wurden nicht genannt. Der Gemeindetag stand unter dem einen Namen, um den es damals ging und um den es in der Bekennenden Kirche – in der evangelischen Kirche auch heute noch – geht. Nie

Beim Pfingsttreffen der Bibelkreise 1954 in der Sportschule Duisburg-Wedau.

und nimmer ging es um Hitler, nicht um den totalen Staat – aber das Wort von Christus, das Bekenntnis zum Herrn der Kirche war immer ein Nein zum totalen Staat und zu allen, die Herren sein wollten.

Auch heute: In den vielfältigen Predigten und in den Auslegungen der drei Thesen wurde sehr fundamental von diesem Herrn der Kirche gesprochen. Manche hatten vielleicht mit politischen Sensationen gerechnet – bei Niemöller, bei Gollwitzer und bei Vogel. Diese Sensationen kamen nicht, weil fundamental geredet wurde. Und *das Fundament ist eben nicht Politik und nicht Polemik!*

Das schließt nicht aus, daß hier mit sehr klaren Worten von Dingen geredet wurde, die vielleicht noch nicht immer klar waren: davon, daß die Barmer Erklärung heute noch Gültigkeit hat, daß sie nicht »bloß« damals für damals, sondern auch für heute und hier Bedeutung, wesentliche Bedeutung hat. Sie besagt auch heute ein Nein zum totalen Staat, ob er »drüben« schon knechtet oder irgendwo im Westen sich zu formieren beginnt. Sie sagt auch heute noch, daß keine Weltanschauung – auch keine »christliche« – an die Stelle Gottes gesetzt werden kann, *daß euch heute die Sicherheit nur aus dem Glauben, nicht aus Atombombe und Humanismus kommen kann.*

Das alles – und anderes – wurde sehr klar gesagt, vielleicht manchmal in Formulierungen, die nicht jedem recht waren. Aber wo wäre die

Sonderdruck der

Barmer Zeitung

und Handelsblatt

Wuppertaler Zeitung

Westdeutsche Allgemeine Zeitung

Hauptschriftleiter: Karl Buschhaus, Wuppertal.

Verlagsleitung Gottlieb Schröder.

Die Deutsche Bekenntnis-Synode

Ein kirchengeschichtliches Ereignis / Massenversammlungen / Wichtige Entschließungen

Feierliche Eröffnung

Die Bekenntnisstätte:

Gemarker Kirche, Barmen

Das Kirchenschiff mit Kanzel

Berichtsabend im Klingelholl

Momentaufnahme vom Barmer Kirchen-Konvent

Sonderdruck anläßlich der Barmer Bekenntnissynode vom Mai 1934 in der Barmer Zeitung und Handelsblatt – Wuppertaler Zeitung. Diese Ausgabe ließ die Gestapo einziehen.

Anstößigkeit des Wortes, das nur eine Autorität kennt, wenn es sich nicht auch über Vorurteile, über »Eigengesetzlichkeiten« hinwegsetzte? Eben das war entscheidend in Barmen 1934, daß man hier zusammenkam ohne Auftrag außer dem des Gewissens – »*wo Kirche ist, ist immer Zivilcourage*«, sagte Helmut Gollwitzer.

Die Kirche hat sicherlich ein »gebrochenes Verhältnis« zum Staat, seit 1934 wenigstens und 1954 auch noch. Sie hatte es nicht immer, wenn man an die Zeiten von »Thron und Altar« denkt. Aber sie hat ein Verhältnis zum Staat, sie erkennt den Staat als »Notverordnung« Gottes dankbar an. Sie wird – wenn anders sie richtig handelt – immer zur Mitarbeit bereit sein. Aber sie wird nie und nimmer mehr ihr Ja sagen, wenn der Staat oder eine Partei oder irgendein anderer sich an die Stelle Gottes setzt oder setzen läßt. Das ist ein Ergebnis von Barmen. Damals ist die Kirche wieder glaubwürdig geworden. Sie wird es immer nur soweit sein können, als sie die Glaubwürdigkeit Gottes zu zeigen vermag.

Und es kommt alles darauf an, daß sie heute glaubwürdig bleibt. Wir wissen gewiß davon, daß die Einheit die Not der Kirche ist. Aber *Barmen sollte uns gelehrt haben, daß die Frage nach der Liebe* (auch nach der Liebe zum Volk) *allein entscheidet.* Liebe aber wird, wenn auch nicht immer zur Einheit, so doch zur Einigkeit im wesentlichen führen. Rechte Liebe schließt Ungehorsam und Verblendung aus.

Es ging damals nicht um irgendwelche »Irrlehren«, auch wenn es in den Barmer Thesen beharrlich heißt: »Wir verwerfen die falsche Lehre ...« Es ging um die Frage, ob die Kirche sich selber noch treu bleiben könne, wenn sie sich in ihrem Auftrag beschneiden ließe.

Darum geht es auch heute, und darum hat die Bekennende, die evangelische Kirche keinen Grund zu Erinnerungen, aber die Verpflichtung zur Wachsamkeit und Treue auch in der Zukunft: Der Auftrag bleibt, er besteht in ständiger Anrede und in beharrlichem Vorleben. Die evangelischen Christen haben in allen Ständen, Parteien, Konfessionen und Gemeinden darauf zu achten, daß dieser Auftrag ausgeführt – und nicht überschritten wird.

Vielleicht hat Barmen auch gelehrt, daß wir immer wieder mutige, glaubende Männer und Frauen brauchen – zumal viele von »damals« nicht mehr bei uns sind.

Westdeutsche Rundschau vom 31. Mai 1954

Ich rede nach dem Maß menschlicher Einsicht und menschlichen Vermögens. So hat es die Barmer Erklärung denen zugeschrieben und zugestanden, die für den Staat zu sprechen haben. Die 17 Millionen Bürger unseres Landes Nordrhein-Westfalen haben keine einheitliche Stellungnahme zur Barmer Erklärung. Vielen ist sie nahe als ein Dokument des Widerstandes, vielen ist sie Grund des Glaubens, und sehr, sehr vielen ist sie gleichgültig. Viele wissen nicht, wohin sie ihre Hoffnung, ihre Erwartung zu richten und wo sie ihre Angst abzuladen haben. Und darum spreche ich als der erste Bürger dieses Landes nicht für alle Bürger. Aber ich äußere einige Bitten im Hören auf die sechs Thesen, deren Sie in diesen Tagen gedenken.

Erstens: Bleiben Sie erkennbar Kirche. Das hat nichts zu tun mit Liturgie und Sprache, sondern mit dem, was herüberkommt zu anderen Menschen, was sie hören und verstehen möchten. *Erkennbar Kirche bleiben, das heißt nicht, sich heraushalten aus den Händeln dieser Welt,* aber es heißt doch, deut-

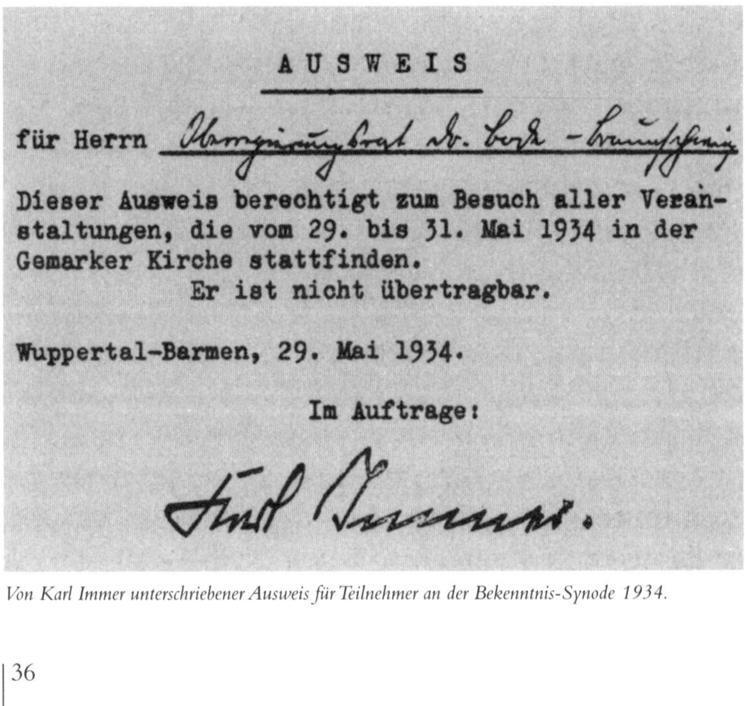
AUSWEIS

für Herrn [illegible]

Dieser Ausweis berechtigt zum Besuch aller Veranstaltungen, die vom 29. bis 31. Mai 1934 in der Gemarker Kirche stattfinden.
Er ist nicht übertragbar.

Wuppertal-Barmen, 29. Mai 1934.

Im Auftrage:

Von Karl Immer unterschriebener Ausweis für Teilnehmer an der Bekenntnis-Synode 1934.

lich werden lassen, daß hier nicht eine von vielen Gruppen ihre Interessen durchsetzt. Und daraus folgt für mich:

Zweitens: Bleiben Sie erkennbar ein Gegenüber des Staates. Nicht irgendeine Gruppe, sondern ein Gegenüber, das sich wohl einmischt, bei dem aber der Absender erkennbar bleibt.

Drittens: Bleiben Sie, soweit das geht, eine Gemeinschaft von Theologen und Nicht-Theologen. Ich denke, daß bei all dem, was wir in diesen Tagen über Barmen hören und erzählen, vielleicht zu wenig deutlich ist, daß vieles von dem, was sich heute vor fünfzig Jahren ereignet hat und was wir mit wichtigen und bedeutenden Namen verbinden – mit Karl Barth und Hans Asmussen, mit Karl Immer und Paul Humburg und vielen anderen –, jedenfalls nach dem Maße menschlicher Erkenntnis und Einsicht nicht möglich gewesen wäre ohne die anderen Namen, die es auch gegeben hat, also ohne die, die sich in der Gemeinde als Nicht-Hauptamtliche selber aufs Spiel gesetzt haben. Die hießen Halstenbach und Frielinghaus, die hießen Frowein und Rabenschlag und Plutte. Die hat es alle auch gegeben, nicht nur in Gemarke.

Ersttagsbrief mit der Karl-Barth-Sondermarke vom 5. Mai 1986

Eine SPIEGEL-Titelgeschichte über Karl Barth im Dezember 1959 provozierte einen Leserbrief von Johannes Rau zu den Vorgängen seinerzeit um die Verleihung des Friedenpreises des Deutschen Buchhandels.

Der Stiftungsrat des Friedenpreises hatte die Verleihung des Friedenspreises des Deutschen Buchhandels an Karl Barth nicht, wie Sie schreiben, »erwogen«, sondern ganz schlicht einstimmig beschlossen. Als dann deutlich wurde, daß Altbundespräsident Heuss nicht kommen würde, wurde Jaspers gewählt. Übrigens hat der deutsche Buchhandel verschämt und schuldbewußt geschwiegen, während Heuss wenigstens seine Position in einem – mich nicht überzeugenden – Brief kundtat ... Für mich ist die theologische Position Karl Barths, der menschlich geredet, wirklich der Vater der Bekennenden Kirche ist, Anstoß und Ermunterung zum politischen Handeln. Ein Nichttheologe wie ich, der Barth liest, wird für die Mühe der nicht leichten Lektüre reichlich belohnt durch Einsichten, die von der verspäteten Thron- und Altar-Theologie wirklich nicht angeboten werden können.

Wuppertal-Barmen — *Johannes Rau*
MdL

DER SPIEGEL *Nr. 3, 13. Juni 1960*

Meine vierte Bitte: Lassen Sie deutlich werden in all der Neigung zur Resignation, die es in unserer Zeit gibt, daß die biblische Botschaft fest verspricht: *Die Welt geht nicht zum Teufel. Es gibt nicht das Verhängnis, das auf uns zukommt und wogegen wir nichts tun können,* weil uns die Arme gelähmt sind. Es gibt weder das Verhängnis eines unabwendbaren Krieges, der diese Welt vernichtet, noch gibt es das Verhängnis, daß die Menschen diese Welt selber zerstören, indem sie sie ausbeuten und mit ihr umgehen, als hätten sie noch eine zweite im Keller. Es gibt auch nicht das Verhängnis, als wäre diese Welt so, daß in ihr soziale Schranken festgeschrieben wären und als wenn in ihr Reichtum und Armut auf alle Zeit zwischen Nord und Süd so verteilt bleiben müßten, wie das jetzt ist. Bei der Frage, wie sich denn der große Krieg verhindern, bei der Frage, wie sich denn Umweltzerstörung stoppen oder doch begrenzen lasse, bei der Frage, wie denn soziale Gerechtigkeit von den Transparenten herunterkommen könne in unsere Wirklichkeit, *wird es Streit geben.* Da gibt es die verschiedensten gesellschaftlichen und politischen Entwürfe, da gibt es die unterschiedlichen parteipolitischen Antworten mit all der Vorläufigkeit, die sie haben. Dieser Streit darf uns nicht hindern, Gewissen zu schärfen, aber nicht Partei zu werden; das scheint mir ein wichtiger Auftrag zu sein. Bedenken sollten wir auch: *Der Streit ist nicht das Ende, sondern vom Streit kann ausgehen, daß Menschen befreit werden von dem Desinteresse gegenüber dem Nächsten und von dem fixierten Interesse auf sich selber,* wenn ihnen deutlich ist und wenn es Menschen gibt, die ihnen glaubwürdig sagen, daß diese Welt nicht zum Teufel geht, *weil sie nicht uns Menschen gehört.*

Das eine Wort für alle. Barmen 1934-1984. Neukirchen-Vluyn 1986

Im »Orbishöher Kreis« von Freunden aus der evangelischen Jugend- und Studentenarbeit trifft seit den 50er Jahren Johannes Rau auf Ernst Lange. Sein Wort läßt aufhorchen, seine Ausstrahlung und seine Sprache wecken große Erwartungen. Ernst Lange wurde 1927 in München geboren. Die jüdische Mutter ist Ärztin, der Vater Psychiater. 1935 werden die Eltern geschieden, die Mutter darf ihren Beruf aufgrund der Rassegesetze nicht wieder ausüben. Sie nimmt sich 1937 das Leben. Der Vater stirbt ein Jahr später. Ernst Lange und seine ältere Schwester leben unter dem Schutz von Verwandten. Die Erfahrung der Angst vor dem Entdecktwerden und der Druck von außen prägen sein Lebensgefühl bis zum Tod.

1947 macht Ernst Lange das Abitur und heiratet Beate Heilmann. Sie ist die Tochter des sozialdemokratischen Abgeordneten im preußischen Landtag Ernst Heilmann, langjähriger Vorsitzender der Landtagsfraktion seiner Partei. Er galt als der »rote König von Preußen«, das lange Jahre ein Bollwerk gegen die präsidialen und autoritären Tendenzen im Deutschen Reich darstellte. Nach jahrelanger Haft starb Heilmann 1940 im KZ Buchenwald.

Lange studiert Theologie bei Hans-Joachim Iwand und Heinrich Vogel, wird Vikar und Pfarrer in Berlin ab 1950 und 1955 Lektor im Burckhardthausverlag, *Gelnhausen. Die Eindrücke einer USA-Reise 1954 fließen ein in das erste Kirchentags-Musical »Halleluja-Billy«, das 1956 in Frankfurt Aufsehen erregt. Rau erwähnt es in einem Bericht über diesen Kirchentag.*

Ökumenische Anregungen nimmt Lange nun verstärkt auf in sein Nachdenken über die »Lebenspraxis Jesu«, der nachzufolgen ist. »Dasein für die Ausgegrenzten, Dienst statt Herrschaft« sind die Stichworte. 1956 erscheint die Jugend-Laienethik »Von der Meisterung des Lebens. Eine Besinnung für junge Menschen«. Mitte der 60er Jahre untersagt Lange weitere Auflagen dieses erfolgreichen Buches, weil es ihm zu »optimistisch und idealistisch« erscheint. Die Gesellschaft als Ganzes rückt nun für Lange stärker in den Blick.

1958 unterzeichnen die Orbishöher eine »Erklärung evangelischer Jugendführer zur atomaren Bewaffnung der Bundeswehr«. In Berlin-Spandau entsteht die erste »Ladenkirche« in Zusammenarbeit mit Alfred Butenuth. Sie wird zu einem der Impulsgeber für die Kirchenreformer der 60er Jahre.

Von 1963 bis 1965 lehrt Ernst Lange als Professor für praktische Theolo-

gie in Berlin. Die Antrittsvorlesung über »Kirche für die Welt« gibt die Richtung des neuen Denkens an.

1968 geht er als Direktor der »Abteilung für ökumenische Aktivität« nach Genf. Er kommt »nach Hause« – so schreibt er selbst – und läßt die »übermächtige Doppelbelastung« Pfarramt und Professur hinter sich. In Genf ist er zuständig für die Jugend-, Laien- und Frauenarbeit. Frucht dieser Arbeit ist das Buch »Die ökumenische Utopie«.

1973 wird er Leiter der Planungsgruppe der EKD in Hannover. Bildung, Partizipation und Demokratisierung werden Schwerpunkte der Kirchenreformpläne.

Ernst Lange stirbt 1974 in seinem Ferienhaus in Österreich mitten in der Arbeit an seinem Lebensthema, der Frage nach der Kirche für die Welt.

Seine Beiträge sind Ausdruck der Aufbruchstimmung, die auch den Orbishöher Kreis prägt: Das Leben ist zu meistern, Kirche muß sich öffnen, für andere da sein, Grenzen überschreiten in Richtung Ökumene. Folgerichtig gehört Ernst Lange zu den Gründern der ersten sozialdemokratischen Wählerinitiative, die 1972 öffentlich wirkt. In dem Traktat »Wider das Geschäft mit der Angst« heißt es u.a.: »Für viele Deutsche, nicht zuletzt in den Kirchen, ist aber der Antikommunismus gar kein begründetes politisches Urteil. Er sitzt viel tiefer. Er ist aus dem Stoff, aus dem Kinderängste und Alpträume gemacht sind. Für manche ist der Kommunismus fast so mächtig wie der ›böse Feind‹ für unsere Vorväter. Das ist unvernünftig und politisch schädlich. Denn was uns in Panik versetzt, macht uns unfrei. Vor allem: Der demokratische Sozialismus, für den die SPD eintritt, hat mit dem Kommunismus, der Osteuropa beherrscht, keinerlei Gemeinsamkeit.«

Unter den theologischen Freunden und Weggefährten von Johannes Rau nimmt Ernst Lange seinen besonderen Platz ein. Dies hat er in seiner »Hommage an Ernst Lange« auf dem Stuttgarter Kirchentag 1999 begründet.

Zum ersten Mal habe ich Ernst Langes Stimme im Radio gehört. Wenn man jemandes Stimme im Radio hört, den man nicht kennt, dann macht man sich eine Vorstellung davon, wie der wohl aussieht. Das war 1955, damals gab es in der Paulskirche in Frankfurt eine Kundgebung gegen die atomare Bewaffnung der Bundeswehr. Es sprach Martin Niemöller, von dem man früher schon sagte, der Unterschied zwischen Martin Niemöller und einem Missionar ist, daß der Missionar die Wilden fromm macht. Es sprach Gustav Heinemann, es sprach der DGB-Vorsitzende, es sprach der SPD-Vorsitzende Ollenhauer, und dann sprach ein junger Pastor, Ernst Lange, und alle anderen Reden waren vergessen. Dieser Mann hatte eine Faszination, die uns fragen ließ: Wer ist das? Ich war damals bei der Jungenwacht, bei den Schülerbibelkreisen, ich hatte zu tun mit CVJM und BK, Burckhardthaus und Mädchenberg. Wenn man zusammensaß und über Probleme sprach, die einen bedrückten, oder über die Hoffnungen, die man hatte, dann sagte ein Gesprächspartner: »Man müßte mal Ernst Lange fragen«. Der Name wurde geradezu eine Chiffre für Zukunft in der Kirche. Es gab auch Gegenpositionen, es gab auch die Leute, die sagten: »Da kommt ihr schon wieder mit eurem Ernst Lange«.

Eines Tages kam ein Brief von diesem Ernst Lange und einigen anderen. Wir, die Jüngeren in der evangelischen Jugendarbeit, müßten uns einmal treffen, wir müßten über Gemeinsamkeiten und Trennendes diskutieren, die Frage stellen, welche Zukunft evangelische Jugendarbeit unter welchen Bedingungen habe, er lade dazu ein. Das war im Frühjahr 1956, und wir trafen uns bei Zwingenberg an der Bergstraße in einem Jugendheim, das hieß Orbishöhe. Nach dem Ort nannten wir auch unseren Kreis, der heute noch existiert, den Orbishöher Kreis. Die Vorstellungen, die Ernst Lange einbrachte, waren sehr spartanisch, er wollte einen festen Tagesplan, wollte eine richtige Liturgie für den Kreis. Er wollte, daß jeder bei dem jährlichen Zusammentreffen eine Art Arbeits- und Lebensbericht abgibt und vor den anderen verantwortet. So waren wir zusammen 20 bis 30 Personen, jedes Jahr, und es entwickelte sich ein Netz an Freundschaften, aber natürlich auch eine große Spannbreite an Differenzen und Differenzierung. Bei diesem ersten Treffen 1956 unterzeichneten wir gemeinsam ein Wort gegen die atomare Bewaffnung der Bundeswehr und publizierten

Auf dem Evangelischen Kirchentag 1999 in Stuttgart beim »Liturgischen Tag Ernst Lange«

es gegen den Widerstand der Verbände, in denen wir jeweils tätig waren. Denn die sagten, Jugendverbände hätten sich aus der Politik herauszuhalten. Wir hingegen wollten uns wenigstens in unsere eigenen Angelegenheiten einmischen.

Ernst Lange war der, der diesen Kreis zusammenbrachte und zusammenhielt: viele Theologen, Soziologen, Betriebswirte: Männer und Frauen. Im Laufe der Jahre kamen zum Glück Ehepartner dazu, die Strenge des Kreises verlor sich ein wenig, aber die freundschaftlichen Bande bleiben. Von diesen Treffen aus entwickelten sich andere Aktivitäten, zum Beispiel die Fahrt als Jugenddeligierte zur ökumenischen Jugendkonferenz in Lausanne 1960, wo ein junger begabter Sänger mit uns das Vaterunser als Calypso sang. Das war Philip Potter, damals Jugendsekretär des Ökumenischen Rats der Kirchen.

Ich könnte jetzt viele Namen nennen von Menschen, die durch diese Beziehungen im Orbishöher Kreis und zu Ernst Lange in ihrem Leben geprägt worden sind. Ich hätte gar nicht die Zeit dazu, statt dessen will ich sagen, daß wir einander auf vielen Stationen begegnet sind und einander begleitet haben. Da kam die Zeit Ernst Langes im Burckhardthaus, wie oft sind wir dahin gefahren, Herzbergweg 2, dann kam Berlin, dann Genf, dann Weiterstadt und Hannover.

Als die Langes in Berlin in der Moltkestraße wohnten, hatten sie einen jungen amerikanischen Vikar zu Gast. Mit dem habe ich mich damals in kläglichem Englisch unterhalten. Ich habe ihn vor zwei Jahren wieder getroffen, bei den Olympischen Spielen in Atlanta, es war Andrew Young, der spätere Bürgermeister von Atlanta, der amerikanische Botschafter bei den Vereinten Nationen, Vikar bei Ernst Lange. Wir haben in der Ladenkirche zusammengesessen.

Danach wurde es mit Ernst Lange eine Freundschaft, bei der dieser irritierend begabte Mann jedesmal etwas Neues hatte und einen ständig beschämte mit der Frage nach irgendeinem aufregenden Buch, nach irgendeinem spannenden Krimi oder irgendeinem Film, der unverzichtbar war, und nichts von allem hatte ich gesehen. Selten sind mir Menschen begegnet mit einer solchen Begabungsbreite, mit einer solchen Begabungstiefe und mit einer solchen Verletzbarkeit. Wenn ich ein Bibelwort zu nennen hätte, dann würde ich sagen, was Paulus schreibt: Nicht, daß ich es schon ergriffen hätte, ich jage ihm aber nach. Das war ein bißchen die

Lebensphilosophie von Ernst Lange. Immer die Frage danach, ob andere ihn nicht überfordern, immer die Meinung: Ich muß noch mehr einbringen, als ich eigentlich an Kräften habe, und immer die Möglichkeit, andere Menschen anzusprechen, zu faszinieren, auf den Weg zu schicken, und immer davon überzeugt: Dies ist eine verbesserliche Welt, und weil Gott diese Welt liebt, dürfen wir sie nicht so lassen, wie sie ist.

Rede beim »Liturgischen Tag Ernst Lange« auf dem Evangelischen Kirchentag im Juni 1999 in Stuttgart.

»Ich könnte es heute noch nachsprechen« ... So nachhaltig ist die Wirkung des Redners Gustav W. Heinemann auf Johannes Rau im Jahre 1950 gewesen. Damals trafen sich in Marburg die Schülerbibelkreise zur Pfingsttagung ihres Reichsverbandes. Hermann Ehlers, der Bundestagspräsident, an den Rau stets mit Hochachtung erinnert, leitete die Reichstagung. So hießen diese Treffen damals noch. Einer der Redner war Gustav W. Heinemann, Vorsitzender im CVJM Essen und Innenminister in der ersten Adenauer-Regierung. Ehlers und Heinemann waren die *prominenten Protestanten in der 1945 gegründeten CDU. Eine Union der in der Weimarer Republik konfessionell getrennten christlichen Kräfte des katholischen* Zentrum *und des Evangelisch Sozialen* Volksdienstes *sollte den demokratischen Wiederbeginn in Deutschland mitbestimmen.*

Doch in den Besatzungszonen der Siegermächte herrschte damals eine »Ohnemich«-Stimmung vor. Die Menschen hatten andere Sorgen und von der Politik erst einmal genug. Darum lautete das Tagungsthema: »Sollen sich Christen politisch engagieren?« Auf diese Frage antwortete Heinemann, Verzicht auf politische Verantwortung sei nicht erlaubt und auch nicht möglich. Der, der nicht handele, lasse sich behandeln und sei dem andern kein Nächster. Rau erinnert sich genau an »jenen fast wortkargen, ohne Aufwand, ohne Pathos redenden Mann«, der seinem Leben eine andere Richtung weist. »Wir wurden über unsere jungenhafte Fasziniertheit hinaus aus interessierten Zaungästen engagierte Mitstreiter.« Im Dezember 1952 soll Johannes Rau für die Westdeutsche Rundschau *mit Adolf Scheu ein Interview über die soeben gegründete* Gesamtdeutsche Volkspartei (GVP) *führen. In Scheus Privatwohnung in Wuppertal erläutert der Wirtschaftsberater das Anliegen der neuen Partei. Am Abend nimmt Scheu Rau mit nach Essen, wo sich in Heinemanns Anwaltskanzlei mit Helene Wessel und Diether Posser Weggefährten einfinden, um den Landesverband NRW der GVP zu gründen. »Als Journalist war ich morgens aus dem Haus gegangen, als Politiker kam ich nachts zurück«, erinnert sich Rau später, der den Auftrag bekam, in Wuppertal einen Kreisverband zu gründen.*

Über das Verhältnis von Rau zu Heinemann ist viel geschrieben worden. Wer hat so prägnante Formulierungen wie »Der Frieden ist der Ernstfall« oder »Es gibt schwierige Vaterländer, eines davon ist Deutschland. Aber es ist unser Vaterland« zuerst gebraucht? In GVP-Kreisen war Rau »mit Abstand der Jüngste und oft von einer ansteckend fröhlichen Unbekümmertheit«, erinnert sich Peter J. Heinemann bei der Frage »Was ihn mit meinem Vater verbindet« und fügt hinzu: »Ich glaube, daß Rau durch meinen Vater eine Prägung als Mensch, als Politiker und als Christ erfahren hat. Er hat bei ihm oder besser von ihm gelernt, daß politischer Realismus und Moral einander nicht ausschließen, sondern im Gegenteil zueinandergehören. Denn dauerhaft wird nur geregelt, was gerecht geregelt wird.«

In der Zeitung Das Parlament *schreibt Rau im Nachruf auf Heinemann am 17. Juli 1976: »Mir fällt ein Satz ein, den nachzusprechen schwer, wenn nicht unmöglich ist. Gustav Heinemann hat ihn in seiner Heimatstadt gesprochen in der Schlußkundgebung des ersten Deutschen Evangelischen Kirchentages nach dem Zweiten Weltkrieg. Der Satz war knapp, wie Heinemanns Art zu reden knapp war:* ›Eure Herren gehen, unser Herr aber kommt‹.« *Rau fügt den Kommentar hinzu: »Hier spricht jemand statt von Tradition von Zukunft, statt von Dogmen von begründeter Hoffnung. Weil noch etwas, weil noch jemand kommt, darum ist diese Welt geliebt und wichtig, verbesserungswürdig und verbesserungsfähig.« Dieser Cantus firmus verbindet die Bundespräsidenten Heinemann und Rau in anderer Weise, als (Zieh-)Väter und Vorbilder prägen. Ein »Erkennungszeichen« nennt Rau den väterlichen Freund.*

Wir brauchen endlich eine neue Politik

Die GVP und die Aufgaben des Jahres 1957

Daß 1957 ein Jahr werden wird, in dem die Bundestagswahl alle Gemüter bewegen und in der es zu harten Auseinandersetzungen kommen wird, das haben schon die letzten Monate des alten Jahres gezeigt. Dabei ist noch einmal deutlich geworden, was eigentlich alle Beteiligten – auch die Wähler – aus den Erfahrungen des Jahres 1953 wissen müßten: Wer die Wahl hat, hat nicht nur die Qual. Er hat sich zugleich der Tatsache zu versehen, daß allen alle Mittel recht sein werden, allen, die ihre Sessel behalten und allen, die endlich Sessel um der Sessel willen haben möchten. Es ist gut, sich am Anfang eines so entscheidenden Jahres ein paar Dinge zu überlegen, von denen man weiß, wie wichtig sie sind oder werden können.

Dem Kanzler ist alles rein

Mit Schrecken haben wir erfahren, wie der Bundeskanzler seine Politik der Stetigkeit weiterzuführen gedenkt. Was war das eigentlich, was er in Düsseldorf beim Abschied von Nehru sagte? Sie beide hätten volle Übereinstimmung erzielt, erklärte Adenauer den Presseleuten. War dies der Beginn einer neuen Politik für Deutschland? Will Dr. Adenauer die Argumente der GVP übernehmen (wie das manche vor ihm mit Erfolg taten), ohne sein Mitgliedsbuch zu wechseln? Wollte er bloß einen weihnachtlichen Scherz machen? Das wäre bitter, das wäre Hohn. Oder hat er eine seiner nie durch Sinn belasteten Floskeln von sich gegeben, um irgend etwas über die Minuten sagen zu können, die er mit dem einst so verfemten Nehru verbrachte? Erinnern wir uns, daß Dr. Heinemann sich bei seinem Rücktritt mit dem Anwurf auseinandersetzen mußte, er sei ein »Gandhi-Apostel«? Was ist eigentlich geschehen und wie lange gedenkt der 81jährige Kanzler uns noch so mit Floskeln abzuspeisen, vor allem dann, wenn sie den Gandhi-Apostel Nehru betreffen? Vielleicht wird er vor der Wahl deutlicher. Vorerst müssen wir uns an die Musterungsbescheide halten, die nicht gerade ein Argument für die volle Übereinstimmung sind, die der Kanzler mit nahezu allen Politikern außerhalb des Ostblocks, also auch mit Nehru, zu haben vorgibt.

Karikatur zum Rücktritt Gustav Heinemanns vom Amt des Bundesinnenministers im Jahre 1950.

Was macht die Opposition?

Während ich schreibe, hat Reinhold Maier eine weise Rede gehalten. »Es ist alles drin!«, das war, den Nachrichten nach, der Tenor. Scharfe Angriffe auf CDU und SPD, Aufschub aller Koalitionspläne – geschickter kann man kaum in einen Wahlkampf gehen. Wir wüßten aber gern mehr. Wir wüßten zum Beispiel gern, welche Bedingungen die FDP stellen wird, welche sachlichen Bedingungen für den Fortgang der Wiedervereinigungsfrage, welche konkreten Vorschläge sie zu machen und welche Minimalforderungen sie zu stellen hat. Man kauft keine Katze im Sack, auch dann nicht, wenn sie infolge Neuwahl des ehrlich geschätzten Herrn Maier ein wenig anders miaut als vorher die andere Katze im gleichen Sack.

Wann redet die SPD?

Die SPD muß endlich Farbe bekennen. Nicht bloß ein heimeliges Rosa. Ihr Weg zur Macht ist nicht so gesichert, wie sich das in den Reden ihrer führenden Politiker selbstverständlich ausnehmen muß. Von 1953 her sind wir manche Überraschungen gewohnt, auch der SPD gegenüber (die im übrigen inzwischen auf eine gute Weise demonstriert hat, daß politische Meinungen nicht urheberrechtlich geschützt werden können). Es wird Verleumdungen geben, es wird – leider – Konfessionsstatistiken geben, es wird – mit einigem Recht – gesagt werden, die SPD sei eine Weltanschauungspartei. Das glauben viele in der SPD noch, sie sollten diese Irrlehre verwerfen.

Entscheidend ist: Wird die SPD ihr Wort halten? Werden die Wehrgesetze abgeschafft, wenn der SPD der Weg in die Regierung gelingt? Wie, mit welchen Leuten will sie dies Versprechen ein wenig unverbrüchlicher machen? Welche Leute wird sie überhaupt in erster Linie in die Versammlungen und auf die Abgeordnetenplätze bringen? Wie soll ihr Kabinett, wie ihre konkrete Deutschlandpolitik aussehen? Wie will sie versuchen, die zahllosen heimatlosen evangelischen Wähler zu erreichen und wirklich, nicht durch bloß eine Verlegenheitswahl, zu beheimaten? Dazu bedarf es zum Glück nun keiner allerchristlichen Kulturpolitik, die wir längst leid sind, dazu bedarf es der richtigen Leute.

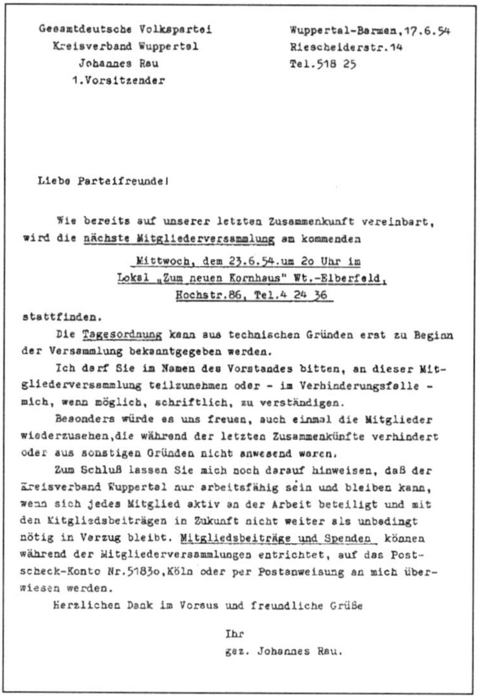

Gesamtdeutsche Volkspartei
Kreisverband Wuppertal
Johannes Rau
1.Vorsitzender

Wuppertal-Barmen,17.6.54
Riescheiderstr.14
Tel.518 25

Liebe Parteifreunde!

Wie bereits auf unserer letzten Zusammenkunft vereinbart, wird die nächste Mitgliederversammlung am kommenden

Mittwoch, dem 23.6.54.um 2o Uhr im
Lokal „Zum neuen Kornhaus" Wt.-Elberfeld,
Hochstr.86, Tel.4 24 36

stattfinden.

Die Tagesordnung kann aus technischen Gründen erst zu Beginn der Versammlung bekanntgegeben werden.

Ich darf Sie im Namen des Vorstandes bitten, an dieser Mitgliederversammlung teilzunehmen oder - im Verhinderungsfalle - mich, wenn möglich, schriftlich, zu verständigen.

Besonders würde es uns freuen, auch einmal die Mitglieder wiederzusehen,die während der letzten Zusammenkünfte verhindert oder aus sonstigen Gründen nicht anwesend waren.

Zum Schluß lassen Sie mich noch darauf hinweisen, daß der Kreisverband Wuppertal nur arbeitsfähig sein und bleiben kann, wenn sich jedes Mitglied aktiv an der Arbeit beteiligt und mit den Mitgliedsbeiträgen in Zukunft nicht weiter als unbedingt nötig in Verzug bleibt. Mitgliedsbeiträge und Spenden können während der Mitgliederversammlungen entrichtet, auf das Postscheck-Konto Nr.5183o,Köln oder per Postanweisung an mich überwiesen werden.

Herzlichen Dank im Voraus und freundliche Grüße

Ihr
gez. Johannes Rau.

Einladungsschreiben zu einer Mitgliederversammlung der GVP aus dem Jahre 1954. Damals war Johannes Rau Vorsitzender des Kreisverbandes und des Ortsverbandes Wuppertal.

Und die GVP?

Unsere parlamentarischen Vertreter sitzen in Gemeinden und Städten, nicht in Ländern und Bund. Unsere direkten Wahlmöglichkeiten sind gering. Das sollte uns nicht daran vorbeisehen lassen, daß wir Spuren haben fahren dürfen, daß wir Thesen haben verbreiten können, die heute Allgemeingut sind. Auf Heinemann hören mehr Leute, als wir uns das beim Lesen der Morgenzeitung auszumalen pflegen. Der politische Einfluß dieser Zeitung ist besser als ihre Aufmachung.

Wir sollten im neuen Jahr in der festen Gewißheit, daß es sich lohnt, in unserer Arbeit weitermachen, sie intensivieren, festigen, von persönlichen Schwierigkeiten befreien und auf das Ziel hin auch organisatorisch ausrichten, das uns bewegt, seit es unsere Gruppe gibt: die GVP in dieser oder jener Form zu einem Instrument zu machen, das dem Recht und der Freiheit auf eine nicht schon strapazierte und entstellte Weise dient.

Gesamtdeutsche Rundschau vom 11. Januar 1957

Am 9. Oktober 1950 tritt der CDU-Innenminister Gustav W. Heinemann zurück aus Protest gegen die Wiederbewaffnungspläne Adenauers. Am 21. November 1951 gründet Heinemann zusammen mit der damaligen Zentrums-Vorsitzenden Helene Wessel die »Notgemeinschaft für den Frieden Europas«. Die Sowjetunion macht am 10. März 1952 der Bundesregierung ein überraschendes Angebot: Wiedervereinigung Deutschlands, freie Wahlen und Friedensvertrag unter der Bedingung der Bündnisneutralität des künftigen Deutschland. Ob das ein ernsthaftes Angebot oder ein Störmanöver Stalins war, um die Westintegration der Bundesrepublik zu verhindern, wurde nicht geprüft und ist bis heute umstritten.

Der Vertrag über eine Europäische Verteidigungsgemeinschaft unter Beteiligung der Bundesrepublik wird am 27. Mai 1952 unterzeichnet. Später scheitert seine Ratifizierung am Widerstand der französischen Nationalversammlung. Am 10. Oktober 1952 tritt Heinemann aus der CDU aus.

Nach wochenlangen Vorbereitungen wird am 29.-30. November 1952 in Frankfurt die Gesamtdeutsche Volkspartei gegründet, an deren Spitze ein vierköpfiges Präsidium gewählt wird. Neben Heinemann, der dominierenden Persönlichkeit, sind es die katholische Politikerin Helene Wessel, der Wuppertaler Industrieberater Adolf Scheu und Robert Scholl, Vater der 1943 hingerichteten Geschwister Scholl. Organ der

Wahlplakat der GVP im Bundestagswahlkampf 1953.

Partei waren die GVP-Nachrichten *und dann die* Gesamtdeutsche Rundschau. *Für die Bundestagswahl 1953 bemüht man sich um Wahlbündnisse mit anderen Gruppierungen. Die Verbindung zum Bund der Deutschen (BdD) des ehemaligen Reichskanzlers Joseph Wirth erweist sich als problematisch. Diese Gruppierung machte aus ihren Beziehungen zu Ost-Berlin kein Geheimnis, was im Wahlkampf der GVP den Verdacht der kommunistischen Unterwanderung einbringt. Die Niederlage bei der Bundestagswahl 1953 ist eindeutig: Nur 1,2% beträgt der Stimmenanteil der GVP.*

Im Herbst 1954 unterzeichnen Heinemann, der Theologe Helmut Gollwitzer und der SPD-Vorsitzende Erich Ollenhauer ein Deutsches Manifest, *das am 29. Januar 1955 in der Frankfurter Paulskirche öffentlich vorgestellt wurde, ein Appell, die Wiedervereinigung Deutschlands nicht der Westintegration zu opfern.*

Ein Aufsatz von Heinemann in der evangelischen Zeitung Stimme der Gemeinde *im Frühjahr 1954 unter der Überschrift »Der Weg der SPD« findet Interesse bei Fritz Erler, der den Weg in die SPD für viele Mitglieder der GVP vorbereiten sollte. Als erster hat Erhard Eppler den Übertritt vollzogen. Am 19. Mai 1957 beschließt der Bundesparteitag der GVP in Essen die Auflösung der Partei. Mit Gustav Heinemann gehen u.a. Adolf Scheu, Diether Posser, Johannes Rau in die Sozialdemokratische Partei. Die Niederlage der SPD bei der Bundestagswahl 1957 führt zu einer programmatischen Neubesinnung. Am Ende der Diskussion, an der Heinemann und seine Freunde beteiligt werden, steht das Godesberger Programm von 1959, die Hinwendung zur modernen Volkspartei der Sozialdemokratie.*

Politik der Christen?

Johannes Rau regt eine Diskussion an

Als sich im Jahre 1945 nach einer Zeit, in der Menschen unchristlicher Gesinnung unter der Devise des »positiven Christentums« ihre Gewaltherrschaft in Deutschland führten, Christen beider Konfessionen zu gemeinsamer politischer Arbeit in einer Partei zusammenfanden, wurde dieser Schritt von nahezu allen exponierten Vertretern der Kirchen begrüßt. Kaum ein wesentlicher Mann der evangelischen Kirche schloß sich aus, die katholischen Christen empfanden unverhohlene Freude über diesen Schritt.

Heute bedarf die Frage der Zusammenarbeit der Christen in der Politik einer neuen Klärung.

Das mag daran deutlich werden, daß die Zusammenarbeit oft da kritisch wurde, wo die Lebenskräfte einer Partei erkennbar wurden: in ihrer Personalpolitik. Oft genug haben wir bei der CDU sehen müssen, daß die Fraktionsbesprechungen zu einem nicht unwesentlichen Teil mit der Aufgliederung der vakanten Stellen im Staat nach Konfessionen gefüllt wurden.

Noch scheint es niemandem so aufgefallen zu sein, daß es zu ernsthafter Überlegung führte: innerhalb der CDU/CSU gibt es einen Evangelischen Arbeitskreis, gut organisiert, mit Vorstand, Geschäftsstelle und Landes- und Kreisverbänden. Das mag seine Richtigkeit haben (?), aber die Tatsache, daß es einen gleichen katholischen Arbeitskreis eben *nicht* gibt, sollte auch darauf hindeuten, daß diese Fragen selbst in der Partei nicht geklärt sind, die die konfessionelle Zusammenarbeit betont und, Wahlreden zitierend, nicht gewillt ist, einen Keil in diese Einigkeit treiben zu lassen.

Haben also die Zentrumsleute doch recht? War es doch ein Irrweg? Nun, es ist doch merkwürdig und nicht bloß mit den größeren Geldmitteln der CDU zu erklären, daß gerade die Zentrumspartei, die so manche Schwierigkeit voraussah und die politische Mischehe nicht einging, auf der Strecke geblieben und zu erbärmlicher Bedeutungslosigkeit herabgesunken ist. Der Erweis für den falschen Ansatz der CDU kann nicht vom Zentrum her geführt werden.

Wichtiger mag sein, daß sich an einem bestimmten Punkt in der Entwicklung der CDU führende Leute ihres evangelischen Flügels von der Partei getrennt haben, die sie mitgründeten. Daß das nicht aus Eigensinn oder Unbotmäßigkeit dem willensstarken Chef der Partei gegenüber geschah, ist erwiesen. Vielmehr entzündeten die Gegensätze sich an Sachfragen. Schon die Tatsache, daß weite evangelische Kreise heute der CDU nicht mehr vertrauen, daß sie zur SPD oder zur GVP abwanderten, schon diese Tatsache nimmt der CDU jede Legitimation, sich als die christliche Partei zu bezeichnen, die sie schon aus Gründen einer sauberen Theologie nicht sein kann.

Sachfragen führten im Jahre 1950 auseinander und zu einer bis heute nicht überwundenen Krise der CDU, die nur sehr mühsam und sehr vorläufig von den bisher (!) anhaltenden Erfolgen der CDU verdeckt werden konnten. Es wird sich noch erweisen, daß die Krise dieser Partei noch nicht überstanden ist. Bisher ist nicht zu erkennen, wieso sie überstanden

Unter dem Titel »Politische Verantwortung« mit der Unterzeile »Evangelische Stimmen« erscheint Anfang Juli 1957 Nummer 1 eines vierseitigen Blattes, das »die Informationsbasis des einzelnen, oft überlasteten Lesers durch kurze Meldungen und Stellungnahmen« verbreitern will. Als Herausgeber zeichnen: Dr. Adolf Arndt MdB., Bonn; Professor D. Hermann Diem, Tübingen; Bundesminister d.D. Dr. Dr. Gustav Heinemann, Essen; Lic. Karl Immer, Duisburg; Professor D. Hans-Joachim Iwand, Bonn; Heinz Kloppenburg DD., Dortmund; Professor Dr. Karl Kupisch, Berlin; Staatsminister a.D. Ludwig Metzger, MdB., Darmstadt; Johannes Rau, Wuppertal; Adolf Scheu, Wuppertal; Professor D. Ernst Wolf, Göttingen. Als verantwortlich zeichnet Johannes Rau, Wuppertal.

Nummer 1 des Blattes, das ein Gegenstück zum Monatsblatt des Evangelischen Arbeitskreises der CDU »Evangelische Verantwortung« darstellen sollte, enthält u.a. einen Beitrag von Gustav W. Heinemann »Weltanschauung reißt künstliche Fronten«, in dem es heißt:

»Nach dem Zusammenbruch von 1945 schwebte uns allen vor, daß der weltanschauliche Streit überwunden werden sollte. Hitlerdiktatur, Konzentrationslager und Krieg hatten viele alte Gräben zugeschüttet. Katholiken und Protestanten schlossen sich zu einer Partei zusammen. Das war gut so. In dem Maße aber, wie die CDU sich zu einer politischen Einheitsfront von Christen gegen Sozialdemokraten entwickelte, wurde der andere Graben wieder aufgrissen. Es gilt, auch ihn endlich zu überwinden. Der mit der Auflösung der Gesamtdeutschen Volkspartei verbundene Übertritt vieler christlicher Männer und Frauen zur SPD ist nicht zuletzt aus diesem Bestreben zu verstehen. Das Echo ist beachtlich.«

Die Politische Verantwortung *existierte bis zum Herbst 1967. Die Zeitschrift erschien kostenlos. Um eine Jahresspende von DM 5,–, einzahlbar auf das Konto von Johannes Rau oder auf ein Konto im Saarland, wurde in jedem Heft gebeten.*

werden *kann*. Aus der gemeinsamen inneren Überzeugung, die Christen dürften nicht gegeneinander stehen, ist eine gemeinsame innen- und außenpolitische Parole geworden, die so absolut verkündigt wird, daß die Einheit der Christen nur noch im Parteiprogramm vorgesehen, nicht aber mehr erkennbar ist.

Aber – als die GVP Ende 1952 gegründet wurde, standen an ihrer Spitze, im Präsidium, Vertreter beider Konfessionen.

Die Erkenntnis, daß eine bestimmte politische Meinung nicht weltanschaulich, um Christi willen nicht christlich deklariert werden darf, diese gleiche Auffassung entbindet nicht davon, daß Christen beider Konfessionen gemeinsam ihre politischen Ziele darlegen, anbieten und durchzusetzen versuchen. Unterschiedlicher Glaube kann nicht hindern, aus der gleichen Verantwortlichkeit dem Ganzen gegenüber zusammenzugehen.

Die GVP ging einen Schritt weiter. Das ist ihre besondere Legitimation im kulturpolitisch vergifteten Raum unserer Tage. In ihr stehen (wiederum: zum Glück) nicht nur Christen beider Konfessionen (einschließlich der Freikirchen) zusammen, sie verbinden sich mit Menschen, deren Lebensgefühl von anderen Kräften, von liberalen und freigeistigen, meinetwegen manchmal von massivem Atheismus, getragen und geprägt wird.

Man soll das aussprechen, und dies Papier ist gerade richtig dazu, das Gespräch über die Richtigkeit dieser Haltung anzuregen. Wer seit vier Jahren dabei ist, dabei mit Katholiken und andersgläubigen »Heiden«, der mag wohl endlich einmal überlegen, ob er auf dem richtigen Wege ist. Die

Frankfurt/Main am 29. November 1952: Gründungsversammlung der GVP. (Von links:) Helene Wessel, Adolf Scheu, Gustav Heinemann, Hans Bodensteiner.

Zusammenarbeit der Christen untereinander ist uns allen kein ernstliches Problem: Wir haben Mißverständnisse und Meinungsverschiedenheiten untereinander (wie sollten wir auch nicht, wir leben seit vierhundert Jahren getrennt!), aber die Zusammenarbeit ohne Rücksicht auf Gesangbuch oder Lebensbuch muß überlegt werden.

Wird diese Zusammenarbeit praktiziert, dann ergeben sich nämlich für den Christen wie für den Nichtchristen einige Konsequenzen. Er muß Dinge tun und überlegen, die er im meist abgeschützten und wohlbehüteten Raum der eigenen Weltanschauung nicht zu tun und zu überlegen pflegte.

Dabei mag es dann geschehen, daß die katholischen und die evangelischen und die nichtchristlichen Gruppen sich näherkommen, auch dann, wenn sie sich ein wenig nach der geistigen Heimat zusammenfinden und ausrichten. Da ist nicht Mißtrauen, sondern Zusammenarbeit am Platze.

So sind wir keine »christliche«, auch keine »evangelische« Partei (obgleich der eine oder andere, von seinem Ansatz her, das vielleicht begrüßen würde). Wir haben ernst zu machen mit der Erkenntnis, daß Weltanschauungen unser Volk nicht retten, ihm nicht helfen können. Das Wort »gesamtdeutsch« im Firmenschild unserer Partei kann hier eine nicht veränderte, aber vertiefende Gravur bekommen: daß wir im politischen Raum Nein sagen zu allen Versuchen, auf falschen Plattformen Boxkämpfe auszutragen. Daß wir Ja sagen zur gemeinsamen Aufgabe, von der kein Pfarrer entbindet und die wir alle von den Kräften zugewiesen bekommen, die unsern Glauben und hoffentlich unser Leben bestimmen, auch in der Politik.

Definition

Die christliche Lehre ist an die 2000 Jahre alt. Seit jenen Tagen wird sie durchforscht, verwässert, klar gesagt oder abgelehnt. Was nun eigentlich Christentum sei, vermag nicht einmal ein bedeutender Theologieprofessor in ein paar Sätzen zu sagen.

Das blieb, wie vieles, dem Herrn Bundeskanzler vorbehalten. In seiner bewunderungswürdigen Art, verwickelten Tatbeständen mit ein paar knappen, durch kölschen Dialekt volksnah gemachten Worten so auf den Grund zu gehen, daß es den Hörern die Sprache verschlägt, mit dieser Art hat der

Herr Bundeskanzler in die theologische Debatte eingegriffen. Nun sind die Theologen aller Konfessionen arbeitslos und können sich ganz ihrem eigentlichen Auftrag der Verkündigung widmen. In der Erkenntnis, daß die verschiedensten westdeutschen und die verschiedensten jesuitischen Fakultäten amerikanischer Observanz ihm den Ehrendoktorhut nicht als Schlafmütze aufgesetzt haben, machte Adenauer dem Streit zweier Jahrtausende ein Ende.

Kasten in einem Beitrag von Johannes Rau »Abendkursus« in der Gesamtdeutschen Rundschau vom 2. September 1955 in Anlehnung an das 1. Gebot der Bibel.

Das Christentum, so sagte er den Vertretern der Jungen Union Deutschlands beim Jahrestag ihrer Gründung, ist die Grundlage der CDU. So. Jetzt wissen wir Bescheid. Volksnah wie ein Laien-Prediger bester Schule ergänzte der Bundeskanzler diesen hellen Gedanken durch ein Beispiel aus dem täglichen Leben: genauso sei das Christentum die Grundlage der CDU, wie die Gewerkschaften die Grundlage der SPD seien.

Gewerkschaften und Christentum, das also sind die Fronten in der weltanschaulichen Auseinandersetzung unserer Tage. Nicht die Rassenfrage, nicht die Frage der Nächstenliebe, nicht die Frage des Wehrdienstes, nicht die Frage nach der inneren Einstellung zum Wirtschaftswunder und seinen Kindern, das wissen wir nun genau. Christentum und Gewerkschaften. Wer beides liebt, ist Sektierer. Ist bestenfalls ein lauer Christ. Wer noch immer nicht verstanden hat, worauf die Sache hinausläuft, ist ein areligiöser Typ. Er gehört in die Gewerkschaft, vor allem dann, wenn er sich des Kanzlers Einsichten frei nach Vorlage einmal so zu übersetzen versucht: Christentum, dat is für misch die weitjehende Übereinstimmung zwischen dem Wahlvorschlag der Bischöfe morjens und dem Stimmenanteil der CDU am andern Morjen.

So gesehen, wird die Religionsstiftung des Kanzlers sich im September bewähren müssen.

Gesamtdeutsche Rundschau vom 1. Februar 1957

Nachruf auf Gustav Heinemann

Für den, der nach der schmerzlichen Nachricht vom Tode Gustav Heinemanns von ihm erzählen soll, kann aus den vielen gesprochenen und geschriebenen Nachrufen ein Dickicht – und sei es eines aus Kränzen und Blumen – werden, durch das hindurch derjenige fern und abwesend scheint, dem die Nachrufe galten. Wie läßt sich dennoch und zusätzlich etwas von dem weitergeben und anderen sagen, was Gustav Heinemann gewollt hat, wer er war, worauf es ihm ankam? Wie kann man so reden und schreiben, daß aus der dankbaren Verbundenheit nicht vorgegebene Jüngerschaft und erschlichene Schülerschaft wird?

In diesen Tagen sind viele der knappen, bildhaften und erinnerungsfähigen Sätze, die Heinemann gesagt hat, zitiert und zur Chance eigenen Nachdenkens gemacht worden. Mir fällt ein Satz ein, den ich nicht zitiert fand, den nachzusprechen schwer, wenn nicht unmöglich ist. Gustav Heinemann hat ihn in seiner Heimatstadt Essen gesprochen, in der Schlußkundgebung des ersten Deutschen Evangelischen Kirchentages nach dem Zweiten Weltkrieg 1951. Der Satz war knapp, wie Heinemanns Art zu reden knapp war: »Eure Herren gehen, unser Herr aber kommt.«

Solche Sätze lassen sich nicht verstecken, wenn Gustav Heinemanns Bild zumindest umrissen werden soll. Hier redet jemand, für den christlicher Glaube keine große, kulturgeschichtliche Tradition ist, die zu bewahren praktisch sein könnte. Hier spricht jemand statt von Tradition von Zukunft, statt von Dogmen von begründeter Hoffnung. Weil noch etwas, weil noch jemand kommt, darum ist diese Welt geliebt und wichtig, verbesserungswürdig und verbesserungsfähig. Darum sind Gerechtigkeit, Menschlichkeit und Vernunft (jene Ziele, von denen der jetzige Bundespräsident in der Erinnerung an seinen Amtsvorgänger sprach) keine abstrakten Postulate, sondern machbare und deshalb zu machende Konkretionen biblischer Botschaft. Zuversicht entsteht und bewährt sich auch da, wo sich alles verschworen zu haben scheint, wo Opportunismus und Ideologie ein unheiliges Bündnis eingegangen sind, gegen dies Bündnis und gegen alle Widrigkeiten: Wenn die Herren dieser Welt nichts sind als Statthalter, Vertreter, Prokuristen – dann sieht diese Welt anders aus, dann sind

Johannes Rau mit den Weggefährten Gustav Heinemann und Adolf Scheu (Bildmitte) bei dessen Geburtstag im Jahre 1967.

die die Freien, die den Horizont der Zukunft nicht vergessen und sich ihn nicht auf eigene Rechnung ausgedacht haben.

Mit vielen gehöre ich zu denen, die das eine oder andere Wort nachzubuchstabieren versucht haben, das Gustav Heinemann gelebt hat. Ich hatte mir einen Minister, einen richtigen Bundesminister wahrlich ganz anders vorgestellt als jenen fast wortkargen, ohne Aufwand, ohne Pathos redenden Mann, der zu Pfingsten 1950 ein paar hundert evangelischen Schülern in der Marburger Universität einhämmerte, Verzicht auf politische Verantwortung sei nicht erlaubt und nicht möglich, der, der nicht handele, lasse sich behandeln und sei anderen kein Nächster. Heinemann antwortete auf die umständlichsten und verworrensten Schülerfragen mit aufdeckender, erhellender, freilich manchmal auch schroffer Klarheit. Wir wurden über alle jungenhafte Faszíniertheit hinaus aus interessierten Zaungästen engagierte Mitstreiter. Derjenige, der das alles für uns aussprach und Heinemann dankte, war Hermann Ehlers – die beiden haben vom Herbst des gleichen Jahres an in einem manchmal harten Konflikt gelebt und, wie man heute sagt, einander nichts geschenkt. Als Hermann Ehlers im Oktober 1954 plötzlich starb, da kam mit dem Signum G.W. H. einer der bewegendsten und respektvollsten Nachrufe aus einem Blatt, das nie Massenauflagen erreichte und das wie die *Politische Verantwortung*, die *Junge Kirche* und die (damalige!) *Stimme der Gemeinde* zu den wenigen Foren gehörte, die Heinemann geblieben waren oder die er mitgeschaffen hatte: Ich meine die *Gesamtdeutsche Rundschau,* für die er unermüdlich schrieb.

Wenn Verzicht auf politische Verantwortung nicht erlaubt ist, dann darf als richtig Erkanntes nicht geleugnet, dann darf um Zustimmung zwar gekämpft, geworben und gerungen, aber eben nicht gefeilscht werden. Viele haben diese Einsicht und diese Haltung Heinemanns als Schroffheit bezeichnet und so das verkürzt, was gemeint war: durch eigenes Tun den anderen aufzufordern und einzuladen, vor klaren Gedanken nicht auszuweichen, Alternativen zu benennen (wie oft hat, auch im Freundeskreis, Gustav Heinemann gegen das Unbehagen der anderen die Frage nach der Alternative gestellt und mitgeholfen, sie zu suchen!) und kleine Schritte zu tun auf dem Weg zu mehr Gerechtigkeit, Menschlichkeit und Vernunft!

Gustav Heinemann hat es vielen nicht leichtgemacht, zu ihm zu finden. Lag das nur an der Geprägtheit seines Charakters, an der republikanischen Tradition und dem bergisch-märkischen Erbe, das die Familie ihm mitgegeben hatte? War in diesem unierten Lebensgefühl zu viel calvinistische Strenge, zu wenig lutherische Cantilene und zu wenig katholisch-barocke Sinnenfreude?

Fragt man so, dann stürzen Erinnerungen auf den Fragenden ein. Die großen Gesten fehlen, aber da sind viele kleine Gesten der Freundschaft und der nicht-usurpierten, wahr-genommenen Väterlichkeit, da ist viel trockener Humor neben präziser Rückfrage nach dem eigenen Ergehen und nach den eigenen Plänen. Weil er zuhören konnte, wog sein Wort mehr als das Stimmengewirr der selbsternannten Freunde. Er mochte keine Feierlichkeiten, aber er konnte feiern und sich freuen. Er drückte Freude anders aus, auf seine Weise. Ich erinnere mich des langen Abends jenes 5. März 1969 nach Gustav Heinemanns Wahl zum Bundespräsidenten. Wollten sich die Spannungen der drei Wahlgänge und die glücklichen Empfindungen über das Ergebnis bei manchem (bei mir, zum Beispiel) überschlagen im lauten, lachenden Feiern, so ging der Gewählte einen anderen Weg: Da wir in einem solchen Kreis gewiß auf lange Zeit nicht mehr zusammenkämen, meinte er, sollten wir nicht die Zeit vertun und über das reden, was an der Zeit sei: wie wir die junge Generation aus der Resignation und dem Protest herausholen und für die Sache des Vaterlandes (jawohl, er sagte das gute, altmodische Wort) zurückgewinnen könnten, ohne den Protest und seine Berechtigung beiseite zu schieben. Da redeten wir uns die Köpfe heiß, und aus dem Feiern wurde, was Heinemann 1950 in Marburg gefordert hatte: Engagement.

Die Stationen dieses engagierten Lebens sind in den letzten acht Tagen so oft aufgeschrieben und nachgezeichnet worden, daß der Verzicht auf die Wiederholung leichtfällt. Wichtig bleibt zu sagen und zu bestätigen, daß der Cantus firmus dieses erfüllten und vollendeten Lebens unverwechselbar und erkennbar blieb, auch wenn Stationen und Funktionen sich wandelten: der Bundesinnen- und der Bundesjustizminister, der Synodalpräses (wie schwer ist der Abschied von diesem Amt ihm gewesen und wie fadenscheinig waren die von den Gegnern genannten Gründe!) und der Bundestagsabgeordnete Heinemann lebten nicht unter anderen Gesetzen, als sie der Bundes-, der Bürgerpräsident Gustav Heinemann durch seine Art zu leben und zu reden auslegte. Der gastfreie Gesprächspartner in der Essener Schinkelstraße war vom Auftreten bis zur »Substanz« (einer Skala, die er nicht hingenommen hätte) nicht anders und nichts anderes als jener Mann, der ein halbes Jahrzehnt lang das Wort »Staatsoberhaupt« ablehnte und statt dessen übersetzte: Anwalt der Minderheiten, Advokat verschütteter Akzente der Vaterlandsgeschichte, Entdecker der Zukurzgekommenen und Nichtbeachteten. Nicht die Weltreisen interessierten ihn, sondern die Nachbarn, nicht die Fernen, sondern die als Nächste noch nicht Entdeckten.

Wenn das Dickicht der Nachrufe die Chance zu einem Quentchen Nachahmung gibt, ist die Gefahr falschen Imitierens gebannt. Wo die Übereinstimmung von Gesinnung und Format so evident ist wie im Leben und im Wirken dieses Bundespräsidenten, da kann aus der Trauer und aus dem Schmerz Dankbarkeit entstehen. Mit Gustav Heinemann ist eine Chiffre, ein Erkennungszeichen gegeben für die, die jetzt erst heranwachsen.

Junge Kirche, Beiheft 10/1976

Das hat mich in die Politik gebracht

Es gibt viele Gründe und es gibt viele Wege, auch viele Zufälle, daß Menschen Interesse an Politik entwickeln. Ich bin durch Gustav Heinemann in die Politik gekommen, dem ich am zweiten Pfingsttag 1950 zum ersten Mal begegnet bin. Ich war damals 19. Damals hat die Kampagne um die Wiederbewaffnung uns alle sehr beschäftigt. Es ging darum, ob Deutschland fünf Jahre nach dem Krieg wieder Soldaten haben sollte, und es ging um die deutsche Einheit. Das hat mich in die Politik gebracht.

Landesparteitag der SPD (NRW) am 23. Mai 1998 in Düsseldorf

Für den Emil Müller Verlag Anfang der 50er Jahre auf der Frankfurter Buchmesse

Ich habe ein Pfingsterlebnis

Ich habe ein Pfingsterlebnis. Das ist jetzt siebenundvierzig Jahre her. Das war Pfingsten 1950. Ich war neunzehn Jahre alt, und um mir etwas Taschengeld zu verdienen, verkaufte ich in Marburg bei einer Schülertagung

Bücher. Ich erhielt 10 Mark pro Tag und freie Übernachtung. Und da sprach der damalige Bundesinnenminister, das war Dr. Gustav Heinemann, CDU, über die Christen in der Politik. Und ich habe behalten, was er gesagt hat: »Für Christen ist der Verzicht auf politische Verantwortung nicht erlaubt, ja er ist nicht möglich; denn der, der nicht handelt, läßt sich behandeln, und der, der nicht handelt, ist dem Mitmenschen kein Nächster.« Eigentlich möchte ich das noch mal sagen: *»Der, der nicht handelt, ist dem Mitmenschen kein Nächster.«*

Aus einer Auslegung der Bibelstelle Römerbrief, Kapitel 3, Verse 21-31 auf dem Evangelischen Kirchentag in Leipzig 1997

Das Verhältnis zwischen der SPD und der GVP war zunächst distanziert. Noch 1952 hatten sich der SPD-Vorsitzende Ollenhauer und Heinemann heftig über die parteiübergreifende »Notgemeinschaft für den Frieden in Europa« gestritten. Die SPD-Führung hielt Distanz aus Sorge vor kommunistischer Unterwanderung. Dies war, wie wir heute wissen, unzulänglich begründet, d.h. überflüssig. Nach der verlorenen Bundestagswahl 1953 stellten sich neue Fragen für beide Parteien. Mit 1,2% der Stimmen war die GVP weit abgeschlagen, die SPD hatte die absolute Mehrheit der Union nicht verhindern können.

Heinemann gibt seinen Weggefährten den Kurs vor: die Auseinandersetzung um den Mißbrauch des C im Namen der Union und die Suche nach einer anderen Plattform für die Deutschlandpolitik. Nach seinem Abschied von der CDU 1952 sollte ein Arbeitskreis dort die Lücke schließen. An diesen Evangelischen Arbeitskreis in der CDU *wendet er sich mit einem Beitrag in der* Stimme der Gemeinde *am 1. Januar 1955: »Unentwegt müssen marxistische Gefahren – ›rote Rathäuser‹, Plakate mit Rotarmisten vor deutschen Domen, Entchristlichung der Schule usw. – herhalten, um christliche Wahlschäflein in die Hürde der christlichen Einheitsfront = CDU zu treiben … Die Weltanschauung des Drei-Punkte-Programms: Viel verdienen – Soldaten, die es verteidigen – und Kirchen, die beides segnen! ist ein guter Boden für solche Propaganda.« Der schroffe Warn- und Weckruf gilt den Christen in der Union.*

Zugleich bahnen sich Kontakte zur SPD an. Ein Beitrag zum »Weg der Sozialdemokratie« in der Neuen Gesellschaft *weckt Interesse. Fritz Erler bittet Heinemann zum Gespräch. Rau spricht mit Fritz Heine über Pressearbeit. Mit Vorarbeiten zum Godesberger Programm von 1959 reagiert die SPD auf die Wahlschlappe von 1953. Nur als eine Volkspartei mit revisionistischem Programm, einer pragmatischen Position zur sozialen Marktwirtschaft und einem positiven Verhältnis zum Christentum wird die SPD regierungsfähig werden. In dieser Einschätzung treffen sich nun SPD und GVP.*

Am 19. Mai 1957 löst sich die GVP auf dem Essener Parteitag auf. Den Eintritt in die SPD begründet Heinemann im Pressedienst der Partei. Rau hat die Aufgabe, die Essener Beschlüsse mündlich und schriftlich zu erläutern. Er selbst tritt am 4. Juni 1957 in die SPD ein. Er erinnert an die demokratischen Traditionen in der SPD, die 1933 als einzige gegen das Ermächtigungsgesetz gestimmt hat. Er verschweigt Probleme »im stilistischen Bereich« nicht: »Mit du und Genosse – das war alles sehr fremd.

Wir waren Bürgerliche im Lebensgefühl. Und die SPD war damals nicht wie heute. Sie stand zwei Jahre vor Godesberg«, erinnert er sich später.

*Im Januar 1958 wird Johannes Rau Juso-Vorsitzender in Wuppertal. Im Juni schafft er eine Sensation: In direkter Wahl wird er in den Landtag gewählt. Die Sozialdemokratie wird allmählich zu seiner politischen Heimat. Mit Freunden schreibt er in Wuppertal einen Entwurf für das Kapitel »SPD und Kirchen« des Godesberger Programms. Als in Godesberg 1959 die weltanschauliche Öffnung in dieser Richtung beschlossen wird, gehört Rau zu den ersten Kommentatoren (*Politische Verantwortung *11/59). Die praktische Politik fordert ihn nun von Jahr zu Jahr mehr. Oberbürgermeister in Wuppertal, dieses geschätzte Amt muß er bald abgeben, als im Landtag große Aufgaben auf ihn zukommen. Er wird Fraktionsvorsitzender, später Wissenschaftsminister in Nordrhein-Westfalen, ist auf allen Vorstandsebenen aktiv und wirkt dann ab 1978 als Ministerpräsident im größten Bundesland.*

Nicht alle Lieder der Arbeiterbewegung pflegt er so gerne mitzusingen wie das vom jugendbewegten Hermann Claudius: »Wann wir schreiten Seit an Seit und die alten Lieder klingen, und die Wälder widerklingen, fühlen wir: Es muß gelingen! Mit uns zieht die neue Zeit!«

Der Schreck der guten Bürger?

Der Satz »Die Sozialdemokraten sind Deutschlands Untergang« geht leichter ein als ein konkretes, durch mancherlei staatsrechtliche Überlegungen abgesichertes Wiedervereinigungsprogramm. Wenn der Bundeskanzler zehnmal versichert, die Zeiten seien noch nie so ernst gewesen und die SPD habe nun eben immer Nein gesagt, er habe von ihr noch keinen Wiedervereinigungsplan gesehen – dann kommt das an. Es bleibt aber trotzdem falsch.

Zwei Propagandathesen sind in besonderer Weise dazu angetan, sachliche Entscheidungen zu verhindern, zwei Thesen, an deren zähem Fortleben manche Sozialdemokraten nicht unschuldig sind. Die eine besagt, bei den Sozialisten werde Hunger und Not kommen. Jeder Friseurladen (und dann aufwärts bis zu Krupp) werde hemmungslos enteignet. Schon sieht der biedere bürgerliche Wähler staatlich-sozialistische Kommissare in Handwerks- und Industriebetrieben, schon sieht er rote Revolutionäre.

Diese Stimmungsmache ist auch dann falsch, wenn sie sich in einigen Kreisen sehr zäh behauptet. Die SPD sozialisiert nicht! Wer ihr am 15. September seine Stimme anvertraut, gibt diese seine Stimme einer Partei, die ein klares Ja zum Eigentum spricht. Einer Partei, die allerdings auch deutlich ausspricht, daß der Mißbrauch des Eigentums zur politischen Aktion und zur Abtötung der Demokratie verhindert werden muß. Welcher Bürger könnte seine Vorbehalte – unabhängig von seiner politischen Meinung in allen möglichen Fragen – weiter kolportieren, wenn sie widerlegt sind?

Die andere Propagandathese besagt, daß ein Wahlsieg der SPD das »Christentum« gefährde und daß die Pfarrer und die vielen evangelischen Laien in der SPD nichts sind als eine Art »evangelisches Feigenblatt«, das am 16. September auf den Komposthaufen siegreicher oder vergeblicher Taktiken gerät. »Man benutzt euch bloß«, lautet diese alte, zähe These. Wer sich so äußert, soll sich zuerst informieren. Er wird dann finden, daß die Wandlung der SPD von einer atheistisch-revolutionären Partei der Arbeiterklasse zur demokratischen, weltanschauungsfreien politischen Gruppe auf dem Boden wirklichen Menschenrechts praktisch vollzogen ist. Genau so, wie aus der Kirche des 19. Jahrhunderts etwas anderes geworden ist als eine Institution, die ihr Wort immer oder doch zumeist mit dem des Staates gemeinsam publizieren kann.

Die SPD, für die wir in diesem Blatt eintreten, braucht weder in wirtschaftspolitischer noch in kulturpolitischer Hinsicht ein Bürgerschreck zu sein. Die Beweise dafür sind vielfältiger als die Entgleisungen! Die SPD wirbt Wähler – auch und gerade aus dem »bürgerlichen« Lager –, weil sie die alten Weltanschauungsfronten überwinden will.

Politische Verantwortung 4/1957

Was in Essen geschah

Ein Rückblick auf den letzten GVP-Parteitag

Die Auswirkungen des Essener Bundesparteitages der GVP sind allenthalben zu spüren: bei manchen in schon aktiver Mitarbeit innerhalb der SPD, bei manchen in langen und ernsthaften Überlegungen über die Möglichkeit weiterer Aktivität außerhalb der parteipolitischen Grenzen, bei der CDU im Neu-Aufguß alter Diffamierungen. Inzwischen verbreitet man die Irrlehre, Dr. Heinemann sei seinerzeit aus der CDU ausgeschlossen worden (statt ausgetreten!). So weit sind wir gekommen. »Gut ist, was dem Kanzler nützt!«

Mit Recht fragen viele nach dem Hergang der Ereignisse, die zu den Beschlüssen vom 19. Mai geführt haben, und nach dem Verlauf des wichtigsten Parteitages, den es in der kurzen, aber nicht gerade langweiligen Entwicklung der GVP gab.

Verschiedene Pressemeldungen, über deren Herkunft zum Teil bis heute Unklarheit besteht, hatten mancherlei Verwirrung gebracht. Die einen meinten, es handle sich bei dem »Gerede« von Auflösung der GVP und Weiterarbeit innerhalb der SPD bloß um ein taktisches Scheingefecht oder um die fixe Idee einiger mutlos Gewordener. Die anderen meinten, hier reite ein Präsidiumsmitglied aus irgendwelchen, womöglich persönlichen Gründen eine einsame Patrouille. Daß man deshalb mit durchaus gemischten Gefühlen, aber auch mit einer festen Meinung nach Essen kam, versteht sich von selbst.

Zwei Dinge waren wesentlich für den Gang der Verhandlungen: zum einen, daß sich hier etwas von der Wirklichkeit des »neuen Stils« erwies, die im *Frankfurter Manifest* als unser Ziel bekannt wurde. Der Ernst, mit dem hier über eine wichtige Sache geredet und gekämpft wurde, ließ alle persönlichen Schärfen zurückstehen. Die Berichterstattung des Präsidiums (Dr. Heinemann, Adolf Scheu) ließ auch bei sehr kritischer Sicht keinerlei Möglichkeit zu solchen Schärfen oder irgendwelchen vernebelten Mißtrauensbekundungen. Der Parteichef mit seinen Auseinandersetzungen war so, wie die Parteien sich im Wahlkampf immer verhalten *wollen*: hart, aber fair.

Das zweite wesentliche Merkmal: Es war deutlich, daß sich keiner die Entscheidung über den künftigen Wert unserer politischen Gemeinschaft leicht gemacht hatte. Da waren manche Tages- und Nachtstunden in Diskussionen und wohl auch in sehr persönlichen Überlegungen verbracht worden. Da war keiner, der einfach »den Laden los sein wollte«, und auch keiner, den ein allzu billiges »Gemeinschaftsgefühl« zu seinem klaren Nein der Mehrheit gegenüber gebracht hat. Wie immer die Entscheidung des einzelnen gewesen sein mag: Sie war eine persönliche Entscheidung nach langem Hören und Prüfen. Wir haben keinen Anlaß, irgendeinem die Sauberkeit seiner Argumente und die subjektive Richtigkeit seiner Entscheidung abzusprechen.

Zu Beginn des Parteitages, der abwechselnd von Dipl.-Kfm. Alfred Willems, Rechtsanwalt Dr. Posser und Dr. Müller geleitet wurde, gab Dr. Dr. Heinemann für das Präsidium einen Bericht, in dem er noch einmal aufzeigte, wie es zur Gründung der GVP kam, welche Früchte unsere Arbeit trug und wo uns der Erfolg versagt blieb. Der Bericht weitete sich aus zu einem Blick über die innenpolitische Lage in der Bundesrepublik. Uns allen war das bekannt, was da im einzelnen gesagt wurde: das Fehlen jeder echten Opposition gegen die zweigeteilte Aufrüstung 1952; (…) »Unser Programm hat sich durchgesetzt, unsere Partei nicht«, sagte Dr. Dr. Heinemann. Er sprach für alle, als er zugleich meinte, diese Tatsache müsse zu neuen Wegen führen, weil

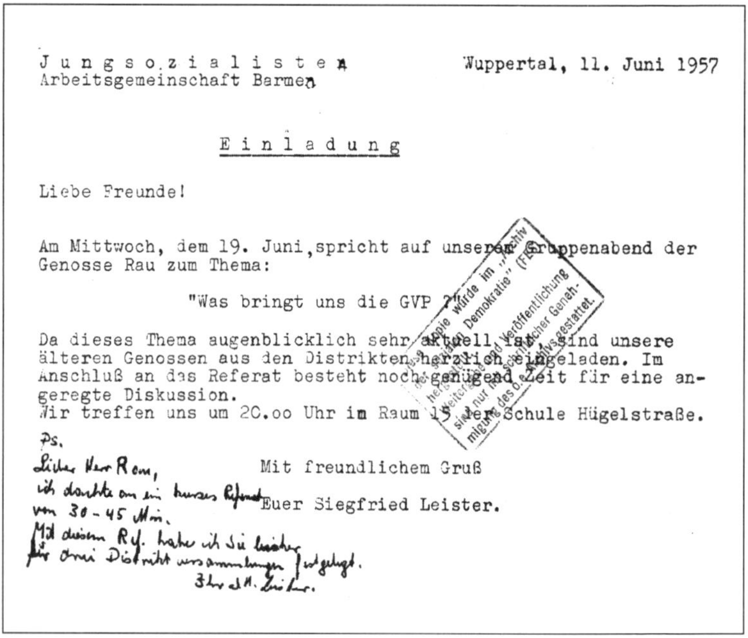

Jungsozialisten
Arbeitsgemeinschaft Barmen

Wuppertal, 11. Juni 1957

Einladung

Liebe Freunde!

Am Mittwoch, dem 19. Juni, spricht auf unserem Gruppenabend der Genosse Rau zum Thema:

"Was bringt uns die GVP ?"

Da dieses Thema augenblicklich sehr aktuell ist, sind unsere älteren Genossen aus den Distrikten herzlich eingeladen. Im Anschluß an das Referat besteht noch genügend Zeit für eine angeregte Diskussion.
Wir treffen uns um 20.oo Uhr im Raum 15 der Schule Hügelstraße.

Mit freundlichem Gruß

Euer Siegfried Leister.

Ps.
Lieber Herr Rau,
ich dachte an ein kurzes Referat von 30-45 Min.
Mit diesem Ref. habe ich Sie bisher für drei Distriktversammlungen festgelegt.
Ihr S. Leister.

Einladungsschreiben der Jungsozialisten in Barmen zu einem Referat des soeben der SPD beigetretenen Neumitgliedes Johannes Rau

uns niemand die Verantwortung für unser Volk abnehmen könnte, gleichgültig, von welcher Weltanschauung her wir uns zur Verantwortung delegiert wußten. Dr. Heinemann ließ keinen Zweifel daran, daß er mit Dr. Posser und Helene Wessel den dann von Adolf Scheu vorgetragenen Gedanken zustimme.

Adolf Scheu, der auf Beschluß des Bundesparteitages einen großen Teil der Verhandlungen mit anderen politischen Gruppen und vor allem mit der SPD geführt hatte, gab einen ausführlichen und durch Korrespondenz und Aktennotizen belegten Bericht über die mancherlei Besprechungen, die nun zu dem Vorschlag des Präsidiums führten, die GVP aufzulösen und den Mitgliedern und Wählern die Mitarbeit in der SPD zu empfehlen. Das Ergebnis der Besprechung war formuliert in einem Brief des Parteivorstandes der SPD, der verlesen wurde.

Die näheren Einzelheiten sind aus der Tagespresse bekannt: daß Dr. Heinemann in Niedersachsen auf der Landesliste und Frau Wessel auf einem sicheren Platz auf der nordrhein-westfälischen Liste stehen wird und daß zwei unserer ehemaligen Mitglieder in Baden-Württemberg kandidieren. Es ging in Essen nicht um Mandate – wir wären gar nicht erst angetreten, wenn irgend jemand Anlaß zu dieser Vermutung gehabt hätte, hier sei unser Ansatzpunkt. Es ging darum, die Kräfte der Opposition zu verbreitern, in die christliche Einheitsfront einzubrechen und dem Verhängnis zu wehren, das unter dem christlichen Namen auf uns zukommen will.

Wissenschaftsminister Rau und Dr. Posser.

Unsere hessischen Delegierten konnten sich der Argumentation der Mehrheit nicht anschließen. Siegerländer Freunde sahen vorläufig keine Möglichkeit, diesen vorgeschlagenen Weg für richtig zu halten. Es gab scharfe und deutliche Diskussionen. Bei der Abstimmung entschlossen sich mehr als achtzig Prozent der Delegierten zu dem Weg, den das Präsidium und viele Delegierte vorgeschlagen hatten. Niemand hatte mit Einmütigkeit gerechnet. Niemand ist aber auch der Meinung, daß eine solche Einmütigkeit notwendig dazu wäre, das Band dieser gemeinsamen fünf Jahre zu halten. Wir bleiben miteinander verbunden nicht nur durch diese Jahre und den Kampf, den wir – oft unzulänglich, aber immer mit vollem Einsatz – geführt haben, sondern auch durch den Kampf, den wir jetzt vor uns haben. Jeder an seinem Platz. Wir sind froh, daß die meisten zusammenbleiben, auch wenn sie sich ein wenig aus den Augen verlieren werden.

Der Bundesparteitag hat uns nicht entlassen: Er war ein Schritt nach vorn, ein Schritt auf dem Weg zum unveränderten Ziel, in dem wir uns nun verbinden mit den sozialdemokratischen Freunden, mit denen wir in Rheinland-Pfalz und in der Paulskirchenbewegung zusammen waren und mit denen wir erreichen möchten, was Deutschland nach unserer Meinung allein helfen kann: die Wiedervereinigung Deutschlands als eines Staates, in dem Einigkeit und Recht und Freiheit mehr sind als nur hohle Worte. Dafür wollen wir einstehen.

Gesamtdeutsche Rundschau vom 7. Juni 1957

Johannes Rau zur innenpolitischen Bedeutung des Eintritts in die SPD

Was weder die Weltkirchenkonferenz noch bedeutende Theologen, noch die aktive GVP erreichten, das ist durch den Weg Heinemanns und seiner Freunde in die SPD erreicht worden in einem Maße, das Erstaunen und Freude weckt. Die Diskussion darüber, ob eine Partei das Recht und den moralischen Anspruch darauf hat, sich »christlich« zu nennen, ist nicht mehr von der Tagesordnung abzusetzen. Ob das Gegeneinander der Meinungen sachlich bleibt, ist eine Frage aller Beteiligten. Verschweigen kann man die Fragestellung und die Antworten nicht, solange das »C« in der Firma bleibt, die ein handfestes außen- und innenpolitisches Programm verkaufen will, von dem nicht einzusehen ist, daß es das einzige sein soll, das der Christ »wählen« kann.

Gesamtdeutsche Rundschau, 2. August 1957

POLITISCHE VERANTWORTUNG

EVANGELISCHE STIMMEN

Herausgegeben von Dr. Adolf Arndt MdB., Bonn; Professor D. Hermann Diem, Tübingen; Bundesminister a. D. Dr. Dr Gustav W. Heinemann MdB., Essen; Lic. Karl Immer, Duisburg; Professor D. Hans Joachim Iwand, Bonn; Heinz Kloppenbur DD., Dortmund; Professor Dr. Karl Kupisch, Berlin; Staatsminister a. D. Ludwig Metzger MdB., Darmstadt; Johannes Rau MdL Wuppertal; Adolf Scheu, Wuppertal; Professor D. Ernst Wolf, Göttingen.

Nr. 11 | November 1959 | 3. Jahrgang

Das neue Grundsatzprogramm der SPD

Kaum ein innenpolitisches Ereignis der Bundesrepublik hat in den letzten Monaten so sehr mit Fug und Recht die Spalten der Zeitungen — auch im Ausland — bestimmt wie der außerordentliche Parteitag, den die mitgliederstärkste Partei, die SPD, in Bad Godesberg abhielt und bei dem ein Grundsatzprogramm verabschiedet wurde, das nunmehr Selbstporträt und Verpflichtung für die Sozialdemokratie in einem sein muß. Im ganzen ist das neue Programm einheitlich gelobt worden, wenn man die Urteile der großen Tageszeitungen ansieht. Kritik haben die Grundsätze aus nur zu verständlichen Gründen vor allem bei Politikern der Koalition und der FDP gefunden. Wir glauben unseren Lesern einen Dienst zu tun, wenn wir ihnen in dieser Ausgabe der „Politischen Verantwortung" den kulturellen Teil des SPD-Programms zur Kenntnis geben. Gewiß wird der erste Absatz „Religion und Kirche" besonderes Interesse finden. Zu diesem Absatz haben sich beim Godesberger Parteitag die drei Herausgeber der „Politischen Verantwortung", die Bundestagsabgeordnete sind und Delegierte des Parteitages waren, geäußert. Wir bringen nach dem Abdruck des Programmteils ihre Stellungnahmen.

Daß ein solches Grundsatzprogramm Selbstporträt ist und sein will, mag besagen, daß die Formulierungen keine Scheinaussagen „zwecks Gewinnung von Wahlkämpfen" sein wollen. Ganz gewiß — und das ist das politisch Bedeutsame für jeden Bürger — repräsentiert sich die SPD hier als echte Alternative, indem sie ein Programm vorlegt, das nicht mehr das Programm einer Interessentenpartei, einer reinen Arbeiterpartei ist — aber die Formulierungen wollen wiedergeben, was für die Verfasser und für die Zustimmenden Erkenntnis und Erfahrung, Einsicht und Überzeugung geworden ist. Daß diese Überzeugung bestimmt und mitgestaltet ist von mancherlei Begegnungen zwischen der Kirche und den Parteien nach 1945, dürfte genau so wenig zu übersehen sein wie die Tatsache, daß Sozialisten und Christen — ein Gegensatz, wie er nicht mehr besteht, aber im Sprachgut noch vorkommt — in der Zeit des Leidens unter der Diktatur des Dritten Reiches gemeinsame Erfahrungen gemacht haben, die ihren Niederschlag hier finden.

Daß ein solches Grundsatzprogramm Verpflichtung ist und sein will, mag besagen, daß die SPD sich auf diese Formulierungen und auf das, was sie meinen, festlegt und daß sie wünscht, im Guten wie im Bösen auf sie festgelegt zu werden. Es ist wahr, daß es vielerorts auch (auch!) deshalb zu Differenzen zwischen kirchlichen und politischen (das heißt nicht gleich: zwischen christlichen und nichtchristlichen) Interessen gekommen ist, weil nicht vom Boden dessen aus gehandelt wurde, was dies Programm nun sagt. Manche Briefe und manche Gespräche wären hier zu zitieren, wenn das lohnte. Es lohnt aber, daß *in Zukunft* auch da nach diesem Grundsatzprogramm gefragt und gehandelt wird, wo überkommene, verständliche Vorurteile aus einer leidvollen Geschichte es verhindert haben, daß es zu der „freien Partnerschaft" kam, von der das neue Grundsatzprogramm redet.

Johannes Rau

Beitrag des Mitherausgebers Johannes Rau
anläßlich der Verabschiedung des Godesberger Programms der SPD 1959

Ich will Euch gerne, ohne Eure Geduld so lange strapazieren zu wollen, noch eine persönliche Erfahrung mitgeben. Ich gehöre zu denjenigen, die Sozialdemokrat geworden sind auf Umwegen. Mir war die Politik nicht an der Wiege gesungen worden. Ich komme aus einem bergischen, bürgerlichen, evangelisch-pietistischen Elternhaus. Ich bin dann durch Gustav Heinemann und durch die Frage nach Deutschland, durch die Frage nach Gesamtdeutschland in die Politik gekommen. Und 1957, nachdem wir fünf Jahre in unserer kleinen, feinen gesamtdeutschen Volkspartei Freude aneinander gewonnen hatten, aber keine Wähler, da bin ich mit ihm und anderen, mit Erhard Eppler und Diether Posser Sozialdemokrat geworden. Ein einfacher Schritt war das nicht im gutbürgerlichen Wuppertal. Und wir haben lange Stunden und viele Nächte darüber gesprochen, welche Schwellen man da zu überwinden hat, bis in die Sprache hinein. Aber ich habe damals etwas gelernt, was dann Jahre später, 1959 im Godesberger Programm, seinen wirklichen Ausdruck gefunden hat.

Delegiertenkonferenz der SPD/DDR in Berlin, 12. Januar 1990

Gustav Heinemann MdB, nachmaliger Bundesjustizminister und Bundespräsident, spricht vor dem Parteitag der SPD in Bonn-Bad Godesberg im November 1959.

ZWEITER TEIL

Wofür steht Johannes Rau?

Das Lebensthema: Politik ist angewandte Liebe zur Welt

Es wäre zu kurz gegriffen, Johannes Rau allein aus seinem Elternhaus und dem calvinistischen Milieu in Wuppertal, aus seiner Tätigkeit in der Gesamtdeutschen Volkspartei und seinem langjährigen Wirken in der Sozialdemokratie zu verstehen. Das alles hat ihn geprägt. »Ich halte, weil ich gehalten werde«, die Orientierung an dem Motto der Bekennenden Kirche weist hin auf tiefere Schichten. Ein Lebensthema mit zehn Variationen – so stellt sich das politische und persönliche Wirken des Johannes Rau dar. Einige Politikbereiche (so z.B. die Deutschland-, Friedens-, Ausländer-, Sozial- und Israel-Politik) sind in den Variationen exemplarisch gestreift. Auf andere Politikfelder läßt sich das Lebensthema Raus konkret übertragen, z.B. auf den Vertrag zwischen den Generationen, auf die Fragen zur künftigen Energieversorgung, zur sozialen und ökologischen Erneuerung der Industriegesellschaft, zur Gleichstellung von Frauen und Männern.

Das Lebensthema ist vorgegeben. Rau hat es von seinen »Vätern« übernommen, die es ebenfalls vorfanden. Wie Heinemann mit den Theologen Barth und Gollwitzer im Gespräch bleibt, so sucht auch Rau den Dialog mit den theologischen Freunden und Kritikern. In den Wurzeln des Lebensweges von Johannes Rau steckt ein Grundverständnis der »Theologie der Hoffnung«. So lautet ein theologisches Fachbuch von Jürgen Moltmann aus dem Jahre 1964, 1995 weitergeführt als »Das Kommen Gottes«. Daraus entwickelt Rau eigene Überlegungen, Ansätze zu einer theologischen Ethik des Politischen. Darin sind auch zentrale Einsichten der Bekennenden Kirche im Kirchenkampf während der Naziherrschaft aufgenommen, die zuerst in der Barmer Theologischen Erklärung von 1934 niedergeschrieben worden sind.

Das ist das Lebensthema, das bei Rau immer wieder anklingt: Jesus Christus ist das eine *Wort Gottes (Barmen 1934). Diese Welt wird so bleiben, wie sie ist. »Weil noch etwas, weil noch einer kommt, darum ist die Welt verbesserungswürdig und verbesserungsfähig.« Dies hat in letzter Konsequenz politisches Handeln zur Folge.*

Wenn Rau frei redet wie z.B. auf dem Podium des Kirchentages in Hannover 1967, klingt dasselbe Thema so:

»Gründe für politisches Handeln sind keine Gründe mehr, die einfach in unsern Antrieben liegen. Die wirklichen Gründe liegen in dem Auftrag, die Tatsache, daß Christus auferstanden ist, zum Anlaß zu nehmen, diese Welt wieder mit Hoffnung zu impfen.«

Der Ehrendoktor der Theologie Johannes Rau sagt dasselbe in der Bochumer Universität:

»Diese Welt hat Zukunft, aber sie liegt im argen. Diese Welt liegt im argen, aber sie hat Zukunft ... Hiergeblieben, nicht auswandern, nicht das himmlische Jerusalem suchen, um sich der irdischen Pflichten, zu denen auch die Politik gehört, zu entziehen.«

Nur ein in Barmen 1934 »vergessener« Akzent kommt noch hinzu: die Aufgabe der Erneuerung des Verhältnisses von Juden und Christen.

Nicht ganz zufällig zitiert der Bundespräsident Johannes Rau in seiner Antrittsrede darum die jüdische Soziologin und Philosophin Hannah Arendt: »Politik ist angewandte Liebe zur Welt.«

Wie dieses Grundthema in vielen Variationen stets auftaucht und sich exemplarisch in politischen Aufgabenfeldern aktualisiert, soll im zweiten Teil des Buches entfaltet werden.

Christengemeinde und Bürgergemeinde

Wenn Johannes Rau sich zum Verhältnis von Staat und Kirche äußert, geschieht das stets zurückhaltend. Nicht vom Wesen des Staates und der Kirche redet er, sondern lieber »Vom Christsein in weltlicher Verantwortung«. Skeptisch bleibt er gegenüber jeder Staatsmetaphysik und der lutherischen Zwei-Reiche-Lehre. »Da sind mir die Ansätze von Karl Barth, wenn er von Christengemeinde und Bürgergemeinde spricht, näher als die Lehre von den zwei Regimenten Gottes.«

Ansätze seiner theologischen Ethik des Politischen entwickelt der Dr. theol. Rau spätestens in seiner Promotionsrede in Bochum. Die Option für das Modell der Entsprechung von Christengemeinde und Bürgergemeinde ist aus den ersten Nachkriegsjahren zu verstehen. Mit einer Rede zu diesem Thema war Karl Barth 1945 zurückgekehrt aus der Schweiz in das zerstörte Deutschland. Zehn Jahre zuvor war er ausgewiesen als Bonner Theologieprofessor und Berater der Bekennenden Kirche, dem die Barmer Theologische Erklärung von 1934 *zu verdanken ist. Ab 1935 hat er sich als »Schweizer Stimme«*

immer wieder eingemischt. Nun macht ihm Sorge, wie schnell in seiner Kirche die »Selbstreinigung« begonnen hat. Otto Dibelius, Bischof in Berlin, scheint den Ton anzugeben. Er sieht in den zwölf Jahren der Naziherrschaft lediglich einen Betriebsunfall in der deutschen Geschichte und will dort anknüpfen, wo die Deutsche Evangelische Kirche 1933 aufhören mußte. Das Stuttgarter Schuldbekenntnis vom 18.-19. Oktober 1945 *war gegenüber einer Delegation aus der Ökumene ausgesprochen worden: »Durch uns ist unendliches Leid über viele Völker und Länder gebracht worden. Wir klagen uns an ...« Es öffnet die Türen für Christen und Hilfsprogramme aus dem Ausland.*
Diese Wurzeln der Naziherrschaft gilt er nun zu erkennen, damit der zweite Versuch, eine Demokratie zu entwickeln, nicht erneut scheitert. Barths Wegweisung für den Neubeginn in Kirche und Gesellschaft 1945 lautet: »Vielleicht der entscheidende Beitrag der Christengemeinde im Aufbau der Bürgergemeinde besteht darin, daß sie ihre eigene Existenz, ihre Verfassung und Ordnung theoretisch und praktisch demgemäß gestaltet, daß sie, die direkt und bewußt um jenes gemeinsame Zentrum versammelt ist, den inneren Kreis innerhalb des äußeren darzustellen hat. Der rechte Staat muß in der rechten Kirche sein Vorbild und Urbild haben.« Damit ist Neuland erschlossen. Eine Restauration der Staatskirche darf nicht sein. Eine Trennung von Staat und Kirche nach der statisch verstandenen Lehre von den Zwei Reichen *ist ausgeschlossen. Das Grundgesetz von 1949 kommt ohne Staatsmetaphysik aus. Die Unantastbarkeit der Würde des Menschen weist auf ein vorgegebenes Menschenbild hin. »Ein großartiges Angebot und keine Fessel« – immer wieder werben Rau wie Heinemann für ein lebendiges Verständnis von Verfassungspatriotismus.*

Als Wissenschaftsminister 1972 mit Martin Niemöller auf dem Düsseldorfer Bildungsforum »Kirche und Politik«

Wenn wir bestimmte Dinge nicht tun, wird unser Glaube unnütz

Wenn wir bestimmte Dinge nicht tun, wird unser Glaube unnütz. Das heißt nicht, daß unser Tun den Auferstandenen legitimiert. Das kann es nicht heißen; das hat er nicht nötig. Aber es heißt doch, daß der Auftrag der Christen und ihre Existenz in dieser Welt eben nicht Auszeichnungen vor anderen Gruppen sind, nicht irgendwelche religiöse Verschiedenheiten. Dieser Auftrag der Christen wird vielmehr daran erkennbar, in welcher Intensität sie dieser Welt eine Chance geben, indem sie in ihr arbeiten und handeln. Deshalb glaube ich nicht, daß die Existenz von Krankenhäusern den Auferstandenen verschleiert. Die Tatsache aber, daß zu wenige Christen bereit sind, in Krankenhäusern zu arbeiten, verschleiert ihn. Ich glaube daher, daß dies politische Zeugnis eine Sache ist, die nicht auf Kongressen verhandelt werden kann. An ihr muß vielmehr sichtbar werden, wo der einzelne lebt und wie im Leben des einzelnen deutlich wird, daß dieser Auferstandene lebt. Das werden viele *sehen* – und den Herrn preisen, so heißt es, glaube ich, irgendwo.

Diskussionsbeitrag von Johannes Rau beim Evangelischen Kirchentag Hannover 1967

Gründe für politisches Handeln

Für mich bedeutet die Nachricht von der Auferstehung, von der ich glaube, daß man sie nicht in Ostergeschehen und Osterbotschaft trennen kann, die Mitteilung Gottes, daß diese Welt nicht so bleiben muß, wie sie ist; daß ich sie nicht zu verschönern brauche; daß ich sie nicht zu verharmlosen und zu verniedlichen brauche, sondern daß ich mich in ihr auf eine Zukunft hin engagieren kann, in der diese Welt anders sein soll. Das heißt für mich nicht, daß der Bereich dessen, was wir mit Ostern beschreiben, nur hier im Diesseits stattfindet und daß wir als Kirche keine andere Funktion mehr haben, als Bilder zu entrümpeln und durch neue Bilder zu ersetzen. Ich glaube, daß diese Auferstehungsnachricht zugleich die Nachricht ist, die mitteilt, daß diese Welt nicht Gottes letztes Wort ist. Aber gerade weil diese Welt nicht Gottes letztes Wort ist, muß die Nachricht davon, daß der Gekreuzigte auferstanden ist, besagen, daß es sich wieder lohnt, in dieser

Welt konkret aktiv zu werden. Ob man das in Opposition und Protest oder in Anpassung und Mitmachen tut, ist für mich eine zweite Frage. Ersteres ist sicher schwerer; aber das steht noch nicht zur Debatte. Jene Gründe für politisches Handeln sind keine Gründe mehr, die einfach in unseren Antrieben liegen. Die wirklichen Gründe liegen in dem Auftrag, die Tatsache, daß Christus auferstanden ist, zum Anlaß zu nehmen, diese Welt – so hat einmal ein Theologe gesagt – wieder mit Hoffnung zu impfen. Das heißt, praktisch tätig zu werden; das heißt, nichts so zu belassen, wie es ist, wenn es besser sein kann; das heißt, Mauern abzubauen; das heißt, Freund-Feind-Verhältnisse abzuschaffen; das heißt, danach zu fragen, ob wir eigentlich schon eine Überproduktion an Gerechtigkeit oder ob wir eine Überproduktion an Ungerechtigkeit in dieser Welt haben, an der auch die Christen mitschuldig sind, weil sie die Auferstehung offenbar zu sehr privat verstanden haben. Das kann dann für den einzelnen in unterschiedlichen Bereichen bedeuten, daß er wieder Mut gewinnt, nicht nur Mut, am Grabe zu

»Mutter«, ruft der soeben zum Ministerpräsidenten Gewählte (20. Oktober 1978) zur Zuschauertribüne hoch.

trösten, sondern auch Mut, am Grabe zu sagen, daß für den, der da gestorben ist, Gottes letztes Wort noch nicht gesprochen ist. Das alles muß sich aber daran bewähren, daß wir diese Welt verändern.

Diskussionsbeitrag beim Evangelischen Kirchentag Hannover 1967

Das Godesberger Programm würde sicher nicht ausreichen

Wenn wir uns überlegten, was es für die Politik, für die sozialen Fragen, für unsere Haltung gegenüber Vietnam und Israel zu besagen hätte, wenn wir nicht mehr auf unser relativ schwaches persönliches Meinen und Denken angewiesen wären, sondern wenn es ein paar fixe Punkte in unserer Wirklichkeit gäbe, die so gewiß sind wie die Tatsache, daß er lebt; solche fixen Punkte wie die, daß Christen dem Tode nicht mehr dienen dürfen, daß Christen keinen anderen mehr verteufeln dürfen – auch keinen Nichtchristen –, daß Christen aufhören müssen, in ihre eigene Tasche zu leben, daß Christen deshalb anders über die Chancen denken, diese Welt zu verändern, und daß sie das nicht tun, nur weil sie heimlich noch irgendwo an das Gute im Menschen oder an irgendwelche Ideologien glauben, mit denen man vorwärtskommen kann. Wenn es uns gelänge, dies in ein paar Bereichen deutlich zu machen, würden unsere eigenen Programme endlich relativiert. Ich will es einmal überspitzt sagen: Wenn ich für meine politische Arbeit nicht eben diese Zuversicht hätte – das Godesberger Programm würde sicher nicht ausreichen. Es muß schon ein bißchen mehr an Antrieben für den einzelnen dasein, um sich in dieser Weise dieser Welt anzunehmen, die Nachricht nämlich, daß sie nicht verloren ist.

Diskussionsbeitrag beim Evangelischen Kirchentag Hannover 1967

Das Grundgesetz – ein großes Angebot

Besonders erinnern möchte ich an Heinemanns Verfassungsverständnis. Er war es, der unser Grundgesetz ein großes Angebot nannte, der davor warnte, das Grundgesetz als Zementierung einer historisch unverrückbaren und starren Ordnung mißzuverstehen. Gesellschaftliche Erneuerung war für Gustav Heinemann deshalb eine Selbstverständlichkeit.

Er war davon überzeugt, daß der demokratische Rechtsstaat ohne soziale Reformen nicht überlebensfähig ist. Sein Appell, die deutschen Freiheitsbewegungen mit ihren demokratischen Traditionen vom Bauernkrieg bis zum Vormärz und den Anfängen der Arbeiterbewegung stärker in unser Geschichtsbewußtsein einzuholen und damit für die politische Praxis nutzbar zu machen, hat nichts an Aktualität verloren.

DER SPIEGEL, 22. Mai 1978

Staat und Wirtschaft in den achtziger Jahren

Das Verhältnis von Staat und Wirtschaft gehört seit Beginn der Industriellen Revolution zu den zentralen Themen des sozialwirtschaftlichen Denkens. Wenn man sich die Entwicklungspolitik der merkantilistischen Epoche im 17. und 18. Jahrhundert vor Augen führt, dann erscheint die Wirtschafts- und Infrastrukturpolitik heute als eine langfristige geschichtliche Entwicklung, die durch eine Vielzahl staatlicher Förderungs- und Lenkungsmaßnahmen charakterisiert ist.

Nur wer nicht weiter als bis in die Mitte des vorigen Jahrhunderts zurückblickt, kann den zur Abwehr der Weltwirtschaftskrise der dreißiger Jahre um sich greifenden Interventionismus als etwas völlig Neues beurteilen. Die Ursachen der wachsenden aktiven Staatsrolle liegen sowohl im sozialpolitischen, im infrastrukturellen als auch im stabilitätspolitischen Bereich. Der marktwirtschaftliche Mechanismus kann ohne regulierende staatliche Politik den Menschen nicht angemessen sozial absichern.

Wer in die Betrachtung einen längeren Zeitraum einbezieht, dem wird deutlich, daß ein sich selbst überlassener Marktmechanismus nur eine unzureichende Stabilisierungsfähigkeit hat. Wer eine für Wirtschaft und Gesellschaft erforderliche Infrastruktur, zum Beispiel bei der Energie, bei Bildung und Forschung anstrebt, der muß sich auch darüber klar sein, daß die wirtschaftliche und gesellschaftliche Entwicklung zunehmend auf Vorleistungen aufbaut, die als Gemeinschaftsleistungen bereitgestellt werden müssen.

Ich kann mir nicht vorstellen, daß diejenigen, die über zu viel Staat klagen, die die hohe Staatsverschuldung attackieren und die Belastung durch soziale Abgaben reklamieren, die Konsequenzen ihrer Haltung ganz überblicken. Wir stünden heute vor einer verheerenden Situation, wenn sich der Staat nach 1973 auf eine abwartende Haltung verlegt hätte. Welch katastrophale Wirkung wirtschaftspolitisches Nichtstun in einer Krise zeitigt, das hat die Politik Brünings zu Beginn der dreißiger Jahre deutlich gemacht.

Die staatliche Verantwortung, krisenhaften Entwicklungen der Wirtschaft gegenzusteuern, rechtfertigt sich aber nicht nur aus sozialen und ökonomischen Gründen im engeren Sinn. Es handelt sich vielmehr um eine originär politische Aufgabe. Ökonomische Krisen größeren Ausmaßes drohen das politische System in Mitleidenschaft zu ziehen. Die Demokratie kann hohe Arbeitslosigkeit und eine ständig absinkende Lebensqualität auf Dauer nicht verkraften. Der Versuch des Staates, ökonomischen Fehlentwicklungen gegenzusteuern, ist deshalb auch ein verfassungsrechtliches Gebot; gilt es doch, soziale und ökonomische Verhältnisse herzustellen und zu sichern, die den Bestand der Demokratie gewährleisten.

Wir können die Zukunft der Demokratie nur sichern, wenn der Staat große wirtschaftspolitische Flexibilität hat.

Es ist nach meiner Ansicht intellektuell unaufrichtig und ideologisch voreingenommen, wenn in den vielen großen und kleinen Einzelfällen staatliche Hilfen gefordert und auch mit Zähneknirschen gewährt werden, wenn andererseits aber jeder Versuch, die staatliche Interventionspolitik zu rationalisieren und auf ein planvolles gesamtwirtschaftliches Programm auszurichten, als Ende der Marktwirtschaft beklagt wird. – Die Realität entspricht schon seit langem nicht mehr der reinen Lehre der Markttheorie; wir haben längst ein gemischtes Wirtschaftssystem. In einer gemischten Wirtschaftsordnung gelten aber andere Gesetze für das Verhältnis von Staat und Wirtschaft als im Laissez-faire-Modell der Klassiker.

Die Vorteile einer Fortsetzung des bisherigen Wachstumsmusters werden skeptischer beurteilt; wir sind in eine Phase gekommen, in der die sozialen Kosten des Wachstums für die Menschen so unmittelbar spürbar werden, daß sie mit vollem Recht die Frage danach stellen, ob Wohlstand und Lebensqualität künftig nicht in anderen Werten gesucht werden müssen, als sie der materielle Konsum zu bieten vermag: mehr freie Zeit, mehr Möglichkeiten zur Selbstentfaltung, mehr Chancen zur demokratischen Mitbestimmung in der Wirtschaft und in der Gesellschaft; mehr Bildung – und ich meine damit nicht nur berufsorientierte Bildung, sondern Bildung im Sinne der Möglichkeit umfassender Teilnahme an der kulturellen Ent-

Minister für Wissenschaft und Forschung, Foto aus dem Jahr 1970

wicklung der Menschheit und der Befähigung, sich in einer komplexer werdenden Welt orientiert und aktiv zu bewegen.

Es wird darauf ankommen, daß Staat und Wirtschaft auf diese neuen Faktoren flexibel reagieren. Wirtschaftliches Wachstum als Allheilmittel wird zurücktreten müssen hinter anderen Problemlösungen, zumal jenes hohe Wirtschaftswachstum der Vergangenheit – selbst wenn man es für erwünscht hielte – kaum eintreten wird.

Amitai Etzioni hat in seinem vielbeachteten Buch über »Die aktive Gesellschaft« darauf hingewiesen, daß die Steuerungskapazität einer Gesellschaft den Freiheitsraum bestimmt, in dem die Gesellschaft über ihre Entwicklung selbst zu bestimmen vermag. Steuerungskapazität hat zwei Voraussetzungen: Konsensfähigkeit und gemeinsame Kontrolle der gesellschaftlichen Prozesse. Demokratien haben im Prinzip eine gute Chance, sich zu einer »aktiven Gesellschaft« zu entwickeln. Aber diese Chance zu nutzen, setzt voraus, daß sich alle Beteiligten über die Herausforderungen der Geschichte bewußt sind, die Erfahrungen aufzuarbeiten, und daß sie aufgeschlossen auf neue Probleme reagieren. Das bedeutet aber, daß Entwicklungstendenzen erkannt, aufgegriffen und produktiv verarbeitet werden. Das sollten wir im Staat und in der Wirtschaft tun.

Vortrag von Ministerpräsident Johannes Rau am 28. März 1979 vor der Landesvereinigung der industriellen Arbeitgeberverbände in Düsseldorf, Manuskript

Ein natürliches Verhältnis zur eigenen Nation empfinde ich als nötig

Johannes Rau in einem Interview mit der Wochenzeitung DIE ZEIT am 6. Mai 1994 anläßlich seiner Kandidatur zum Bundespräsidenten:

ZEIT: Wenn wir gebrannte Kinder sind, wieso sind wir dann bereit, in der Politik mit neuen nationalen, teils nationalistischen Tönen zu reden?

Rau: Nationalistische Töne dürften nicht angeschlagen werden. Aber ich gestehe, ein – in aller Gebrochenheit der eigenen Geschichte – natürliches Verhältnis zur eigenen Nation empfinde ich als nötig, wir sollten das nicht den Extremisten überlassen. Ich sage: Ein Patriot ist jemand, der sein Vaterland liebt, und ein Nationalist ist jemand, der die Vaterländer der anderen verachtet. Ich möchte gern ein guter Patriot sein.

ZEIT: Was kann in einer solchen Lage in einem schwierigen Vaterland – um Ihren politischen Ziehvater Gustav Heinemann zu zitieren – ein Staatsoberhaupt bewirken? Hat nicht gerade auch die Amtsführung Richard von Weizsäckers gezeigt, daß der Bundespräsident selbst bei äußerster Anstrengung den Lauf der Politik nicht wirklich beeinflussen, sondern allenfalls symbolisch begleiten kann?

Rau: Ich finde, Richard von Weizsäcker hat sehr viel mehr getan. Allein die Rede am 8. Mai 1985 hat die zehn Dienstjahre gelohnt. Das ist eine Jahrhundertrede. Was diese Rede in aller Welt bewirkt hat für ein klareres Bild des demokratischen Deutschland, das kann man gar nicht hoch genug einschätzen.

Das Amt des Bundespräsidenten ist ohnehin mindestens zur Hälfte außenpolitisch zu sehen. Er ist gewissermaßen der erste Botschafter, nicht nur auf Reisen, mit denen ich sparsam sein würde. Aber ich glaube, in der Art, wie man andere Länder besucht, in den Erfahrungen, die man einbringt ins politische Gespräch, kann man mehr als symbolisch »begleiten«.

ZEIT: Kann der Bundespräsident Sinnstifter sein?

Rau: Nein, das kann und sollte ein einzelner nie sein, auch nicht als Verfassungsorgan. Aber er kann in der Art, wie er Fragen stellt, und in der Art, wie er Menschen zusammenbringt, sowohl auf Sinndefizite hinweisen als auch dazu führen, daß Sinn gestiftet wird.
Ich glaube, daß ein klares Profil des Bundespräsidenten schon wünschenswert ist, aber es muß immer eine Einladung an andere sein, ihr eigenes Profil zu zeigen und einzubringen.

Bei einer ökumenischen Tauferinnerungszeremonie 1994 in Altenberg (1. Ökumenischer Dorf-Kirchentag)

Unser Grundgesetz ist keine Fessel

Interview mit FOCUS am 16. Mai 1994

FOCUS: Gehört zu den Bindekräften die Verfassung?

Rau: Eindeutig ja.

FOCUS: Was fangen Sie mit dem Begriff »Verfassungspatriotismus« an?

Rau: Ich finde zutreffend, was Gustav Heinemann gesagt hat: Unser Grundgesetz ist keine Fessel, sondern ein großartiges Angebot. Das Entscheidende an unserer Verfassung ist der erste Satz: Die Würde des Menschen – jedes Menschen – ist unantastbar. Sie ist dem Staat vorgegeben, und der Staat hat nicht Würde zu definieren und zuzuteilen.

FOCUS: Cordt Schnibben hat geschrieben: »National zu sein, ohne nationalistisch zu werden, das muß mißtrauisch beobachtet werden wie anonyme Alkoholiker, die behaupten, nur ein Gläschen trinken zu wollen.« Sind die Deutschen suchtgefährdet?

Rau: Offenbar einige Deutsche, aber die Mehrheit nicht.
Jedenfalls betreiben einige ein Spiel mit dem nationalen Gedanken. Sie beachten nicht, daß die Trennung zwischen national und nationalistisch hauchdünn und die Gratwanderung lebensgefährlich ist. Ein Nationalist ist jemand, der die Vaterländer der anderen verachtet. Ein Patriot ist jemand, der sein Vaterland liebt. Ich möchte gerne Patriot sein.

FOCUS: Das deutsche Staatsangehörigkeitsrecht von 1913 definiert die Nation als eine durch das Blut bestimmte Abstammungsgemeinschaft. Ist dieses Denken noch zeitgemäß?

Rau: Jedenfalls ist es nicht der einzige demokratische Weg. Es gibt eine Reihe von Demokratien, die einen anderen Weg gehen. Wir sollten als Deutsche angesichts der hohen Zuwanderung der letzten Jahrzehnte zu einem Verständnis vom Staatsbürger kommen, das nicht mehr allein ethnisch begründet ist.

Das politische Ordnungsmodell einer offenen Republik

Die maßgebende Lehre von 1989 und 1990 ist für mich nicht, daß es gelungen ist, den Nationalstaat wiederherzustellen, sondern daß es gelungen ist, Bürgerrechte zu erringen und ein freiheitsfeindliches Regime zu beseitigen; daß es überdies gelungen ist, an unsere gute föderale Tradition anzuknüpfen. Bald acht Jahre nach dem Fall der Mauer, im siebten Jahr der staatlichen Einheit, dürfen wir keinen Zweifel daran aufkommen lassen, worin die Grundlagen unserer politischen Kultur in Deutschland bestehen müssen: in einem republikanischen und nicht völkischen Verständnis von Nation als einer politischen Ordnung, die von den Staatsbürgern zum Schutz ihrer Freiheit und Rechte gewollt wird und die sich auf ihre Zustimmung gründet. Diesem Verständnis trägt unser Grundgesetz Rechnung, das in bewußter Abkehr von der verhängnisvollen Tradition eines völkischen Nationalismus die Bundesrepublik Deutschland auf das politische Ordnungsmodell einer offenen Republik verpflichtet. Seine Ausrichtung auf die universellen Freiheits- und Menschenrechte läßt sich nicht mit jenen Vorstellungen von politischen Gemeinschaften vereinbaren, die sich – unabhängig von der Staatsform, gleichsam verfassungsneutral – als Volks- oder Kulturnation verstehen.

Aus: In der Verantwortung. Hans-Dietrich Genscher zum Siebzigsten, 1997

Vom Christsein in weltlicher Verantwortung

Betrachtungen eines protestantischen Politikers

Ich will also etwas sagen vom Christsein in weltlicher Verantwortung; von der Frage, wie Glaube und Politik zusammenpassen. Ob es nur uns modernen Menschen schwerfällt, Glaube und Alltag zusammenzubringen? Vielleicht war das früher leichter als heute? Offenbar gibt es die bleibende Irrlehre, Glaube und Politik seien ganz verschiedene Bereiche ohne gemeinsame Schnittmenge. Das steht hinter der Frage, ob sich mit der Bergpredigt überhaupt Politik machen lasse. Diese Frage hat Luther gestellt, Bismarck hat sie gestellt, auch Helmut Schmidt hat sie gestellt ... Mir scheint an dieser Fragestellung zweierlei merkwürdig:

Mit Siegfried Meurer von der Deutschen Bibelgesellschaft bei einer Veranstaltung der Stiftung »Bibel und Kultur« 1997 in Schwerin.

Erstens: Daß man die Frage auf die Bergpredigt beschränkt; daß keiner fragt: Kann man wohl mit den Briefen des Johannes Politik machen? Oder mit den beiden Korinther-Briefen? Wenigstens mit dem Philemon-Brief, weil der so kurz ist? Kann man Politik machen mit den Psalmen? Ich fürchte, wir scheiterten schon an den Sprüchen Salomos. Warum begrenzen wir diese Frage auf die Bergpredigt? Wie kommt das?

Die zweite Frage, die ich stelle, ist die: Warum fragen wir eigentlich immer nur nach der Bergpredigt und der Politik? Warum fragen wir nicht nach der Bergpredigt und der Ehe? Oder nach der Bergpredigt und der Unternehmensleitung? Oder nach der Bergpredigt und den Künsten? Wieso konzentrieren wir die Frage auf Bergpredigt und Politik? Muß man nicht also radikaler fragen: Ob man mit der Bergpredigt leben kann, und zwar im Alltag leben kann? Als einzelner, in jeweils seinem Beruf, in der Familie, in den Schulen, an den Universitäten, also da, wo man selber steht? Da finde ich es schon bemerkenswert, daß am Schluß der Bergpredigt das Wort steht, die Menschen, die die Bergpredigt hörten, hätten sich entsetzt. Ich frage nun, ob es uns heute nicht genauso geht wie den Menschen zur Zeit Jesu. Nicht nur den Politikern, sondern jedem, der die Bergpredigt gelesen hat. Wir sind entsetzt über das, was da geschrieben steht. Wir fühlen uns überfordert. Und wir atmen erst wieder auf, wenn das neue Kapitel beginnt: »Da er aber vom Berge herabging, folgte ihm viel Volks nach.« Offenbar ist man dann wieder bereit, mitzumachen. Die Luft ist nicht mehr so dünn wie auf dem Berg. Es scheint nicht mehr ganz so teuer zu sein wie in den Kapiteln fünf bis sieben.

Ich will die Frage nicht ins Private abschieben, sondern ich will fragen, ob die Bergpredigt ein umsetzbares politisches Manifest ist. Darüber wird seit Jahrhunderten geschrieben. Zu denen, die »Nein« gesagt haben zur Möglichkeit, mit der Bergpredigt zu leben, gehört auch ein so sozial engagierter und evangelisch profilierter Mann wie Friedrich Naumann. »Wir konstruieren unser staatliches Haus«, so sagt er, »nicht mit den Zedern vom Libanon, sondern mit den Bausteinen vom römischen Kapitol.« Und dann sagt er weiter: »Ich habe darauf verzichtet, grundlegende Fragen in der Bergpredigt entschieden zu sehen.«

Wenn das also stimmt, daß man mit der Bergpredigt im Alltag nicht bestehen kann, dann stellt sich die Frage, ob das nicht für die gesamte Bibel gilt. Dann stellt sich auch die Frage, ob das, was an christlicher Weisung bekanntgegeben wird, nicht Salz der Erde ist, sondern antiquierte Belanglosigkeit.

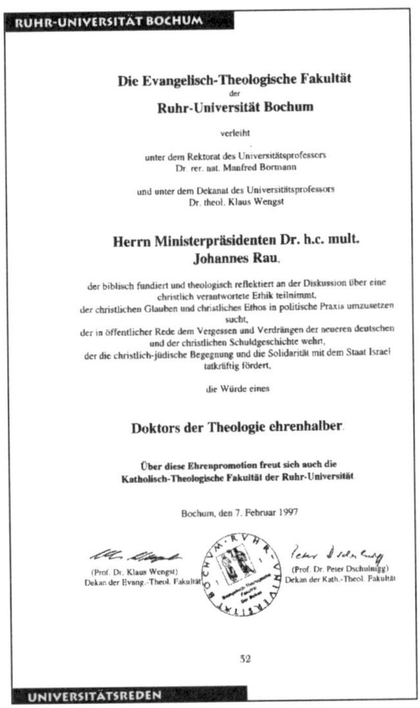

RUHR-UNIVERSITÄT BOCHUM

Die Evangelisch-Theologische Fakultät
der
Ruhr-Universität Bochum

verleiht

unter dem Rektorat des Universitätsprofessors
Dr. rer. nat. Manfred Bormann

und unter dem Dekanat des Universitätsprofessors
Dr. theol. Klaus Wengst

Herrn Ministerpräsidenten Dr. h.c. mult.
Johannes Rau,

der biblisch fundiert und theologisch reflektiert an der Diskussion über eine christlich verantwortete Ethik teilnimmt,
der christlichen Glauben und christliches Ethos in politische Praxis umzusetzen sucht,
der in öffentlicher Rede dem Vergessen und Verdrängen der neueren deutschen und der christlichen Schuldgeschichte wehrt,
der die christlich-jüdische Begegnung und die Solidarität mit dem Staat Israel tatkräftig fördert,

die Würde eines

Doktors der Theologie ehrenhalber.

Über diese Ehrenpromotion freut sich auch die
Katholisch-Theologische Fakultät der Ruhr-Universität.

Bochum, den 7. Februar 1997

(Prof. Dr. Klaus Wengst)
Dekan der Evang.-Theol. Fakultät

(Prof. Dr. Peter Dschulnigg)
Dekan der Kath.-Theol. Fakultät

32

UNIVERSITÄTSREDEN

Urkunde anläßlich der Promotion zum »Doktor der Theologie ehrenhalber« am 7. Februar 1997 durch die Ev.-Theol. Fakultät der Ruhr-Universität in Bochum

Mir kommt die Gegenfrage nicht aus dem Sinn: Wie kann man denn ohne die Bergpredigt Politik machen? Und wenn man eine solche Frage stellt, wird man schon zum Schwärmer oder zum Träumer erklärt, jedenfalls gerät man in den Verdacht, sanftmütig zu sein, was heute offenbar soviel wie »politisch untauglich« heißt. Wer glaubt, im politischen Geschäft hätten Sanftmut oder auch Barmherzigkeit nichts zu suchen, der hat nicht verstanden, was die Aufgabe der Politik ist.

Die Bibel selber ist, was die Person Jesu angeht, ja nicht so ohnmächtig, wie wir es gerne hätten. »Er lehrte mit Vollmacht«, wird von ihm gesagt (Matthäus 9,29). Da ist von Macht die Rede.

Paul Tillich hat einmal gesagt, wer den Willen zur Macht aufgegeben habe, habe den Willen zum Sein aufgegeben. Und ähnlich lesen wir es bei Hannah Arendt, die Macht von Gewalt, Willkür und Tyrannei abgrenzt. Die beiden stehen ja nun nicht in dem Verdacht, autoritätsgläubig gewesen zu sein.

Wenn wir dem Fortschritt nicht nur Tempo, sondern auch Richtung geben wollen, dann brauchen wir Führung und Orientierung, Autorität und Gestaltungskraft, unter die uns auch die Bergpredigt stellt. Nein, die Bergpredigt sammelt keine weltfremden Träumer, sondern mit ihr werden wesentliche Sinnfragen des Lebens angesprochen und bei Glut gehalten. Sinnfragen, die im Alltag relevant sind.

Das braucht man gelegentlich, das muß man gelegentlich hören, wenn man in viel zu vielen und viel zu langen Sitzungen ist, viel zu viel Post liest, viel zu viel telefoniert. Die Probleme, mit denen wir es zu tun haben, die nationalen und internationalen, werden immer größer, immer gewaltiger, immer weniger durchschaubar. Die Fähigkeit, Probleme zu lösen, scheint der Politik verlorengegangen zu sein.

Freilich sind die Antworten auf die Frage, wie wir den Menschen und uns selber wieder Hoffnung geben, verschieden. Sie müssen es in einer pluralen Gesellschaft auch sein. Es hat sich inzwischen herumgesprochen: Wer als Christ politisch handelt, muß sich nicht automatisch einer bestimmten Partei zuwenden. Aber auch Christen in der gleichen Partei haben ja keineswegs immer die gleiche Haltung zu politischen Grundfragen. Christen bringen christliches Denken ein in häufig komplizierte politische Entscheidungsprozesse. Aber über die Art, wie man selbst gestaltet, geht der politische Streit. Und ganz gewiß ist die Bibel kein Rezeptbuch für die politischen Aufgaben unserer Zeit. Dazu ist sie zu wenig eindeutig. Die

Ehrendoktorwürden

1985	Dr. phil. h.c. Düsseldorf
1986	Dr. h.c. Haifa/Israel
1986	Dr. University/England
1987	Dr. theol. h.c. Ungarn
1991	Dr. rer. pol. h.c. Hagen
1997	D. theol. Bochum
1998	Dr. h.c. Beer Sheva/Israel

unterschiedlichsten, ja die gegensätzlichsten Positionen sind ja schon aus biblischen Quellen argumentativ gestützt worden. Wer die Kirchengeschichte kennt, der weiß: Die Monarchie wie die Demokratie sind biblisch begründet worden. Pazifisten sind nicht die schlechtesten Bibelkundler, aber auch die, die Militär für nötig halten, finden ihre Bibelstellen. Wir haben es zudem inzwischen in der Politik mit vielen Fragen zu tun, die jenseits der Lebenserfahrung der Verfasser der biblischen Schriften stehen. Darum läßt uns die Bibel oft in der Zerstrittenheit, wenn es um die richtigen Lösungen geht, aber sie entläßt uns nicht aus der Verantwortung.

Es gibt ein paar biblische Hinweise, die uns auf die praktische Vernunft hinweisen. Ich glaube, daß wir von der Bergpredigt lernen können, zwischen Person und Tat zu unterscheiden, zwischen dem Menschen und dem, was er getan oder unterlassen hat. »Selig sind, die da hungern und dürsten nach Gerechtigkeit, denn sie sollen satt werden.« Da steht nicht: Selig sind die Selbstgerechten. Das müssen wir uns gerade als Christen immer wieder sagen. Wer nicht glaubt, daß diese Welt verbesserlich ist, wer nicht glaubt, daß es gerechter zugehen kann, wer den Hunger aufgegeben hat, der hat längst resigniert und der mischt sich nicht ein, wo Ungerechtigkeit herrscht. Die Verbesserlichkeit der Welt ist für mich eine biblische Botschaft wie das Verbot, den Himmel auf Erden zu schaffen. Wer den Himmel auf Erden zu schaffen versprochen hat, hat immer die Hölle geliefert. Und darum glaube ich, die Bergpredigt, und da übernehme ich die Differenzierung, die Ernst Bloch vornimmt, ist nicht Illusion, sondern Utopie. Sie ist nicht das Erträumte, das nicht kommt, sondern sie ist das Ersehnte, das noch nicht Wirklichkeit ist, das aber Wirklichkeit werden kann. Und darum glaube ich, wir brauchen Utopie.

Die stärksten politischen Kräfte sind die gewesen, die von Utopien gelebt haben. Es gibt etwas Abfälliges, seit der Marxismus/Leninismus gescheitert ist, über die gesellschaftlichen Systeme, so, als sei das, was wir jetzt haben nach dem Scheitern des Marxismus/Leninismus, dieser Turbo-Kapitalismus, als sei der eine wirkliche Alternative. Ich glaube es nicht. Sozialismus ist nicht gleich Sozialismus, auch wenn wir heute mit diesem Wort oft in einer – nach meiner Überzeugung – fahrlässigen Weise umgehen.

Die Hoffnung auf das Reich Gottes ist keine Illusion, sondern sie ist Utopie. Und darum glaube ich: Wer hofft, kann handeln. Da sind mir die Ansätze von Karl Barth, wenn er von Christengemeinde und Bürgergemeinde spricht, näher als die Lehre von den zwei Regimenten Gottes. Und da bin ich der Überzeugung, daß aufgeklärtes Hoffen und Träumen hilft, damit wir uns nicht in einer neuen Unübersichtlichkeit finden, wie Jürgen Habermas das genannt hat. Der Sinn unseres Lebens ist nicht das, was uns nicht gelingt, und nicht einmal das, was uns gelingt, sondern der Sinn unseres Lebens hängt davon ab, daß Gott uns liebt, daß wir diese Liebe erfahren und daß wir sie auch weitergeben.

Die Spannung zwischen Sein und Sollen, zwischen Himmel und Erde, zwischen Utopie und Wirklichkeit, die ist nicht die Spannung von Bergpredigt und Politik, sondern sie ist die Spannung unseres Lebens. Und da macht es dann keinen Unterschied mehr, in welchem Umfang ich Verantwortung trage, ob als Lehrer an einer Schule oder Hochschule, ob als Pastor in einer Gemeinde, als Arzt in einem Krankenhaus oder eben als Ministerpräsident eines Landes. Das gilt ja auch zu Hause, so wie es gilt in der Politik, in der Welt, in dem, was wir die Welt nennen.

Aus der Rede zur Ehrenpromotion der Ruhr-Universität Bochum, 7. Februar 1997, Ruhr-Universität Bochum, Universitätsreden 1/1997.

Die Frage nach dem Sinn der Geschichte gehört zu den Menschheitsfragen, auf die es keine vollständige Antwort gibt. Viele ziehen daraus den Schluß, daß die Frage zu stellen sinnlos ist. Das erscheint logisch, erledigt die Frage aber nicht. Idealistische, materialistische und existentialistische Geschichtsphilosophen und Theologen haben sich immer wieder dieser Frage gestellt. »Je größer die Verantwortung eines Menschen ist, desto mehr bedarf er auch der Kenntnis der Vergangenheit, der Geschichte, aus der er kommt« und »Für uns heute ist die kritische Erkenntnis unserer Vergangenheit eine dringende Pflicht«. Diese Sätze aus einer Sammlung von Essays aus den 60er Jahren paßt zum Umgang mit einer schuldbeladenen Geschichte in einem »schwierigen Vaterland« und führt hin zu den unablässigen Bemühungen in den Grußworten, Reden und Schriften von Johannes Rau bei Jubiläen und Gedenkveranstaltungen. Der Philosoph Karl R. Popper deutet zurückhaltend optimistisch an, »daß die von ethischen regulativen Prinzipien inspirierte Gesellschaftskritik mancherorts erfolgreich war, und daß es ihr gelungen ist, die schlimmsten Übel des öffentlichen Lebens mit Erfolg zu bekämpfen. Nur dort war die Gesellschaftskritik von Erfolg gekrönt, wo es die Menschen gelernt hatten, fremde Meinungen zu schätzen und in ihren politischen Zielen bescheiden und nüchtern zu sein, wo sie gelernt hatten, daß der Versuch, den Himmel auf Erden zu verwirklichen, nur allzu leicht die Erde in eine Hölle für die Menschen verwandelt. Die Länder, die die Lehre rechtzeitig lernten, waren die Schweiz und England, die ersten Länder, die den utopischen Versuch unternahmen, den Gottesstaat auf Erden zu errichten. In beiden Ländern führte der Versuch zur Ernüchterung.«

Johannes Rau denkt ähnlich, jedoch mit einer anderen Orientierung. Die Verbesserungswürdigkeit und -fähigkeit dieser Welt erkennt er aus der Perspektive der Osterhoffnung. Christlicher Glaube ist für ihn mehr als eine Privatsache. Weil noch etwas aussteht, weil der Herr kommt und die Geschichte damit Sinn und ein Ziel hat, »sollen Christen auf der Erde, also in unserer Gesellschaft, vorangehen mit dem Friedenmachen, mit der Gerechtigkeit, mit der Verbesserung einer Welt, die im argen liegt«. Ostern ist für ihn die Mitteilung Gottes, »daß diese Welt nicht so bleiben muß, wie sie ist … daß ich mich in ihr auf eine Zukunft hin engagieren kann, in der diese Welt anders sein soll«.

Oft weist er hin auf Christoph Blumhardt, der Jesus als den »Trotz Gottes gegen Sünde, Armut und Elend« tatkräftig bezeugte am Anfang des Jahrhunderts.

Die Nähe zu den theologischen Vaterfiguren und Freunden Barth, Marsch und Moltmann läßt erkennen, wie Johannes Rau den Zusammenhang von Heils- und Weltgeschichte bewahren möchte. Die Herkunft aus einem fröhlichen und frommen Elternhaus, der lebenslängliche Umgang mit Bibel, Gesangbuch und Heidelberger Katechismus hat den Autodidakten in eine theologische Dimension hineinwachsen lassen, die in der Ehrendoktorwürde der evangelisch-theologischen Fakultät der Universität Bochum spät, aber dann nach allen Regeln der Theologenzunft anerkannt worden ist.

Herausragend ist seine Fähigkeit, Trauerarbeit zu leisten, die deutsche Vergangenheit nicht zu verdrängen, vielmehr in der Schulderkenntnis und im Bekennen der Schuld einen Akt der Befreiung zur Zukunft zu sehen.

Vom schwierigen, aber nicht vergeblichen Umgang der Deutschen mit der eigenen Vergangenheit

I.

Wie sich der neue und über die Jahre hin zunehmend erfolgreiche demokratische und soziale Rechtsstaat auch entwickelt hat, immer ist die Frage nach Schuld und Verhängnis der Deutschen gegenwärtig geblieben.

Heute sehen wir nüchterner und gelassener auf die Entwicklung der jüngsten Zeit und auf die über vierzig Jahre deutscher Nachkriegsgeschichte. Vielleicht läßt sich heute auch deutlicher erkennen, wieviel sich in unserem Land seit 1945 gewandelt hat.

II.

Deutschland und die Deutschen haben sich in den vergangenen Jahrzehnten in weit stärkerem Maße verändert, als das wohl die meisten nach den Erfahrungen in der ersten Hälfte dieses Jahrhunderts für möglich gehalten haben. Auf den Trümmern eines hybriden Nationalismus und eines verbrecherischen Rassismus ist ein erfolgreicher Rechts- und Sozialstaat und eine stabile Demokratie aufgebaut worden, die weit davon entfernt ist, alte Fehler aufs neue zu tun. Heute sind die Deutschen sensibler den Gefährdungen des Nationalismus und vorsichtiger den Verführungen der Macht gegenüber. Sie haben aller Begeisterung bei internationalen Sportwettkämpfen zum Trotz eher ein gebrochenes Verhältnis zu »nationaler Größe«.

Bei der Eröffnung der «12. Duisburger Akzente« zum Thema »Der Gefährdung zum Trotz« am 12. April 1988.

Das angeblich fest vorgegebene »deutsche« Wesen hat sich als Produkt der Geschichte erwiesen, als etwas, das selber geworden und deshalb alles andere als unveränderbar ist. Heute gehört der großdeutsche Militarismus endgültig der Vergangenheit an; viele Menschen in unserem Land sind überzeugte Pazifisten, was manchen ausländischen Betrachter zu verwirren scheint. Die meisten Deutschen sind gute Europäer und halten wenig von einem engen Nationalismus oder gar vom Rassismus. Das ist nicht über Nacht gekommen und hat mit vielerlei Gründen zu tun.

III.

Eine der Ursachen für diese Entwicklung liegt sicherlich in der mit den Jahren gewachsenen Bereitschaft der Deutschen, sich den dunklen Kapiteln der eigenen Vergangenheit zu stellen. Viele spüren, daß es keinen Sinn hat, vor bitteren Wahrheiten zu fliehen. Die Geschichte der Bundesrepublik Deutschland ist auch die Geschichte ihrer Auseinandersetzung mit dem, was in den Jahren zwischen 1933 und 1945 geschehen ist. Diese Auseinandersetzung ist nicht leicht gewesen, aber heute ist den meisten klar, wie nötig, unausweichlich, aber auch wie furchtbar sie war.

Das Wissen um die Verbrechen, die Deutsche zunächst eigenen Mitbürgern und dann im großen Stil den Menschen anderer Völker angetan hatten, hat sich nicht abschütteln oder einfach verdrängen lassen. Es hat uns nicht losgelassen, es hat uns umgetrieben und unruhig gemacht, auch wachsamer problematischen Entwicklungen gegenüber. Es war wie ein Kainszeichen, das sich die Deutschen in der Zeit des Dritten Reiches auf die Stirn gedrückt hatten und das sich nicht einfach wegwischen ließ. Je intensiver manche das versucht und je ungeduldiger sie die Forderung erhoben haben, nun »endlich« Schluß zu machen mit der eigenen »Schuldversessenheit«, desto deutlicher ist es immer wieder hervorgetreten.

Die Vergangenheit läßt sich nicht verdrängen. Sie läßt sich nicht einfach vergessen, so bequem das scheinen mag – und so oft in der Geschichte auch versucht worden ist, auf diese Weise Schuld und Versagen zu »bewältigen«. Sittlichkeit, Humanität und politisches Verantwortungsgefühl gebieten es, daß wir die ungezählten Opfer der Geschichte nicht aus dem Gedächtnis »streichen«. Für uns Deutsche heißt das vor allem: Wir dürfen nie vergessen, wie viele Menschen Opfer deutscher Politik geworden sind. Die Täter dürfen nicht entkommen, dürfen sich nicht der gemachten Beute freuen und die eigene böse Tat triumphieren sehen. Dieser fatale Triumph wird immer dann gekrönt, wenn es den Tätern zu alledem gelingt, die Geschichte in ihrem Sinne umzuschreiben und die Klagen der Opfer aus unserem Bewußtsein zu verdrängen – und damit endgültig stumm zu machen.

Dagegen rebelliert das Gefühl der Gerechtigkeit auch deshalb, weil aus dem verdeckten und verdrängten Schrecken allzu leicht neues Unheil hervorgeht. Das tragische Schicksal der Kurden hat uns das erst vor kurzem erschreckend deutlich vor Augen geführt. Hätte Saddam Hussein den Versuch eines Völkermordes wagen können, wenn die Welt Jahre vorher mit mehr als einem Achselzucken auf die Meldungen von irakischen Gasangriffen auf die kurdischen Dörfer reagiert hätte? Sicherlich nicht.

IV.

Blicken wir zurück, um uns den Schatten der Vergangenheit zu stellen, dann tun wir es gerade auch um einer besseren, einer humaneren Zukunft willen, die mit dem Bösen bricht, um menschlicheren Verhältnissen Raum zu geben. Was gefordert, was unabweislich ist, ist das, was die christliche Tradition bildmächtig »Umkehr« genannt hat. Wer umkehrt, weil er den eingeschlagenen Weg nicht mehr weitergehen kann oder will, kann nicht einfach stehenbleiben oder sich rechts und links in die »Büsche« moralischer Indifferenz oder einer forcierten Normalität schlagen. Wer radikal die Richtung ändert und kehrtmacht, wird an den Trümmern vorübergehen müssen, die Schuld und Versagen, Trägheit und Gedankenlosigkeit am Rande seines Lebensweges zurückgelassen haben. Wer ernstmachen will mit der Umkehr, wird sich mit diesen Trümmern konfrontieren lassen müssen. Um der Katharsis willen darf es hier kein Ausweichen geben. Wer die Augen schließt, verliert die Orientierung – und damit auch die Zukunft.

Wir alle wissen, daß dieses Erkennen und Anerkennen nicht leicht, sondern oft mühsam, ja schmerzlich ist.

Der breite Raum, den der Ruf zur Umkehr in der Kirchengeschichte immer wieder eingenommen hat, ist wohl ein Indiz dafür, wie schwer den Menschen echte Umkehr fällt. Das macht auch der moderne psychologische Begriff der Trauerarbeit deutlich, der der Illusion begegnet, es gehe um etwas, das sich leicht und schnell »abhaken« ließe.

Viele große und kleine Täter haben das nach 1945 erhofft. Vielleicht auch deshalb haben sie die angebliche »Stunde Null« immer wieder bemüht. Aber davon kann im Blick auf eigene Schuld und Schuldverstrikkung keine Rede sein. Diese Trauerarbeit war nie nur etwas Privates. Gerade weil sie im öffentlichen Raum geschehen mußte, ist sie vielen so sauer geworden. Aber echte Umkehr kommt ohne das öffentliche Anerkennen, versagt zu haben, nicht aus. Das hat die Kirche bei ihrer Beichtpraxis stets berücksichtigt. Das öffentliche Schuldeingeständnis hilft mit, den Bann des Bösen zu brechen und die Distanz zu ihm zu gewinnen, die nötig ist, damit ein wirklicher Neuanfang gelingen kann.

V.

Es hat lange gedauert, bis die Auseinandersetzung mit dem Nationalsozialismus, mit Antisemitismus und rassistischem Denken im Nachkriegsdeutschland wirklich intensiv geführt worden ist. Das war kein Zufall. Einige der Gründe dafür will ich kurz erwähnen.

Da waren in den ersten Jahren Not und Entbehrung, die für zahlreiche Menschen das Leben zu einem dauernden Kampf ums Überleben machten.

Da waren viele, die sich selber als Opfer des Krieges ansahen, der ihnen Haus und Hof, Freunde und Familie und oft die Gesundheit geraubt hatte.

Viele standen nicht nur vor den Trümmern der zerbombten Städte, sie standen auch vor den Trümmern ihrer Überzeugungen und Ideale, die unheilbar zu Bruch gegangen waren.

Sie standen vor Illusionen, an die sie geglaubt und die nun entlarvt worden waren und ihre häßliche Fratze zeigten.

Da war auch manches Pauschalurteil über alle Deutschen und ihre ganze Geschichte, das viele als ungerecht betrachteten.

Und dann das deutsche Wirtschaftswunder ... Überraschend schnell brachte die harte Arbeit der Nachkriegsjahre erste ansehnliche Früchte hervor, die man sich ungestört munden lassen wollte. Man wollte genießen und sich die Freude an dem neuen Lebensgefühl nicht von der Erinnerung an die Vergangenheit verderben lassen. Der wirtschaftliche Aufschwung ließ manchen in einen Wohlstandsrausch verfallen, der ihm auch den nüchternen Blick zurück und die Aufgaben der Trauerarbeit verstellte. Wer wollte das nicht verstehen?

Schließlich darf auch die Bedeutung des Kalten Krieges nicht unterschätzt werden. Er hat die Deutschen in Ost und West plötzlich in eine neue Rolle hineingedrängt, die der Auseinandersetzung mit dem Dritten Reich nicht eben förderlich war. An die Stelle der Konfrontation mit dem, was nicht nur etwa in deutschem Namen geschehen war, sondern was Deut-

Ansprache im Jahr 1994 anläßlich der Bilddokumentation »Auschwitz – Wider das Vergessen« in Düsseldorf.

sche getan hatten, trat nun eine ganz andere Konfrontation. Dabei wuchsen die Deutschen in Ost und West langsam, aber sicher in die Rolle des Junior-Partners und Kompagnons hinein, ja in die Rolle des Mit-Siegers, der durch eine loyale Haltung »jetzt« das Böse der Vergangenheit sühnen konnte.

VI.

Vielleicht aber gibt es noch eine andere Ursache dafür, daß die Auseinandersetzung mit den Schrecken der Vergangenheit oft so zäh verlaufen ist. Ich denke an das Dilemma des Menschen im Zeitalter des Säkularismus, wenn er radikal versagt hat, abgrundtief schuldig geworden ist. Wie kann er mit einer Schuld umgehen, die sich nicht mehr aufheben oder gar wiedergutmachen läßt? Ihm, der ohne den Glauben an Gott ist und ohne Hoffnung auf eine eschatologische Gerechtigkeit, fehlt das absolute Gegenüber, das sogar den Tod transzendieren kann. Wie kann ein Mörder sein Opfer um Vergebung bitten und Verzeihung erlangen?

Die Christen glauben an einen Gott, der vergeben und neuschaffen, der trösten und alle Tränen von den Gesichtern der Opfer abwischen wird. Ihr Vertrauen richtet sich auf Gott, der Herr ist nicht nur über das Leben, sondern auch über den Tod. Ihm allein ist es möglich, auch solche Grenzen zu überwinden, die wir Menschen gar nicht zu überschreiten vermögen.

Der gläubige Mensch muß mit seiner Schuld nicht allein bleiben, weil er um Gott weiß, der ihm seine Last abnehmen kann. Und der säkulare Mensch ...?

Wie hilflos viele Menschen angesichts des eigenen schuldhaften Versagens gewesen sind, macht ein bezeichnender Euphemismus schlagartig deutlich. Ich meine die absurde Rede von der »Wiedergutmachung«, die ausgerechnet den Juden gegenüber gebraucht worden ist, die millionenfach zum Opfer des Holocaust geworden waren. Wie ließe sich der Mord an Millionen Menschen, ja wie auch nur ein einziger Mord wieder »gutmachen«? Wie viele Milliarden auch gezahlt werden mögen, »wieder gut« wird dadurch nichts. Gestohlene Jahre lassen sich nicht zurückgeben, ein gemordetes Leben läßt sich nicht wiederherstellen.

Ich glaube, daß diese existentielle Paradoxie des modernen säkularen Menschen ein wesentlicher, aber leicht zu übersehender Grund dafür gewesen ist, daß die Auseinandersetzung mit der deutschen Schuld, mit dem

Als Bundesratspräsident mit Jitzchak Rabin (ermordet am 4. November 1995) und Ignaz Bubis im März 1995 in Jerusalem.

eigenen Versagen oft so zäh und für alle so schmerzhaft verlaufen ist, daß sie immer wieder neu und quälend zu beginnen schien – und doch zu keinem »guten Ende« kommen konnte. Ist nicht vielleicht auch die mitunter gestellte Frage nach der »ewigen Schuld« der Deutschen der ungenaue Ausdruck für eben die Tatsache, daß der Mensch begangene Verbrechen nicht aufheben und einfach nicht »wieder gutmachen« kann?

VII.

Der einzige Ausweg, der dann noch zu bleiben scheint, der aber keine wirkliche Lösung bringt, liegt in der Tatsache, daß es der Tod ist, der manches Problem auf seine banale Weise löst. In welcher Weise läßt sich auch dann noch von Schuld sprechen, wenn alle Schuldigen, wenn alle Täter gestorben sind? Kann sich Schuld vererben, kann sie auf Kinder und Kindeskinder übergehen?

Wenn die Zähne der Kinder stumpf werden, dann mag das an vielerlei Gründen liegen, sicherlich aber nicht daran, daß die Väter saure Trauben gegessen haben. Das wissen schon manche Autoren des Alten Testaments –

und das gehört zu den unaufgebbaren Überzeugungen der Aufklärung, gegen die gerade der Nationalsozialismus mit seiner kollektivistischen Betonung von Volk und Rasse (als der eigentlich geschichtsmächtigen Subjekte) gekämpft hat.

Aber das bedeutet nicht, daß man jenen fatalen, von manchen immer wieder eingeforderten Schlußstrich unter die Vergangenheit mit ihrer Last ziehen könnte, daß man die Zukunft ohne das Wissen um das Geschehene gestalten dürfte. So wenig sich Schuld vererbt, so sehr können es doch Schulden. Ich meine »Schulden« im Sinne dessen, was wir anderen – aber auch uns selber – schuldig sind. Auch die jüngere Generation in Deutschland muß die Lasten unserer Geschichte tragen, die Konsequenzen auf sich nehmen, die sich aus dem ergeben, was Deutsche getan haben. Das, was wir unseren Nachbarn schuldig sind, ist ein deutliches und glaubwürdiges Engagement für Frieden in Europa und in der Welt. Uns und anderen sind wir den Kampf gegen Vorurteile und Rassismus schuldig – und den Juden, daß wir unsere besondere Verantwortung ihnen und Israel gegenüber nicht vergessen.

VIII.

Vielleicht liegt in der Tatsache, daß im säkularen Zeitalter in gewisser Weise nur der Tod das Problem radikaler Schuld »lösen« kann, auch der Schlüssel zu einem weitverbreiteten Empfinden, daß mit dem Fall der Mauer eine Epoche zu Ende gegangen sei. Daß die Epoche der erzwungenen deutschen Zweistaatlichkeit genau vierzig Jahre gewährt hat, mag ein Zufall sein. Ist es aber genauso ein bloßer Zufall, daß viele den Eindruck gehabt haben, daß nach vierzig Jahren etwas Neues beginne?

Ich habe im Herbst 1989 dabei immer auch an die Geschichte vom Exodus denken müssen. Das Volk Israel mußte vier Jahrzehnte durch die Wüste irren, bevor es das verheißene Land betreten konnte. Erst mußte die Generation sterben, die Gott gegenüber ungehorsam war, die sich versündigt hatte. Eine neue Generation mußte heranwachsen, erst sie durfte den entscheidenden Schritt in das Land der Verheißung tun.

Als die Mauer in Berlin fiel, die wie eine Strafe, wie ein Joch auf dem Land und den Menschen gelegen hatte, da stand mir diese biblische Erzählung vor Augen, die eindrücklich deutlich macht, daß es manchmal so lange dauert, bis Raum für Neues geschaffen ist.

Die Last der doppelten Vergangenheit

Heute wird im öffentlichen Bewußtsein zunehmend die Erinnerung an die nationalsozialistische Barbarei durch die Auseinandersetzung mit dem Erbe der SED-Diktatur überlagert. Es hat den Anschein, als ob unter der grellen Beleuchtung dieser zweiten Vergangenheit die Erinnerung an die erste zu verblassen droht. Doch mit einem »Schwamm drüber« werden wir der »Last der doppelten Vergangenheit« nicht gerecht werden, wie sie Jürgen Habermas einmal genannt hat. Wir müssen die Menschen in Ost- und Westdeutschland dafür gewinnen, die Auseinandersetzung mit den deutschen Diktaturen als gemeinsame Aufgabe anzunehmen, nicht weil wir dafür in kollektiver Schuld stehen, sondern weil wir uns der gemeinsamen Verantwortung vor der Geschichte nicht entziehen dürfen.

Für uns Deutsche kann es nach Auschwitz eine erinnerungsferne, gleichsam fugendichte Normalität nicht geben. Auschwitz ist Teil einer Vergangenheit der Deutschen, die nicht vergehen will. Das zu sagen ist weder ein Zeichen von Schwäche noch die Preisgabe gegebener Identität. Wer heute aus dem Schatten von Auschwitz heraustreten will, setzt den selbstkritischen Umgang mit der eigenen Geschichte aufs Spiel und damit die Grundlage für eine moralisch sensible, politische Gesittung, die zu unserem Staatswesen gehört.

Zu einem sensiblen Umgang mit unserer Geschichte gehört auch die Einsicht, daß die maßgebende Lehre von 1989/90 nicht in der Wiederherstellung des Nationalstaates besteht, sondern in der Erringung von Bürgerrechten und der Beseitigung eines totalitären Regimes.

Aufsatz in: Kleinmann/Neufert, Politiker auf der Suche nach den Deutschen, 1994

Wir brauchen eine ungeteilte Erinnerung

Statt eines fragmentierten Gedächtnisses brauchen wir eine ungeteilte Erinnerung, eine Erinnerung, die es uns beispielsweise möglich macht, die herzlose Gleichgültigkeit vieler Deutscher gegenüber dem Schicksal der Juden als eine der Grundbedingungen für die Ermöglichung des Holocaust zu erkennen und zu beklagen. Und gleichzeitig das millionenfache individuelle Leid von Deutschen in Bombenhagel, Flucht und Vertreibung zu sehen und zu beklagen.

Nur eine solche aufrichtige Zusammenschau der Dinge bringt uns wirklich weiter, eine Zusammenschau, die Schuld und Verantwortung nicht verleugnet, die das Leid der einen mit dem Leid der anderen nicht verrechnet, die aber auch Mut und Anstand, Trauer und Tragik nicht kleiner macht, als sie waren.

Gewiß: In der ungeteilten Erinnerung, wie sie mir vorschwebt, steht manches neben- und wohl auch gegeneinander. Sicher geht auch nicht alles auf, aber es geht wenigstens nichts verloren.

Wer aber aus politischer Zweckmäßigkeit oder aus Verblendung etwas nicht sehen wollte oder unterschlägt von dem Leid und dem Unrecht, das dieses Zeitalter der Extreme über die Menschen gebracht hat, der handelt fahrlässig, der fälscht nicht nur die Vergangenheit, der belastet auch Gegenwart und Zukunft. Das gilt auch für die Verbrechen des Kommunismus.

Auf der Kanzel der Ev. Stadtkirche Unna 1996 zur Eröffnung des Philipp-Nicolai-Jahres unter dem Motto »Nichts ist gleichgültig. Niemand ist gleichgültig.«

Was not tut, ist nicht Betroffenheitskult und noch weniger Schlußstrichdenken. Was wir vielmehr fördern müssen, das ist eine historische Wahrnehmung mit den vielen Farben und Schattierungen des wirklichen Lebens – und nicht das Nur-Schwarz oder Nur-Weiß politisch vorgeblich korrekter Geschichtsbilder. Nur eine ungeteilte Erinnerung dürfen wir an unsere Jugend weitergeben und nicht die Schwierigkeiten, die viele von uns mit unserer Geschichte haben.

Wir müssen verhindern, daß Geschichte und Geschichtsbilder wieder zum Arsenal für Obsessionen werden, wie sie es lange bei uns waren und wie sie es anderswo noch heute sind, etwa auf dem Balkan – mit fürchterlichen Konsequenzen für den Frieden und das Zusammenleben der Menschen dort.

Geschichte muß vielmehr zum Medium für ein prinzipiell humanes Denken werden, für eine kritische und selbstkritische Orientierung, die in der Gegenwart hilft und in die Zukunft weist, damit sich die Vergangenheit nicht wiederholt. Damit die Geschichte nicht zurückkehrt, müssen wir den jungen Leuten einige der schlimmsten Erfahrungen in diesem Jahrhundert weitergeben: Wir müssen weitergeben, daß der Firnis dünn ist, der die Zivilisation vom Abgrund der Barbarei trennt; daß auch sogenannte Kulturnationen vor diesem Abgrund nie sicher sein können. Das haben wir am Beispiel unseres eigenen Volkes schmerzhaft erfahren müssen.

Und auch diese Erfahrung müssen wir an die Jungen weitergeben: Ganz normale Menschen können sich unter ganz bestimmten Bedingungen dazu hinreißen lassen, Ungeheuerliches zu tun. Sie können sogar zu Mördern werden.

Jedes Erinnern muß deshalb dazu beitragen, immer auch Bedingungen zu schaffen, die solche schlimmen Versuchungen ausschließen. Dabei hilft diese Ausstellung. Sie ist ein bedrückender Erinnerungsort der deutschen Geschichte.

Rede aus Anlaß der Ausstellung »Vernichtungskrieg. Verbrechen der Wehrmacht 1941-1944«, 28. September 1998, Bonn

Im Vordergrund steht das Eingeständnis von Schuld und nicht das Beschreiben von Vergangenheit

Aus einem Interview mit den Evangelischen Kommentaren, *Juni 1999*

Kommentare: Der Krieg im Kosovo fällt just in das Jahr, in dem wir uns an die Gründung der Bundesrepublik Deutschland vor fünfzig Jahren erinnern. Diese basierte ebenfalls auf den Erfahrungen einer Katastrophe: der Diktatur der Nationalsozialisten und ihrer mörderischen Politik. Die Zahl derjenigen in Politik und Gesellschaft, die ihre Verantwortung für Freiheit und Demokratie aus dem eigenen Erleben dieser Zeit ableiten, schwindet. Wie wichtig ist die Erinnerung an das »Dritte Reich« heute noch?

Rau: Ich halte diese Erinnerung für unverzichtbar, und zwar sowohl als Selbstvergewisserung und Selbstprüfung als auch als pädagogisches Mittel. Wer zum Beispiel das fünfte Buch Mose liest, lernt etwas über den Wert von Erinnerungen, über deren Fristen und darüber, wie individuelles Gedenken übergeht in kulturelles Erinnern.

Kommentare: Das kulturelle Erinnern steht indessen in der Gefahr, in gedankenlosen Ritualen zu erstarren.

Rau: Ich habe 1995 in einer Rede vor dem Bundestag die Frage gestellt, wie wir uns vor der Ritualisierung der Erinnerung schützen können. Damals ist diese Frage nicht mit einem Aufschrei der Empörung beantwortet worden, wie jüngst bei Martin Walser. Das geschah nach meiner Überzeugung deshalb nicht, weil ich von der Erinnerung an Verbrechen gesprochen habe und nicht von der Erinnerung an Schande. Im Vordergrund meiner Überlegungen stand das Eingeständnis von Schuld und nicht das Beschreiben von Vergangenheit. Wenn man Schuld eingesteht, kann man unbefangener von der Erinnerung reden.

Johannes Rau liegt sehr an der Aussöhnung Deutschlands mit den Völkern der ehemaligen Sowjetunion. In der Ev. Akademie Mühlheim fand dazu 1992 eine Begegnung zwischen der SPD und der Russisch-Orthodoxen Kirche statt. Rau leitete die SPD-Delegation.

Kommentare: Wie läßt sich dieses Denken insbesondere den jungen Menschen vermitteln?

Rau: Wir müssen ihnen jenen Sachverhalt deutlich machen, auf den Theodor Heuss bereits als erster Bundespräsident hingewiesen hat: daß es zwar keine Kollektivschuld gibt, aber doch eine Kollektivscham. Wir dürfen uns nicht der Täuschung hingeben, daß dieser Sachverhalt irgendwann einmal »ausdiskutiert« sein könnte. Er ist bedeutsam für jede Generation. Wer aus den Wurzeln der eigenen Geschichte lebt, darf nicht nur die großen Erfolge oder die großen Dichter rühmen. Er wird verdorren, wenn er nicht auch die Schuldigen nennt und die Schuld benennt.

Evangelische Kommentare 6/1999

In Freudenberg redet Rau 1982, als die Akademie der Friedrich-Ebert-Stiftung den Namen »Gustav Heinemann« bekommt. Bei dieser Gelegenheit wird eher beiläufig bekannt, daß Rau Heinemann beim Redenschreiben assistiert hat. »Es gibt schwierige Vaterländer. Eins davon ist Deutschland«, zwei Sätze aus der Antrittsrede des Bundespräsidenten 1969. »Ich weiß, wie schwer das war, das Wort Vaterland in diesen Text zu bekommen und es im Text zu halten«, erinnert sich Rau. Gegen Heinemanns sprödes »Ich liebe nicht den Staat, ich liebe meine Frau«, liegt Rau daran, den Begriff »Vaterland« und das damit Gemeinte nicht den Konservativen zu überlassen. »Ich will ein Patriot sein. Ein Patriot ist jemand, der sein Vaterland liebt. Ein Nationalist ist jemand, der die Vaterländer der anderen verachtet.«

Dies sind Kernsätze – bei verschiedenen Gelegenheiten geäußert –, mit denen der Bundespräsident Rau auch in der Bundesversammlung, sofort nach seiner Wahl, Position bezieht. Seine Definition vom Vaterland hat ihre Wurzeln in der protestantischen Kirche, die über alle Wetterwechsel im Kalten Krieg festgehalten hat an der Einheit der Christen in Ost und West, diesseits und jenseits des eisernen Vorhangs, und zwar von beiden Seiten. Hier hat die – später auch im politischen Raum genutzte und mißbrauchte – Formel von den Brüdern und Schwestern im anderen Teil unseres Vaterlandes ihren Sitz. Evangelische Kirche in Deutschland – schon im Namen klingt dieses Selbstverständnis an. Evangelische Christen gibt es in vielen Ländern der Ökumene. Das war den Frauen und Männern in der Kirchenkonferenz von Treysa 1945 wohl bewußt. Es war die erste Zusammenkunft nach Ende des Weltkriegs. Die Traditionslinie zur Deutschen Evangelischen Kirche (DEK) ist schwer belastet.

So entstand der neue Name: Evangelische Kirche in Deutschland (EkiD). Zunächst war das nicht mehr als eine geographische Bestimmung, doch nach 1949 wurde mehr daraus. Gegen Tendenzen in Ost und West, eine eigene Evangelische Kirche in der DDR und eine Evangelische Kirche in der BRD zu bilden, wehrten sich die Christen jahrelang mit Erfolg. Auch als die Organisationen getrennt wurden, hat es stets eine besondere Kirchengemeinschaft in den beiden deutschen Staaten gegeben. Daß sie auch in finanziellen Hilfen der reichen westdeutschen Landeskirchen für die Gliedkirchen im Bund der Kirchen in der DDR bestand, hat die Öffentlichkeit erst nach der Wiedervereinigung erfahren. Vor und hinter dieser materiellen Verbundenheit hat es viele Kontakte, gegenseitige Besuche, Anregungen und

Im Gespräch mit Erhard Eppler, Mitverfasser des SPD-/SED-Papiers auf dem Ahlener Parteitag 1985

Anfragen in beide Richtungen gegeben. Gesamtdeutsche Kirchentage in Leipzig und Frankfurt wurden dafür öffentlich sichtbarer Ausdruck.

Die Gesamtdeutsche Frage war für Heinemann und Rau Anlaß, eigene Wege in der Politik zu gehen. In der Treue zu Gesamtdeutschland ließen sie sich von niemandem übertreffen. In kleinen Schritten und unermüdlicher Reisetätigkeit in die DDR, im Eintreten für politisch Verfolgte und Bedrängte hat Johannes Rau – meist unbemerkt von der Öffentlichkeit – Menschen geholfen, sie zusammengeführt, ihnen Hoffnung gebracht. In einem Reisebericht hat Rau 1955 einen Einblick gegeben in die harte Arbeit für eine Wiedervereinigung. Mit offenen Augen und sehr sensiblen Wahrnehmungen beschreibt er das »Stöhnen der Bürger in der DDR, die keine Freiheit haben« und bekräftigt dann die Positionen der Gesamtdeutschen Volkspartei im Willen zum Frieden und im »klaren Nein zu allen Versuchen in Ost und West, den Menschen aus der Freiheit heraus und in die Diktatur zu nehmen, die ihn tötet« (Gesamtdeutsche Rundschau, 23. Dezember 1955). Wer den Menschen im Mittelpunkt des politischen Handelns sieht, kann flexibel in den Methoden sein. So wandeln sich die Aspekte des Leitmotivs der Einheit der Deutschen, nicht aber das Ziel.

Gemeinsame Sicherheit sollte zum Leitgedanken der ideologischen Auseinandersetzungen und der praktischen Politik werden. Das forderte das SPD-/SED-Papier von 1987, in dem es u.a. heißt: »Gemeinsame Sicherheit ist nicht zu erreichen, wenn ideologische Gegensätze in Formen ausgetragen werden, die zwischenstaatliche Beziehungen gefährden oder vergiften oder gar Machtkonflikte als unversöhnlichen und unausweichlichen Kampf zwischen Gut und Böse erscheinen lassen.« Dieses Dokument einer neuen Streitkultur zwischen Sozialdemokraten und Kommunisten wurde im September 1987 begrüßt von der Synode des Bundes der Evangelischen Kirchen in der DDR in Görlitz. Die Synodalen spürten offenbar, welche Chancen sich hier auftaten.

Schon vor und besonders nach 1989 mußten sich die Sozialdemokraten und Teile der Evangelischen Kirche vorhalten lassen, sie hätten die deutsche Einheit nicht mehr gewollt. Rau zitiert 1985 in seiner Ahlener Rede mit Zustimmung den Bundespräsidenten Richard von Weizsäcker: »Es geht nicht darum, Grenzen in Europa zu verschieben, sondern den Grenzen ihren trennenden Charakter für die Menschen zu nehmen.« Zutreffender ist das beharrliche Arbeiten an der Einheit der Deutschen nicht zu kennzeichnen. Gegen alle Verdächtigungen von Gegnern kann Rau 1991 darauf hinweisen: »Als Angehöriger einer Generation, die das Entstehen der Teilung erlebt hat, habe ich versucht, in all den Jahren und Jahrzehnten die Beziehungen nicht abbrechen zu lassen, nicht nur die offiziellen Beziehungen, auch die privaten, die persönlichen. Und wer wie ich durch Evakuierung in Chemnitz und in Erfurt in die Schule gegangen ist und wer da aufgenommen worden ist in den Jahren des Krieges, der fährt mit andern Augen zurück und versucht mit anderer Intensität bei dem zu helfen, was jetzt im Aufbau nötig ist.« Von einem Bundespräsidenten, der den Satz gerne sagt »Ich lasse mir die Freude an der deutschen Einheit von niemandem nehmen« und der das Staunen am Tag der Maueröffnung neu lernte, ist einiges zu erwarten im Prozeß der inneren Einigung der Deutschen mit ihren unterschiedlichen Biographien und Lebensentwürfen.

Nach Rückkehr von einer Reise durch die DDR

»Hier könntest du nicht leben« – das denkt man unwillkürlich, wenn man in Marienborn den Lautsprecher (bei Tag und Nacht) von den Bosheiten und Charakterlosigkeiten des Adenauer-Regimes, der Bonner Clique und den Ausgelieferten an die amerikanische Kriegspolitik hört. Der Rundfunk erzählt dem erstaunten (und oft lächelnden) Hörer, daß die westdeutsche Bevölkerung nahezu einhellig und seit langem in versteckter Gegnerschaft zur Kriegsregierung von Bonn stehe.

Aber die Volkspolizisten sind nett, wenn sie mir auch einige Exemplare der *Gesamtdeutschen Rundschau* aus dem Koffer nehmen wollen. Wollen – ich frage, ob sie wenig von der Pressefreiheit und vom Austausch zwischen Ost und West halten (und behalte meine Zeitungen).

Ein paar Kilometer weiter ist eine »VEB«(volkseigener Betrieb)-Tankstelle. Verkauf gegen Westmark: der Liter Benzin DM –,35, die Büchse

Im Februar 1981 während einer DDR-Reise in Wittenberg.

Nescafé (original) DM 3,80, das Päckchen Camel, Chesterfield usw. (original) DM 1,-. So billig habe ich nie geraucht.

Wer in Ost-Berlin Streichhölzer gegen DM-Ost kaufen will, braucht einen Ost-Ausweis oder eine Bescheinigung über Geldwechsel 1:1. Wer in Ost-Berlin ins Kino will (Kulturgut), ins Theater (Kulturgut), der braucht weder einen Ost-Ausweis noch eine Bescheinigung. Wer in Ost-Berlin Bücher kauft (Kulturgut), braucht auch nichts außer Ost-Mark. Verrückte Welt!

Die Kontrolle in den Zügen, die aus Berlin in die DDR fahren, ist human. Zweimal auf der Hin-, zweimal auf der Rückfahrt. Niemand fragt nach Ost- oder Westgeld. So habe ich das bei mir, was ich getreu meiner staatsbürgerlichen Auffassungen in den Paß eintragen lassen wollte. Niemand kontrolliert auf der Rückreise die Stempel der Volkspolizei, bei der man sich melden muß. Binnen vierundzwanzig Stunden.

An zahllosen Häusern Plakate, Transparente mit öde-monotonem Text: »Macht die deutsch-sowjetische Freundschaft zur Herzenssache aller Deutschen!« Wie? Das steht nicht dabei. »Weg mit den EVG-Verträgen! Wir wollen einen Friedensvertrag!« und »Wir Postler stehen getreu zur Sowjetunion, dem großen Freund des deutschen Volkes!«

»Jetzt weiß ich«, grinst mein Begleiter, »warum so mancher meiner Briefe an dich nicht angekommen ist!«

Lang lebe ...

Ich reise durch die DDR, besuche Arbeiter (die gut verdienen und gut satt werden, aber gern mehr Freiheit hätten, das zu sagen, was ihnen schon bei

Hitler verboten war) und Rentner (die zum Leben zu wenig und zum Sterben zuviel haben, aber immerhin noch weniger als bei uns). Ich gehe in die HO, wo wunderbare Sachen zu wunderbaren Preisen liegen. Meine Freunde können sie nicht kaufen. Ich lasse mir in langen Nächten erzählen: von alten Freunden, die ich seit vielen Jahren kenne; sie erzählen über politische Schikane, wie manche sie gern der Phantasie des Kaiser-Ministeriums zuschreiben (dessen Phantasielosigkeit mit diesem Satz nicht angezweifelt, auch nicht erst festgestellt werden soll).

Gepanzerte Friedenstaube

Ich fahre durch die DDR und rede mit hundert Leuten. Sie sind nicht ausgewählt, sie haben wenig Gemeinsames: Evangelische und Katholiken, Pfarrer und Atheisten, Postbeamte und Volkspolizisten, Aktivisten und Stenotypistinnen, Bauern und Funktionäre. Unter ihnen ist einer, ein junger Mann aus der Kasernierten Volkspolizei (»Dienstgrad?« – »Soldat«), der begeistert ist vom Fortschritt, von der Qualität der Staatsform, in der er lebt. Ein Primaner fragt mich, ob im Westen wirklich so viele Raub- und Sexualmorde stattfinden und wie es um die Jugend bestellt sei. Ob ich ihm ein Buch von Dostojewski besorgen könne ...

»Kurierdienste« nannte Johannes Rau auch seine zahlreichen DDR-Reisen. Hier u.a. mit Präses Immer und Bischof Demke (Magdeburg) im Februar 1981.

Der junge Mann von der Volkspolizei bekommt 35 Urlaubstage, freie Uniform, Verpflegung, Wohnung und DM 320,- netto. Er singt mit seinen Kameraden beim Ausmarsch:

Vom Frieden träumen hilft ja nichts!
Wer schützt die junge Saat?
Die Taube muß gepanzert sein!
Darum bin ich Soldat!

Fragen und Antworten

Gibt es nicht auch viel Gutes in der DDR? Viel echten Fortschritt, viel gute Entwicklung, viel Möglichkeit zu positiver Mitarbeit? Ja. Es gibt. Diese Dinge werden unterschlagen in der Art von Presse, die uns in der Bundesrepublik feilgeboten wird. Aber wir sollten um der Wahrheit willen beides sagen (und wer hätte schlichter und sachlicher über positive Entwicklungen in der DDR berichtet als wir!). Das Stöhnen der Bürger in der DDR, die keine Freiheit haben (keine Freiheit!), ist unüberhörbar für den, der hören will. So pathetisch dieser Satz klingt, so wahr ist er.

Gehört »so etwas« in unsere Zeitungen? Muß das nicht in die Blätter, deren der Kanzler so viele hat?

Nein. Wille zur Verständigung ist nicht gleichbedeutend mit geschlossenen, wenn auch lieben Augen.

Sind die Plakate und Transparente nicht nur Äußerlichkeiten, Geschmacksfragen?

Nein. Sie machen nämlich vernünftige Leute rammdösig.

Im Februar 1981 beim »Shopping« in Ostberlin.

Ist damit gesagt, daß die Wiedervereinigung – nach Ansicht des Berichterstatters – gleichbedeutend sein müßte mit einer Übertragung des westdeutschen Status auf das Gebiet der DDR?

Nein. Dazu ist auch dieser Status zu schlecht.

Hat der Berichterstatter nicht einen antikommunistischen Komplex, der ihn (falls er nicht sogar böswillig ist) die Dinge so sehen läßt?

Nein.

Ist die harte Arbeit für eine Wiedervereinigung Deutschlands nicht, so man solchen Berichten Glauben schenkt, sinnlos?

Nein. Eben darum müssen wir mit heißem Herzen den Weg weitergehen, den wir begonnen haben. Aber nicht, um der Bonner Politik (die wir nicht lieben) »eins auszuwischen«, sondern um all die Unseligkeiten hüben und drüben wegzuschaffen.

Es sollten nur zwei – ineinandergreifende – Anlässe zu solcher Politik geben, wie wir sie versuchen: harten Willen zum Frieden und ein klares Nein zu allen Versuchen in Ost und West, den Menschen aus der Freiheit heraus- und in die Diktatur zu nehmen, die ihn tötet.

Gesamtdeutsche Rundschau vom 23. Dezember 1955

Ich war leidenschaftlich gegen die deutsche Teilung

Gaus: Sie, Herr Rau, sind als junger Mann 1952 dieser Abweichlerpartei, wenn man sie vergleicht, wenn man sie mißt an der Mehrheitsstimmung in Westdeutschland, beigetreten. Warum?

Rau: Zuerst einmal, weil im Jahre 1950, als Heinemann zurücktrat, und in den darauffolgenden zwei Jahren die Frage, ob wir wieder Wehrdienst leisten sollen, die Menschen betraf. Das war ja das, was Adenauer ausgelöst hatte. Ich war damals neunzehn, da war es auch eine Frage, die betraf mich persönlich. Da habe ich zum ersten Mal den Eindruck gehabt, Politik hat etwas mit mir zu tun. Dann haben wir im Kreis der Freunde und im Kreis der Klassenkameraden darüber gestritten. Die einen haben gesagt, ja, wenn es die gibt, diese Soldaten, dann bin ich dabei, und andere haben gesagt, ich bin deshalb nicht dabei, weil ich glaube, wir dürfen nach diesem Krieg nicht wieder ein Gewehr in die Hand nehmen. Das hat mich dann dazu

Mit Reiner Berlich, links, heute Pfarrer in Gelmerode b. Weimar, im Juli 1959 bei einer Tagung der Schülerarbeit in Berlin-Spandau.

geführt, daß ich gesagt habe, das kann man nicht nur literarisch erörtern, da muß man politisch agieren. Dazu kam meine Erinnerung an Erfurt und Chemnitz, die Erinnerung an eine Patengemeinde in Oranienburg, die wir damals schon hatten, also in der Nähe Berlins, und der Eindruck, wenn es zum Westabmarsch und zum Ostabmarsch kommt, dann ist die Teilung zementiert. Ich war leidenschaftlich gegen die deutsche Teilung, obwohl oder weil ich kein Nationalist war. Das hat mich motiviert und bewegt. Ich habe damals eine Fülle von Literatur zu diesen Fragen gelesen von den alten Rauschning-Erinnerungen bis zu dem, was sogenannte Sektierer wie Wilhelm Elfes geschrieben haben oder Joseph Wirth, der alte Reichskanzler. Diese Fragen haben mich fasziniert, dann habe ich da mitgemacht. Das alles neben meinem Beruf. Ich wollte nie Politiker werden. Dann ist es in der Politik ein bißchen wie beim Erdnüsse-Essen. Sie stehen da, und man geht mal, knabbert mal, und danach stellt man fest, es sind keine Erdnüsse mehr da, weil man es nicht aufgegeben hat. So geht mir das bis heute.

Gaus: Darauf komme ich noch, ich bleibe noch einmal ein bißchen bei der Gesamtdeutschen Volkspartei. Dieses war ja im Kalten Krieg, als die Fronten zwischen West und Ost in Deutschland erstarrten. Die Hinwendung zu einer Partei, einer Partei, die als Partei unsicherer Kantonisten galt, die richtig Farbe bekannte, die so schillernd war, wo auch unterstellt wurde, na – bist du denn nun wirklich verfassungstreu?

Rau: Die Frage habe ich mir nie zu stellen gebraucht. Denn ein Mann wie Gustav Heinemann, der aus dem Widerstand der Bekennenden Kirche kam, eine Frau wie Helene Wessel, die Zentrumsvorsitzende gewesen war, ein Mann wie Robert Scholl, der Vater der Geschwister Scholl, ein Mann wie Diether Posser, der ein väterlicher Freund ist.

Gaus: Alles Namen, mit denen sich heute noch wenig Erinnerungen verbinden.

Rau: Ja, aber für mich war doch nicht die Frage, sind die und ich verfassungstreu, sondern unsere Frage war, wie bringen wir Deutschland in eine gute Verfassung.

Interview mit Günter Gaus, 25. Oktober 1993, SAT 1

Das Geheimnis des Oranienburger Freundeskreises

In einem Zeitungsbericht (*Frankfurter Rundschau*, 3. Mai 1994) wird ein Geheimnis gelüftet, das »all die Mauerjahre« bewahrt worden war. Mit vielen Menschen in der DDR hat Johannes Rau persönlich Kontakt gehalten. Schon in den 50er Jahren ist er für die Schülerbibelkreise zu Partnertreffen ins Berliner Jugendheim »Haus Sonnenland« gefahren. Christa Grengel, die Oberkirchenrätin aus Berlin-Niederschönhausen, nennt sich selbst »Raus Basiskontakt im Osten«. Sie war für die Schülerarbeit im Osten aktiv und erste Partnerin des Wuppertalers. »Sie sinnt einen Moment, ob ihr Leben ohne die Mauer, die Deutschland von 1961 bis 1989 teilte, anders verlaufen wäre ... ob aus der Freundschaft zweier Zwanzigjähriger womöglich mehr geworden wäre« ... Christa Grengel, Frauke Gerhardt und Udo Semper erinnern sich an die »Sonnenland«-Freizeiten in vielen Details und sind empört über die Vorwürfe gegen Rau, er habe »seine Kontakte zu Honecker und Co. bis zur Verinnerlichung getrieben« oder gar »für das Linsengericht eines Wahlsieges das Schicksal von 16 Millionen Deutschen aufs Spiel gesetzt«. Nicht nur die Freundinnen und Freunde in Oranienburg wissen, wie falsch und verletzend diese Vorwürfe sind, weil sie Rau besser kennen. »Ich weiß, daß er es nie von sich sagen würde; um so mehr kann ich es aus ehrlichem Herzen tun: Johannes Rau ist all die Jahre immer ein Mensch beider Deutschlands gewesen«, sagt Udo Semper, Geophysiker, Synodaler und in der Wendezeit (1989-91) Bürgermeister von Oranienburg. Stolz zeigt er den Diaprojektor Paximat, ein Rau-Geschenk beim Besuch 1967, das immer noch seinen Dienst tut. Frauke Gerhardt hat die »Ruf doch mal an-Karte« von Johannes aufbewahrt. Und Christa Grengel hat ihm die Türen zu Amtspersonen der Kirche geöffnet, u.a. zu Bischof Gottfried Forck, der die Gespräche jener Jahre auf allen Ebenen kennt: »Vor Gesprächen mit der DDR-Führung hat sich so mancher Politiker bei uns erkundigt, wo der Schuh drückt und wo er uns helfen kann; aber von keinem sind wir so intensiv vorher befragt und hernach informiert worden wie von Johannes Rau.«

Johannes Rau mit Antje Rüggeberg und Renate Fach bei einem Treffen im Berliner Haus »Sonnenland« in den 50er Jahren.

Die Vertraulichkeit der Basiskontakte hat gehalten, bis völlig ungerechtfertigte Angriffe auf Rau die Basis zum Reden genötigt haben. »Mit dem Bewahren der Jugendfreundschaften über schwierige Zeiten hinweg hat er mehr für die Erhaltung der inneren Einheit getan als mancher Politiker, der nur große Reden hielt.«

Ich lasse mir die Freude an der deutschen Einheit nicht nehmen

Johannes Rau wird von der deutschen Einheit regelrecht überrascht. Von der Öffnung der Mauer erfährt er mitten in einer Rede am 9. November 1989 im Gewandhaus zu Leipzig. Zwei Jahre später ging er auf diesen denkwürdigen Moment ein:

Ich würde gern die Entwicklung der letzten zwölf Monate oder der letzten 15 Monate kommentieren: Für mich ist das Aufregendste an dem, was sich vollzogen hat in den letzten 15 Monaten, daß die Politiker das Staunen wieder lernten. Daß sie herauskommen aus der eingefahrenen Schiene, es müsse alles so gehen, wie sie es geplant haben. Und wenn ich mir noch einmal die Daten vor Augen führe, etwa den 9. November 1989, der ja nicht der Anfangspunkt war, der Tag, an dem wir in Leipzig waren, um nordrhein-westfälische Kultur vorzustellen. Ich hatte da eine Rede zu halten gehabt, im Gewandhaus. Und da stehe ich da und rede über nordrhein-westfälische Kulturpolitik, und da wird mir ein Zettel gereicht. Das gibt es ja bei Rednern, daß ein Zettel kommt: Bitte kurz fassen, oder den und den noch begrüßen. Besonders unangenehm ist ein Zettel, auf dem steht: Bitte stark betonen, da Argument schwach. Aber in diesem Falle bekam ich während meiner Rede einen Zettel, auf dem stand: Die Mauer ist auf. Und ich weiß noch, wie mich das verwirrt hat. Ich wußte gar nicht, was ich damit anfangen sollte. Ich wußte auch nicht, wie es gemeint war. Ich wußte nur, jetzt weiterreden über nordrhein-westfälische Kulturpolitik, das geht nicht. Ich muß das jetzt zum Gegenstand des Redens machen.

Und dann haben wir in der Zeit eine Entwicklung erlebt, in der bei allem parteipolitischen Streit über die Richtigkeit der Wege das Ziel nie umstritten gewesen ist und nie umstritten sein darf. Und in der ich jedenfalls das Staunen neu gelernt und die Freude nicht verloren habe. Und der Satz Willy Brandts: »Ich lasse mir die Freude an der deutschen Einheit von niemandem nehmen«, den kann ich gut nachsprechen. Auch als Angehöriger einer Generation, die das Entstehen der Teilung erlebt hat, habe ich versucht, in all den Jahren und Jahrzehnten die Beziehungen nicht abbrechen zu lassen, nicht nur die offiziellen Beziehungen, auch die privaten, die persönlichen. Und wer wie ich durch Evakuierung in Chemnitz und in Erfurt in die Schule gegangen ist und wer da aufgenommen worden ist in den Jahren der Krieges, der fährt mit anderen Augen zurück, und der versucht auch mit anderer Intensität bei dem zu helfen, was jetzt im Aufbau nötig ist. Einigkeit und Recht und Freiheit, das sind jetzt keine Liederworte mehr, keine Proklamationen, das hat sich in Deutschland, jedenfalls in der Substanz, in der Programmatik ereignet und verwirklicht.

Der Kalte Krieg ist wirklich zu Ende.

Rede auf der Gästeversammlung der Niederrheinischen Industrie- und Handelskammer in Duisburg, 1991

Moderatorin: Eine historische Situation in der DDR. Mit dabei Ministerpräsident Johannes Rau. Er ist anläßlich der NRW-Kulturtage zur Zeit in der DDR in Leipzig. Christa Cloppenburg hat vor einer halben Stunde über die Ereignisse in der DDR mit Ministerpräsident Johannes Rau gespreochen.

Cloppenburg: Herr Ministerpräsident, wie bewerten Sie die Vorgänge der vergangenen Nacht, das, was sich da in Berlin angespielt hat, aber auch in zahlreichen Grenzübergängen an der deutsch-deutschen Grenze? Was bedeutet das auch für Sie emotional?

Rau: Wenn man zu denen gehört, die den Mauerbau erlebt haben, und zwar als Durchschneiden von privaten und familiären Kontakten, wenn man zu denen gehört, die jahrelang versucht haben, in den ersten Jahren nach '61 *Kurierdienste* zu leisten und in den letzten Jahren versucht hat, über politische Kontakte die Mauer durchlässig zu machen, dann ist dieser 9. und 10. November ein sehr bewegender Tag, wenn man bedenkt, wieviel Leid jetzt vermieden werden kann, und wieviel Leid in der Vergangenheit nicht vermieden worden ist. Hoffentlich ist das jetzt eine stabile Regelung, und hoffentlich gibt es nie wieder dieses Abblocken von Menschen gegeneinander.

Cloppenburg: Herr, Rau, Sie waren gestern ungefähr acht Stunden, bevor die Menschen plötzlich wieder zusammenkommen konnten, etwa eine Stunde lang beim neuen starken Mann in Ost-Berlin, bei Egon Krenz. Gab es irgendwelche Hinweise auf das, was da in der Nacht noch passieren würde, bzw. was am Abend beschlossen werden würde?

Rau: Nein, es gab ein großes Gefühl der Zuversicht und der Selbstsicherheit bei Egon Krenz. Er war überzeugt, daß er das packt, daß er die Veränderungen in Gang setzt. Ich habe kritisch gefragt: Laufen Sie nicht hinter den Dingen her? Ist es nicht so, daß Ihnen längst die Initiative weggenommen worden ist?

Mit Manfred Stolpe verband Johannes Rau in den ersten Jahren nach der Wende eine Schicksalsgemeinschaft. NRW half Brandenburg nach Kräften. Hier mit Oskar Lafontaine auf dem SPD-Parteitag in Bremen 1991.

Er hat das verneint. Und vielleicht hat er es auch verneint, weil er wußte, welche Entscheidungen in den nächsten Stunden kommen würden. Aber er hat keinerlei Andeutung gemacht, die mich hätte vermuten lassen, daß es zu dieser aufregenden Nacht kommen würde. Und nachdem, was ich gehört habe, war ja selbst Schabowski, als er die Pressemeldung vorlas, überrascht von dem, was er selber vorlas. Und er gilt ja immerhin als der zweite oder dritte Mann in der Führung.

Cloppenburg: Das heißt aber nicht, daß Sie im Rückschluß sagen, Krenz hat das um 14.00 Uhr und um 15.00 Uhr, als Sie mit ihm geredet haben, selber noch nicht gewußt.

Rau: Das kann das auch heißen, denn ich habe den Eindruck, in den letzten vier Wochen überschlagen sich die Dinge hier in einer Weise, die für die Verantwortlichen noch unübersehbar ist. Wenn er es gewußt haben sollte und es mir nicht gesagt hätte, nähme ich das nicht übel. Aber mein Eindruck war nicht, daß er das gewußt hat, sondern ich glaube, daß sich das aus einem Diskussionsprozeß am Nachmittag ergeben hat. Und daß es viele gibt, die ihm jetzt Erfolg wünschen. Das ist ebenso klar wie, daß es viele gibt, die ihm noch mißtrauen. Und daß er vielleicht, um den Erfolg zu haben, dieses Mißtrauen jetzt abbauen will. Das halte ich für eine mögliche Erklärung dieses überraschenden Geschehens.

WDR-»Morgenmagazin«, 10. November 1989

War es richtig, von Wiedervereinigung zu sprechen?

Frage: Sie hatten immer ein Stück Leidenschaft für die Deutschlandpolitik. Nun haben die Sozialdemokraten in der Debatte zur »Lage der Nation« erklärt, erstens sähe man einen Katalog von Gemeinsamkeiten mit dem Kanzler, zweitens aber habe dessen Regierung kein weitreichendes Konzept für diese Deutschlandpolitik. Zur gleichen Zeit öffnet sich der Fächer der Äußerungen in der SPD immer weiter. Ein saarländischer Oberbürgermeister nennt die Wiedervereinigung eine Chimäre oder den Ausbruch von Imperialismus. Andere Sozialdemokraten bleiben skeptisch. Geht der Weg vom »Wandel durch Annäherung« zum Verzicht auf Wandel?

Rau: Nein. »Wandel durch Annäherung« bleibt ein Motiv. Ich selbst habe einmal versucht, vielleicht zu einem falschen Zeitpunkt im Bundestagswahlkampf, in einem Interview den Begriff der Wiedervereinigung zu problematisieren und den Begriff der Einheit zu stärken. Das ist sofort zum Schlagstock gemacht worden.

Frage: Meinen Sie das mehr im Sinne von Einheit der Deutschen und weniger im Sinne von Einheit Deutschlands?

Rau: Einheit der deutschen Geschichte, Einheit der praktischen menschlichen Verbundenheit, Einheit der Sprache und Kultur, aber vor allem Zukunftsgemeinschaft. Ich bin sehr skeptisch gegenüber dem neu diskutierten Mitteleuropa-Begriff. Ich möchte ihn jedenfalls ausführlich diskutiert wissen. Bei dem Begriff Wiedervereinigung sind die ersten zwei Silben das Problem, weil das Wort Wiedervereinigung in seinem alten Verständnis ...

Frage: ... nach Zusammenfügen der Teile oder Wiederherstellung des Gewesenen klingt?

Rau: Der Begriff weist nach rückwärts. Aber wir müssen doch danach fragen: Wann, mit welchen Mitteln, auf welchen Wegen haben die Deutschen eine gemeinsame Zukunft in Europa? Das ist für mich unverzichtbar. Und der Brief zur Deutschen Einheit und das Urteil des Verfassungsgerichts und alles, was inzwischen vereinbart ist, das ist nach meiner Meinung Basis genug für sachbezogene kontroverse Gespräche, wenn wir uns dabei nicht gegenseitig verdächtigen. Ich sehe große Chancen.

Interview im RHEINISCHEN MERKUR, 23. Oktober 1987

Ich möchte ein guter Patriot sein

ZEIT: Herr Rau, vor Jahr und Tag hatten Sie einen Wahlkampf unter dem Schlagwort »Versöhnen statt Spalten« geführt. Inzwischen ist Deutschland wiedervereinigt und doch innerlich zerrissener als damals. Wie soll diese Spaltung zwischen Ost und West überbrückt werden?

Rau: So wie wir nach 1949 den materiellen Aufbau vor die Aufarbeitung gestellt haben, so sind wir jetzt in der Gefahr, daß wir die Einheit ausschließlich als Aufbau der östlichen Länder durch Einführung des Marktes sehen und zuwenig tun, um einander neu zu verstehen. Wir brauchen viele Einzelgespräche. Wir sind einander unsere unterschiedlichen Lebensgeschichten schuldig. Und wir brauchen auch eine Reihe symbolischer Brückenschläge.

ZEIT: Zum Beispiel?

Rau: Man kann die Dresdner Frauenkirche aufbauen, man kann nach Oranienburg in das dortige Konzentrationslager gehen, Orte, die uns zu unserer gemeinsamen Geschichte zurückführen; im guten wie im bösen.

ZEIT: Sie wurden in jüngster Zeit angegriffen als jemand, der die Wiedervereinigung Deutschlands innerlich abgeschrieben hatte. Nach dem Fall der Mauer hieß es, Ihre Landesregierung, in deren Territorium Bonn liegt, habe sich gegen den Umzug nach Berlin gestellt. Sind, waren die Konservativen die besseren Patrioten?

Rau: Ich habe die Wiedervereinigung nie abgeschrieben. Sie war für mich – auch wenn ich das Wort als unpassend empfunden habe, wegen der ersten beiden Silben, weil es mir zu mechanisch und rückwärtsgewandt nach Wiederherstellung klang – immer Ziel meiner Politik. Im übrigen bin ich über das Thema Einheit überhaupt erst in die Politik gekommen – bei der Gründung der Gesamtdeutschen Volkspartei im Jahr 1952. Aber ich gehöre wie alle anderen Politiker zu denen, die eine solche Entwicklung für die damals absehbare Zeit nicht vorhergesehen haben. Das gilt aber auch für den Bundeskanzler und für den Außenminister und für fast alle anderen.

Was Berlin angeht, habe ich mich 1991 für den Verbleib von Parlament und Regierung in Bonn ausgesprochen, aber vor der Entscheidung gesagt, daß die Entscheidung, wie sie auch ausfiele, loyal umgesetzt werden müsse. Daran halte ich mich. Und im ersten Absatz des Antrages, den ich im Bundestag am 20. Juni 1991 begründet habe, heißt es: »Der Bundespräsident hat seinen Sitz in Berlin.« Ich glaube in der Tat, daß die Rolle des Bundespräsidenten nirgendwo so gut wahrgenommen werden kann wie in Berlin.

DIE ZEIT vom 6. Mai 1994

Zu viele empfinden sich als Verlierer der Einheit

Johannes Rau in einem Gespräch mit der Monatsschrift Evangelische Kommentare *im April 1999:*

Kommentare: Insbesondere in den östlichen Bundesländern gibt es eine geradezu nostalgische Sehnsucht nach Solidarität. Das hängt unter anderem mit der besonderen psychologischen Situation in der DDR zusammen. Wie schätzen Sie die derzeitige Stimmung in den östlichen Bundesländern ein?

Rau: Nach meinem Eindruck sind die Menschen in den neuen Ländern in einem merkwürdigen Prozeß. Sie waren diejenigen, die die Einheit Deutschlands mit herbeigeführt haben, mit Kerzen, Gebeten und mit Demonstrationen. Heute empfinden zu viele sich als Verlierer der Einheit. Dieser Bruch führt dazu, daß sie im Blick auf die eigene Geschichte nostalgisch werden, zumal sie feststellen, daß im Westen diejenigen Ostdeutschen besondere Aufmerksamkeit erfahren, die als Mitarbeiter der Stasi gebrandmarkt werden können.

Kommentare: »Versöhnen statt Spalten« lautet Ihr Motto, das immer wieder und gerne zitiert wird. Auch zehn Jahre nach der deutschen Einheit erfahren viele Bürgerinnen und Bürger Deutschland immer noch als geteilte Nation. Was muß geschehen, damit die Deutschen wirklich zusammenwachsen?

Rau: Zusammenwachsen heißt nicht, einförmig zu werden. Das Ziel der Einheit Deutschlands ist nicht die Einförmigkeit, sondern die Vielfalt. Sachsen soll Sachsen bleiben und Schleswig-Holstein Schleswig-Holstein. Dabei gibt es aber zahlreiche Möglichkeiten, die Verständigung zwischen Ost- und Westdeutschen zu fördern. Dazu gehört zum Beispiel, daß mehr junge Menschen als bisher im Osten studieren; oder auch, daß in Ostdeutschland ein eigenwüchsiger Mittelstand entsteht, damit die Erfolge im Osten nicht auch noch allein in den Kontobüchern des Westens auftauchen. Darüber hinaus hege ich die Hoffnung, daß wir den kulturellen Austausch intensivieren können.

Die heute schon legendäre Unruhe der 68er Generation forderte die demokratischen Parteien heraus. Wie kaum ein anderer aus den »etablierten« Parteien setzt sich der 38jährige Johannes Rau mit der Außerparlamentarischen Opposition (APO) auseinander. Am 4. Februar 1968 kommt es zum Duell der Argumente mit Rudi Dutschke im Ruhrgebiet. Gegen die Wortgewalt Dutschkes setzt Rau einen ruhigen, werbenden Redestil. Für den Dutschke-Sohn Hosea Che hat Rau eine rote Strampelhose mitgebracht. Er kümmert sich später darum, daß dem schwerverletzten Dutschke nach dem Attentat in Berlin geholfen wird, und besucht Gretchen Dutschke. »Da habe ich Hosea Che gesehen, im Bettchen, und er hatte die rote Strampelhose an. Das war mir mehr wert als ein Bundesverdienstkreuz«, erzählt Rau danach.

Der Umgangsstil mit den Gegnern bleibt immer freundlich. Aber in der Sache setzt sich Rau 1969 in einer Rede vor der SPD-Landtagsfraktion mit den Gründen und Abgründen extremistischer Politik hart auseinander. Auf der linken Seite rührte die APO an demokratische Grundregeln, auf der rechten Seite war inzwischen die NPD in sieben Landtagen durch Abgeordnete vertreten. Er argumentiert sehr differenziert: Rechtsextreme Positionen berühren einen anderen Nerv der Demokratie als die ungeduldigen außerparlamentarischen Linken. »Nichts ist schlimmer, als wenn wir die braune Vergangenheit vergolden lassen.« Darum ist den Rechtsextremen eine Abfuhr zu erteilen und die Jugend in der Solidarität der Generationen zu erziehen.

Im Jahr 1967 beim »Lehrmeister« der Reformen der kleinen Schritte, dem damaligen Bundesaußenminister Willy Brandt.

Bei den Linken würdigt er den humanen Ansatz, sieht aber viele von ihnen auf der Flucht vor der Realität einer offenen Gesellschaft. Rau wirbt für Reformpolitik und die Methode der komparativen kleinen Schritte: »ein bißchen mehr Freiheit, ein bißchen mehr Gerechtigkeit«. Nur so ist gesellschaftliche Veränderung zu erreichen. Denn »Wenn wir wollen, daß alles so bleibt, dann müssen wir vieles ändern«. Mit dieser Rede vor Sozialdemokraten hat Rau die Grundbefindlichkeit der SPD getroffen, eine klare Absage an extreme Politikansätze formuliert und zugleich die Wahrnehmung von Verantwortung durch Diskussion angemahnt. Wo in einem anderen Bundesland ein offenkundig entnervter Politiker mit Dachlatten die APO-Kritik erledigen wollte, bleibt Rau bereit und fähig zur Diskussion und entschlossen auf der Linie der Reformen.

Was er der Landtagsfraktion in Düsseldorf vorgetragen hat, bestimmt von da an seine Arbeit als Mitglied des Parteivorstandes in Bonn (ab 1968), als Wissenschaftsminister in Nordrhein-Westfalen (ab 1970), als Ministerpräsident (ab 1978) und als stellvertretender Bundesvorsitzender der SPD (ab 1982): klar in Grundpositionen und stets freundlich zu Menschen, um deren Zustimmung zu Reformen er wirbt. »Die Idee, daß das eigentlich Politische der Gegensatz von Freund und Feind ist, ist ihm nicht nur fremd; er versteht sie gar nicht. Das Geheimnis von Johannes Rau ist, daß er keine Feinde braucht, um die eigene Identität zu finden, zu bestätigen und andern verständlich zu machen.« Dieses Urteil stammt von Peter Glotz, der sich gut auskennt in den politischen Theorien seit Carl Schmitt und die Kämpfe um »die kulturelle Hegemonie« lange mitgekämpft und stets kritisch beobachtet hat.

Radikalismus von rechts, Radikalismus von links

Es ist interessant zu beobachten, daß Radikalismus kein Problem unseres Landes oder auch nur unserer Nation ist, sondern daß es sich um Entwicklungen handelt, die es in der ganzen Welt gibt, nicht nur in dem Teil, den wir die freie Welt nennen, aber besonders da.

Die Frage, mit der wir uns werden beschäftigen müssen, ist, wie die Phänomene des sogenannten Rechts- und des sogenannten Linksradikalismus sich in der Situation unseres Volkes und unseres Landes heute auswirken und wie wir ihnen zu begegnen haben. Es darf kein Trost sein, daß es überall radikale Minderheiten gibt, es muß aber die Frage sein, warum –

ich meine, von dieser Voraussetzung müßten wir ausgehen – radikale Minderheiten in der Bundesrepublik besonders gefährlich sind. Was sich links nennt und das, was wir als rechts verstehen – das ist durchaus ein Unterschied –, ist auf Grund einer zweifachen Beschreibung unserer Situation ein besonders wichtiges Thema.

Realitätsflucht der Jugend

Eine Frage, mit der Menschen, die politisch nachdenken und politisch handeln, sich zu beschäftigen haben, ist, wo dieser Radikalismus unterschiedlicher Prägung seine Wurzeln hat. Ich habe die Antworten darauf nicht; denn es sind die verschiedenartigsten Ansätze und Wurzeln, die hier zusammenkommen und die zu diesen Stauden des Radikalismus werden. Doch ich meine, eines sei auch wahr und gehöre zu den Teilwahrheiten, die man dazu aussprechen müsse: Radikalismus – vor allem unter der jungen Generation – ist auch Flucht vor der Realität unserer offenen Gesellschaft.

Da gibt es viele Menschen, die sich das Urteil nicht mehr zutrauen, die das Unterscheiden der Geister nicht mehr zu leisten vermögen, die das nicht mehr zuwege bringen und deshalb vor dem Urteil ausweichen ins Vor-Urteil, in die angeblich, in die vermeintlich geschützte Sphäre einer Ideologie, in der alles paßt, in der alles stimmt, sofern man nur die Vorzeichen richtig setzt.

Der Vorsitzende der SPD-Landtagsfraktion Johannes Rau bei einem Streitgespräch u.a. mit Rudi Dutschke im Februar 1968 in Wattenscheid.

Manipulation der Manipulierten

Dennoch sind rechts und links nicht zwei Seiten einer Medaille. Wir werden mit dem Phänomen des Radikalismus nur fertig werden, wenn wir die unterschiedlichen Wurzeln, etwa aus dem falschen Verständnis des Nationalen auf der einen Seite und aus dem falschen Verständnis des Sozialen auf der anderen Seite, zu sehen versuchen, und wenn wir erkennen, daß hier nicht mit einem Maß gemessen werden kann, weil es sich um Phänomene handelt, die in ihrer geistesgeschichtlichen Herkunft nicht miteinander vergleichbar sind. Dennoch gibt es zwischen diesen nicht vergleichbaren Größen übereinstimmende Symptome, nämlich die, daß in den radikalen, in den diktatorischen, in den extremistischen Gruppierungen und Ideologien der Mensch trotz der Proklamation, trotz der Transparente, trotz der Programme, mit denen man die gute, die gesicherte, die bessere Zukunft anpreist, um des Menschenbildes verraten wird.

Nicht der Mensch selber interessiert, seine jetzige Existenz, seine Wohlfahrt, sondern es interessiert, wie dieser Mensch in ein Menschenbild hineinzubringen ist, in dem es ihm dann angeblich gutgeht.

Ich nenne die DKP, die NPD und das, was sich unter dem Sammelbegriff APO zusammenfassen läßt.

NPD verstellt Wirklichkeit

Was die NPD angeht, so meine ich, wir sollten eine Politik betreiben, die es nicht nur unwahrscheinlich, sondern die es unmöglich macht, daß irgendwann Abgeordnete neben der NPD sitzen müssen. Ich glaube, daß wir das können, und ich glaube, daß die Entwicklung schon in diese Richtung geht, nicht nur hier, aber hier besonders. Diese NPD, hoffe ich, ist für Nordrhein-Westfalen keine ernsthafte Gefahr.

Eine ernsthafte Gefahr besteht jedoch darin, daß diese Partei, weil sie eine radikale Partei ist, das Periphere ins Zentrum rückt und damit die Wirklichkeit verstellt, weil sie unsere Geschichte verleugnet und verfälscht, sich bei aller Differenzierung von Führern und Wählern als ein Kollektenbeutel der deutschen Vorurteile erweist.

Wir sollten das NPD-Wählern deutlich machen, daß sie noch nicht aus der Gemeinschaft derer ausgeschlossen sind, die sich um die Demokratie

Porträt aus den 60er Jahren.

bemühen können, wenn sie einmal NPD gewählt haben. Aber wir sollten ihnen ebenso deutlich machen, daß nicht die Tatsache außerhalb der Gemeinschaft stellt, bis 1945 dies oder jenes geglaubt zu haben, sondern daß es die Wiederholungsgefahr, das Nicht-Wahrhaben-Wollen von Wirklichkeit ist, daß es die Tendenz ist, gegen jede bessere Einsicht weiterzumachen, weil man sich im Gehäuse der vielfachen Vorurteile so wohl fühlt.

Unterschiede in der APO

Ich glaube in der Tat, daß es innerhalb dieser sogenannten APO einen antiparlamentarischen, ja einen antidemokratischen Kern gibt, der unter dem Stichwort der Demokratisierung die Auflösung aller Herrschaft glaubt erreichen zu können; die Auflösung von Herrschaft oder – wie das ein Sprecher der FU vor einiger Zeit gesagt hat – die »Schaffung befreiter Gebiete in der Universität«.

Das ist nicht Utopie. Das ist Illusion. Wer die Demokratie als den Versuch interpretiert, Herrschaft aufzulösen, hat sie mißverstanden. Demokratie ist das System, das die Transparenz und das die Kontrolle von Herrschaft will, aber nicht den Abbau von Herrschaft, der nichts anderes wäre als eine wie auch immer belletristisch zu beschreibende, aber schrecklich zu erlebende Anarchie.

Wir sollten das mit Deutlichkeit sagen, ohne damit Gesprächsbereitschaft aufzukündigen. Diese Gruppen haben von der Befreiung der Arbeiterklasse aus der Vormundschaft der SPD gesprochen, und ich habe den Eindruck, daß sie damit sich selber zum Vormund einer seit Jahren und Jahrzehnten mündigen Arbeiterschaft gemacht haben, einer mündigen Arbeiterschaft, mit der die Verständigung für eben jene Gruppen so gut wie unmöglich ist.

Ersatz-Religion statt Politik

Wie überwindet man den Radikalismus, den Extremismus? Überwindung des Radikalismus und des Extremismus geschieht nicht durch Einigung derer, die diesen Staat mitgestaltet haben und mitgestalten. Überwindung geschieht nicht durch die unsicheren Verbotsdiskussionen, die wir erlebt haben mit täglich neuen Meldungen und Wahrscheinlichkeitsrechnungen, wie denn welches Gericht entscheiden könne oder werde. Überwindung des Radikalismus geschieht nicht durch das permanente Eskalieren von Gewalt und Gegengewalt.

Überwindung wird zuerst durch den geduldigen und redlichen Versuch der Argumentation und der Auseinandersetzung möglich.

Reformen überwinden Radikalismen

Entscheidend für die Überwindung von Radikalismus und Extremismus scheint mir der Mut zu entschlossener Reformpolitik zu sein. Gefährlich ist, daß Rechts und Links sich gegenseitig Schützenhilfe leisten. Ich habe die besonders intelligenten sogenannten linken Studentenführer in Verdacht, daß sie das wissen, daß sie mit ihren permanenten Eskalationen, mit ihrem permanenten Mißverständnis der Demonstrationsfreiheit, mit der ja eben nicht Fensterscheiben am KADEWE gemeint sind, im Grunde Reformpolitik verhindern wollen, damit sie in der Beharrungskraft der Gesellschaft ein Alibi für Revolution finden.

Wettlauf der Systeme

Wer Reformpolitik will, will permanente Veränderung der Gesellschaft, aber eben nicht um den Preis der Abschaffung dieser Gesellschaft.

Foto aus dem Jahr 1968

Deshalb sollten wir immer wieder auf den Zusammenhang von Reformpolitik, von Auseinandersetzung und Dialektik zwischen Tradition und Fortschritt hinweisen. Wir müssen deutlich machen, daß Toleranz nicht heißt, den anderen hinzunehmen, sondern – nach einem Wort von Carlo Schmid – den anderen so zu wollen, wie er ist. Wenn es uns gelingt, die Begriffe Toleranz und Humanität in unsere politische Wirklichkeit herunterzuholen, bei klarer und harter Sachauseinandersetzung, dann werden die Vokabeln auf den Transparenten weniger gefährlich und weniger bedrohlich.

Überwindung des Radikalismus und des Extremismus heißt, auf die engen Zusammenhänge hinweisen, die zwischen einer erfolgreichen Wirtschaftspolitik und dem Abflauen von Extremismus, zwischen einer richtigen, einer sozialen Sozialpolitik – nicht alles, was sich so ausgibt, ist Sozialpolitik – und dem Rechtsradikalismus bestehen. Es geht um das nimmermüde Arbeiten daran, daß diese Erde bewohnbarer wird, und zwar nicht irgendwo, sondern zuerst bei uns und dann auch überall.

Das soll nicht durch die Übertragung unseres Gesellschaftssystems geschehen, sondern durch die ständige Konfrontation unseres Gesellschaftsbildes mit allen anderen, durch die Konkurrenz der Systeme und ihren Wettlauf miteinander. In diesen Wettlauf brauchen wir nicht mit Minderwertigkeitskomplexen zu gehen.

Überwindung des Radikalismus heißt deshalb auch, daß wir Autorität nicht mehr von den Ämtern ableiten, sondern aus der Identität von Amt und Amtsträger, daraus, wieviel wir aus dem Amt machen, wie demokratisch die Demokraten unsere Demokratie als innerparteiliche, als zwischenparteiliche Demokratie gestalten. Es kommt weiterhin darauf an, daß wir ein paar Dinge deutlich machen, die in der Entwicklung unserer Gesellschaft neu sind: daß der Staat nichts Statisches ist, daß er Prozeßcharakter hat, daß wir neue Versuche machen und daß wir den Vorurteilen überall den Kampf ansagen.

Und der Staat? Und die Ordnung? Und die Sicherheit? Und die Polizei? Und die Verbote?

Wir haben die Polizei, wir haben die Waffen des Grundgesetzes, wir haben unsere Strafgesetze und all die vielen oft unzulänglichen, oft mißverstandenen, gelegentlich auch zum Schaden der Demokratie angewandten Mittel, wenn ich an bestimmte Gerichtsurteile denke.

Wir haben aber diese Mittel, um die Demokratie zu verbessern. Wir haben uns nicht zu distanzieren, wo nicht Schuld vorliegt, Schuld bei wem auch immer und auf welcher Seite auch immer. Wir haben deutlich zu machen, daß dieser Staat auch davon lebt, daß es Menschen gibt, die ihn nach innen und außen schützen. Wir haben deutlich zu machen, daß wir die Gewissensentscheidung des Wehrdienstverweigerers achten, aber daß der, der seinen Wehrdienst leistet, damit kein Mann schlechteren Gewissens ist.

Vieles muß geändert werden

Es mag ein Bodensatz von Radikalismus sein und bleiben, es mag sein, daß es zum Schicksal eines jeden Volkes gehört, mit diesem Bodensatz zu leben. Das Gefährlichste an diesem Radikalismus scheint mir zu sein, daß da postuliert wird: »Wir wollen die Freiheit, die Gerechtigkeit« – und daß darüber ein bißchen mehr Freiheit, ein bißchen mehr Gerechtigkeit vergessen wird, daß man die Gegenwart ausverkauft um einer unbestimmten Zukunft willen, statt sich in der Gegenwart so zu bewähren, daß die Utopien die Wahrscheinlichkeit der Realität bekommen.

Das Gespräch über den Rechts- und Linksradikalismus ist im Grunde ein Gespräch über die Grenzen der Demokratie. Wir dürfen nicht aufhören, permanent über diese Demokratie selber zu diskutieren, auch auf die Gefahr hin, etwas Falsches zu sagen, wenn Demokratie wirklich government by discussion ist, wie einmal ein Engländer gesagt hat, Wahrnehmung von Verantwortung durch Diskussion.

Aus der Rede als Vorsitzender der SPD-Landtagsfraktion NRW, 1969

Eine irrwitzige Tat – Das Attentat auf Oskar Lafontaine

Bundestagswahlkampf 1990 – 25. April, Stadthalle Köln-Mülheim: Nach Lafontaine redet Rau. Die Versammlung wird gegen 20.45 Uhr geschlossen. Rau und Lafontaine stehen noch an ihrem Tisch, erfüllen Autogrammwünsche. Eine Frau überreicht Lafontaine Blumensträuße. Urplötzlich sticht sie mit einem Messer auf Lafontaine ein. Die Attentäterin – eine geisteskranke Frau – wird überwältigt, Lafontaine schwebt in Lebensgefahr, dank schneller Hilfe wird er gerettet. Johannes Rau steht ebenfalls auf der Liste der Attentäterin, er wird am Tag danach interviewt.

Frage: Herr Ministerpräsident, sind Ihnen irgendwann heute nacht Zweifel gekommen angesichts der Ereignisse in Köln-Mülheim, weiter in der Politik zu bleiben?

Rau: Solche Zweifel kommen einem ja öfter, aber ich glaube, man darf ihnen nicht nachgeben. Denn wer politisch handelt, will ja verändern, will verbessern, will das im Wettbewerb mit anderen. Das ist gefährlicher, als einem im Alltag bewußt wird, aber mit dem Gefühl der Gefährlichkeit kann man ja nicht ständig leben. Und ich habe die Gedanken noch nicht geordnet nach diesem schrecklichen Geschehen. Jetzt überwiegt doch die Freude, daß Oskar Lafontaine offenbar über den Berg ist.

Frage: Haben Sie in irgendeiner Phase in dieser Nacht auch noch einmal persönlich im nachhinein Bedrohung gefühlt?

Stadthalle Köln-Mülheim: 25. April 1990 mit Ministerpräsident Oskar Lafontaine kurz vor dem Attentat.

Rau: Ja, wenn man so wenige Zentimeter daneben gestanden hat, und wenn man jetzt hört, es handelt sich um eine Geistesgestörte, was ich ja nicht weiß, fragt man sich natürlich: Wenn sie von der anderen Seite gekommen wäre, wen hätte es dann getroffen? Also, ein Gefühl nicht so sehr der Bedrohung als ein Gefühl der Bedrückung und der Ratlosigkeit, das ist doch mittendrin, und dennoch glaube ich, Politiker dürfen dem nicht nachgeben, sondern sie müssen rational zu handeln versuchen.

Frage: Diese Tat, ist sie vielleicht auch Ausdruck einer zunehmenden Aggression in der Auseinandersetzung zwischen Menschen und Systemen?

Rau: Das wird man nicht abschließend sagen können. Das kann man weder bejahen noch verneinen. Ich glaube, es wird irrwitzige Taten auch zu anderen Zeiten und zu anderen Atmosphären geben. Aber das darf kein Freibrief dafür sein, daß man aufheizt und daß man hetzt. Und ich bin ja immer wieder dafür eingetreten, daß Wahlkampfauseinandersetzungen nicht den Charakter der Herabsetzung und der Hetze bekommen. Da muß man natürlich auch an sich selber denken, nicht nur an den jeweils anderen. Aber gefährdet sind doch alle.

Frage: Die Frage ist natürlich auch, ob ein Wahlkampf dieser Art überhaupt noch zeitgemäß ist bei den nicht auszuschließenden Gefährdungen. Gibt es nicht andere Arten der politischen Auseinandersetzung als das, was wir in diesen Tagen, in diesen Wochen erleben, die vielleicht ja auch zu einer Emotionalisierung des Bürgers führen?

Rau: Also, ich kann es mir nicht vorstellen, denn die persönliche Ansprache ohne Fernsehen, auf dem Marktplatz, im Saal, am Informationsstand, die ist eigentlich durch nichts zu ersetzen. Also, daß nur über Presse, nur über elektronische Medien Politiker und Wähler miteinander kommunizieren, das halte ich nicht für gut. Aber die Gefährdung muß man bedenken.

Frage: Damit müssen Politiker leben, damit muß der Ministerpräsident leben. Aber Sie haben nie gedacht diese Nacht, eigentlich sollte ich aufhören?

Rau: Also, es gibt Dinge, die darf sogar ein Ministerpräsident denken, ohne daß er sie öffentlich ausspricht, und ich bin heute morgen aufgestanden in dem Bewußtsein, daß ich meine Arbeit zu tun habe, und das will ich tun.

Interview in der »Aktuellen Stunde«, West 3, am 26. April 1990

Alle Stationen im Lebensweg Raus durchzieht die Überzeugung, daß »der Christ zum Frieden und nur zum Frieden gerufen ist« (Gesamtdeutsche Rundschau, *22. Juni 1956). Leidenschaftlich setzt er sich in jenen Jahren, als um die Wiederbewaffnung Deutschlands gerungen wurde, ein für das Recht auf Kriegsdienstverweigerung aus Gewissensgründen nach GG § 4 Abs. 31: Er wehrt sich gegen den »Verschleiß des Gewissens« und gegen parteipolitische Eingrenzungen dieses Begriffs. Protest der Gesamtdeutschen Jugend ruft die Meinung der Jungen Union hervor, daß der Kriegsdienst »nur auf Grund einer allgemeinen für alle Umstände und jede politische Lage bestehenden religiös-sittlichen Überzeugung« verweigert werden dürfe. Im Namen der Gesamtdeutschen Jugend erklärt Rau: »Wir halten es für gut möglich, daß auf Grund einer konkreten politischen Situation, der Existenz von chemischen Waffen oder der Teilung Deutschlands der Kriegs- und Wehrdienst aus Gewissensgründen verweigert wird«* (Gesamtdeutsche Rundschau, *25. März 1955). Sein eigenes »Ich nicht« vom 7. Juni 1956 akzentuiert diesen konkreten situationsbezogenen Ansatz. »Ob ich prinzipiell gegen jede Gewaltanwendung bin? Ich weiß es nicht. Für den evangelischen Christen gibt es keine Prinzipien, sondern nur konkreten Gehorsam.«*

Im Wissen um das, was Christen auf beiden Seiten des Eisernen Vorhangs verbindet, sieht Rau eine Gewissensfrage für junge Männer, ob sie zur Bundeswehr gehen dürfen. Er will aber auch »die respektieren, die in die Kasernen ziehen können, ohne ihr Gewissen und ihren Gehorsam gegen Gott auf Kammer abgeben zu müssen«.

Diesen differenzierenden Pazifismus bringen die Frauen und Männer aus der GVP hinein in die Sozialdemokratie. »Wir haben zwei Aufgaben mitgenommen, die von 1952 bis jetzt unsere ganze Kraft beanspruchten und die wir nicht an andere delegieren können: Wir wollen den deutschen Wählern sagen, daß der Weg der Rüstung zum Krieg führt, daß die Atombombe keine weiterentwickelte Artillerie, sondern ein Instrument des totalen Selbstmordes ist und deshalb in Deutschland eine andere Politik geführt werden muß.« Und: »Wir wollen den deutschen Wählern sagen, daß die ›christliche Einheitsfront‹ eine sicherlich gängige, aber verlogene und phantasielose Wahlparole ist« (Gesamtdeutsche Rundschau, *7. Juni 1957). Das klare Nein zu jeder Beteiligung an atomaren Waffen und das klare Ja zu einem Leben in Freiheit und Sicherheit und Frieden* (Politische Verantwortung,

Nr. 4, 1958) ist Raus Fazit aus dem Kongreß »Kampf dem Atomtod« am 19. April 1958 in Frankfurt.

Wie Gustav Heinemann sich später als Justizminister und Bundespräsident immer wieder mit dem Vorwurf konfrontiert sah, er habe als Pazifist ein gestörtes Verhältnis zur Bundeswehr, so geht es auch Johannes Rau in seinen Ämtern als Minister und Ministerpräsident. Die anfängliche Verkrampfung löst sich auf beiden Seiten. Die seit der Wiederbewaffnung geschaffenen Fakten sind nüchtern zu berücksichtigen. Die Formel vom »Staatsbürger in Uniform« tritt bei Truppenbesuchen in den Vordergrund. Beachtung demokratischer Regeln im Bundeswehralltag und die Autorität der Vorgesetzten, die sich auf »fachliche Leistung und untadelige menschliche Haltung gründet«. Darauf drängt Heinemann und betont wiederholt: »Die beste Sicherheitspolitik besteht nicht darin, zu verhindern, daß bestehende Spannungen zu Kriegen führen, sondern darin, gefährliche Spannungen abzubauen, die die Völker zwingen, einen großen Teil des Volksvermögens für Rüstungen auszugeben.«

Heinemanns Initiative ist die Errichtung der Deutschen Gesellschaft für Friedens- und Konfliktforschung *im Jahre 1969 zu verdanken. Die Politik der Versöhnung und Entspannung mit den Nachbarn im Osten unter den Bundeskanzlern Brandt und Schmidt entspricht den Grundlinien der gesamtdeutschen Vordenker. Und so ist es nur folgerichtig, daß Johannes Rau in Nordrhein-Westfalen eine Willy-Brandt-Stiftung für »Frieden und Entwicklung« gründen läßt, als die öffentliche Friedensforschung unter Bundeskanzler Kohl eingestellt wird.*

»Unsere Bemühungen sind insbesondere darauf gerichtet, die gestörten menschlichen Beziehungen in unserm geteilten Lande wieder erträglich zu gestalten und darüber hinaus geregelte Verhältnisse zu den osteuropäischen Staaten herzustellen. Mit diesen Bemühungen wollen wir nicht nur den Menschen unserer Nation helfen, sondern die Entspannung in Europa fördern und den Frieden in der Welt festigen.« Treffender als in diesen Heinemann-Sätzen lassen sich die Motive der Entspannungspolitik kaum zusammenfassen.

In der Bewährungsprobe um den NATO-Doppelbeschluß steht Rau auf der Seite von Bundeskanzler Helmut Schmidt, den die von vielen Christen getragene Friedensbewegung so ärgert, daß er sich zu einer Auslegung der Bergpredigt hinreißen läßt, die der Christ Rau nicht teilt. In einem Zeitungsinterview gelingt es ihm, die unterschiedlichen Positionen fair darzustellen und persönlich Position zu beziehen: Der mündige Christ muß den Mund aufmachen, die Bergpredigt ist keine Privatsache, der Gedanke an Abrüstung darf nicht verdeckt werden durch die Nach-

rüstung – aber auch: »Unsere Modelle von Kriegsverhütung und Friedenssicherung können nach meiner Überzeugung nicht pazifistisch sein« (Westdeutsche Rundschau, *30. April 1981).*

Diese Linie engagierter Friedenspolitik mit nüchternem Blick für weltpolitische Fakten läßt sich bei Rau durchgängig nachweisen. Das Gespräch darf nicht abreißen in Christen- und Bürgergemeinde, zwischen Friedensbewegung und Realpolitik, zwischen Ost und West. Immer wieder findet er Gelegenheiten, in das andere Deutschland zu reisen, bis hin zu jener Reise nach Leipzig im Jahre 1989, wo dem Redner Rau die Nachricht auf einem Zettel zugesteckt wird, daß die Mauer sich geöffnet habe. Da führt er spontan eine unübliche Kategorie in die Politikersprache ein, die bisher wenig angewandt worden ist: das Staunen!

Zehn Jahre später wird Rau zum Bundespräsidenten gewählt. Er erinnert sofort die Bundesversammlung im Berliner Reichstagsgebäude an den Tag, an dem die Mauer gefallen ist. »Wir werden uns, wir müssen uns daran erinnern, daß wir das denen zu verdanken haben, die mit Kerzen und Demonstrationen, mit Liedern und Gebeten sich freigemacht haben von einem System, in dem sie nicht mehr leben wollten. Aber wir dürfen nicht vergessen: daß es ihnen gelungen ist, das haben wir Menschen in Warschau und in Prag, in Budapest, in vielen andern Ländern zu verdanken.« Und: »Wir wollen ein Volk der guten Nachbarn sein in Europa und in der Welt.«

Um so mehr schmerzt es offensichtlich den designierten Bundespräsidenten Rau, daß er hinzufügen muß: »Wir leben in einem Zustand des Krieges, der hervorgerufen ist durch Menschenrechtsverletzungen und durch schreckliche Verfolgung. Ich hoffe und wünsche, daß dieser Krieg nicht lange dauern muß, und ich hoffe, daß dann, wenn ich mein Amt antrete, die diplomatischen Bemühungen Erfolg gehabt haben, denen ich mit ganzem Herzen, Herr Bundeskanzler, zustimme, damit möglichst schnell Friede ist und Friede sein kann in Deutschland und in Europa.«

Der engagierte Friedenspolitiker Rau hat sich in dem tragischen Konflikt um die richtige Antwort auf die Kosovo-Krise für Militäraktionen im Namen der Menschenrechte entschieden. Es ist ihm anzumerken, daß dies keine leichtfertige Entscheidung gewesen ist. Aber sie ist eine der möglichen Konsequenzen einer konkreten Friedenspolitik, die gegen jede Prinzipienethik Vorbehalte hat.

Daß junge Männer heute deutschen Stellen sagen müssen, warum sie den Wehr- und Kriegsdienst verweigern, das ist pervers:

Ich sage nämlich zuerst einmal nein, weil ich es so gelernt habe. Wann und wo? In Westdeutschland 1945 bis 1950. Von wem? Von Wolfgang Borchert in erster Linie. Hier ist mir deutlich geworden, daß Massenmorden aus politischen Gründen ebenso verwerflich ist wie Lustmorden aus persönlichen Gründen. Seitdem ich das weiß, seitdem ich selbst sechs Jahre lang Bunker und Bomben, Morden und Aufputschen (für beides bekam man das Ritterkreuz) kennengelernt habe, seitdem ich das Elend gesehen habe – seit dieser Zeit gibt es keine legale Möglichkeit des Wehrdienstes für mich. Ich bestreite, daß es eine Idee oder Ideologie gibt, die auch nur ein – geschweige denn Millionen – Menschenleben wert wäre.

Ich habe nicht nur bei Borchert gelernt, sondern bei Theodor Heuss, bei Konrad Adenauer und bei Hermann Ehlers. Sie alle haben gesagt: daß wir Deutsche und vornehmlich wir in einem geteilten Volk Lebende nie mehr Waffen tragen dürfen. Sie haben es mehrfach gesagt, und ich habe gut zugehört. Ich werde mich auf sie berufen und werde sagen, daß meine Verweigerung auch politische Gründe hat. Ist die deutsche Jugend schuldig, wenn Regierung und Parlament um der Wirtschaftswunder-Töpfe willen ihre Gesinnung ändern? Ich habe nicht die Absicht, mein Gewissen nach jedem Wahlausgang und nach jeder Verhärtung der Ost-West-Front umzustellen. Mein Gewissen ist kein Automobil, es hat keinen Vorwärts- und Rückwärtsgang.

Aufrufe in den 50er Jahren gegen die Wiederbewaffnung Deutschlands

- Notgemeinschaft für den Frieden Europas, 21. November 1951
- Deutsches Manifest, 29. Januar 1955
- Erklärung zur atomaren Bewaffnung der Bundeswehr, Herbst 1956
- Kampf dem Atomtod, 19. April 1958
- Erklärung evangelischer Jugendführer zur atomaren Bewaffnung der Bundeswehr, 1958

Politische Verantwortung; Gesamtdeutsche Rundschau; Jungenwacht – drei Zeitschriften, in denen Rau verantwortlich publizistisch tätig war.

Ich sage nein, weil der Christ zum Frieden und nur zum Frieden gerufen ist. Es stört mich nicht, daß die Heilige Schrift auf Aufrufe zur Wehrdienstverweigerung verzichtet, weil es in jenen Zeiten keinen Wehrdienst gab.

Ob ich also prinzipiell gegen jede Gewaltanwendung bin? Ich weiß es nicht. Für den evangelischen Christen gibt es keine Prinzipien, sondern nur konkreten Gehorsam. Er hat einen lebendigen Herrn. Ich lebe ein erbärmliches Christenleben, weil ich nicht immer gehorsam bin. Aber ich bin nicht bereit, bewußten Ungehorsam hinzuzufügen, indem ich nach Andernach gehe.

Hier stehen Sätze, die persönliches Bekenntnis sind und die nicht in die Öffentlichkeit gehören. Damit will ich zeigen, daß ich den Test des Gewissens, wie viele ihn planen, für eine moderne Art der Prostitution halte. Ich werde, wenn ich Auskunft zu geben habe, sehr wortkarg sein. Mein Gewissen untersteht keiner Kommission, obgleich ich nicht nur mir verantwortlich bin.

Aber ich bin bereit, diesen Verteidigungsbeitrag zu leisten: den Frieden zu wollen und zu praktizieren, viele für die Verweigerung des Massenmordes zu werben und die zu respektieren, die in die Kasernen ziehen können, ohne ihr Gewissen und ihren Gehorsam gegen Gott auf Kammer abgeben zu müssen.

Diese Aufgabe scheint mir positiver zu sein, als falsche Fronten falsch zu verbarrikadieren.

gez.: Johannes Rau.

Wuppertal-Barmen, am 7.6.1956.

Gesamtdeutsche Rundschau vom 22. Juni 1956

Johannes Rau als Mitunterzeichner einer Erklärung zur atomaren Bewaffnung der Bundeswehr 1956

Unsere Regierung steht vor der Frage, ob die Bundeswehr mit atomaren Waffen ausgerüstet werden soll. Mit vielen anderen Menschen unseres Landes sind wir angesichts der Tragweite dieser Entscheidung in großer Unruhe. Wir sind es vor allem darum, weil wir als evangelische Jugendleiter für junge Menschen verantwortlich gemacht sind, die durch die Beschlüsse unserer staatlichen Organe in dieser Sache noch viel unmittelbarer betroffen sein werden als wir.

Synoden, Bruderschaften und Lehrer unserer Kirche haben zur Frage der atomaren Waffen mehrfach mit großem Ernst Stellung genommen. Wir berufen uns auf sie und stellen fest.

1. Als Christen sagen wir Ja zum Staat und zu seinem Auftrag, das Recht und den Frieden zu schützen. Wir verkennen nicht, daß zu den Mitteln des Staates Macht und Gewalt gehören.
2. Dieses Ja schließt aber die Verpflichtung ein, zwischen angemessenen und unangemessenen Mitteln der Gewalt zu unterscheiden und den Mißbrauch der Macht des Menschen zu verhindern. Ein mit atomaren Waffen ausgerüstetes Heer ist nach allem, was wir über diese Waffen wissen, kein verantwortliches Mittel staatlicher Macht und Gewalt. Atomare Waffen können von uns nur als Mißbrauch der Macht des Menschen verstanden werden.
3. Wie immer man das fünfte Gebot im Zusammenhang der Kriegsfrage bisher verstanden haben mag, wir sind überzeugt davon, daß der Satz »Du sollst nicht töten!« den Einsatz zumindest der atomaren Waffen

und also auch die Vorbereitung auf Atomkrieg strikt verbietet, mögen die Motive dazu noch so stark und einleuchtend sein.

4. Als Christen schulden wir unseren Mitmenschen und dem Staat, in dem wir leben, das Zeugnis des Friedens und den eindringlichen Hinweis auf die konkrete Bedeutung des Gebotes Gottes, wie sie sich uns beim Studium der Heiligen Schrift und im Ernstnehmen der geschichtlichen Situation aufdrängt. In diesem Sinne sehen wir uns genötigt zu der dringenden Bitte:
   I. an die verantwortlichen Politiker unseres Landes, auf die Ausrüstung der Bundeswehr mit atomaren Waffen Verzicht zu leisten;
   II. an die Leitung unserer Kirche, mehr zu tun, um in dieser Frage zu einem einhelligen und klaren Ratschlag an die Gemeinden zu kommen und den Staat zu einem Verzicht auf die atomare Bewaffnung zu ermutigen;
   III. an unsere Mitchristen und vor allem an die jungen Menschen, die sich zum evangelischen Glauben halten:
   Prüft und entscheidet in der Verantwortung vor Gott, ob Ihr direkt oder indirekt an einem Atomaren Krieg, an der Rüstung zu einem solchen Krieg und an der militärischen Übung mit atomaren Waffen beteiligt sein dürft.

Wir, die Unterzeichneten, müssen für uns selbst diese Frage mit Nein beantworten und werden diese Entscheidung den uns anvertrauten jungen Menschen gegenüber vertreten und begründen.

Hans A. de Boer, Jugendsekretär, Heilbronn;
Peter Dienel, Prediger, Münster i.W.;
Ulrich Kabitz, Referent, Stuttgart;
Anne-Lise Knischewski, Sozialsekretärin, Wuppertal;
Peter Krusche, Landesjugendpfarrer, Nürnberg;
Ernst Lange, Pastor, Gelnhausen;
Gerhard Orth, Landesjugendpfarrer, Oldenburg i.O.;
Johannes Rau, Verlagsleiter, Wuppertal;
Dr. Hans Schmidt, Studentenpfarrer, Tübingen;
Jürgen Schroer, Pastor, Wuppertal;
Peter Stolt, Jugendpfarrer, Hamburg;
Christa Weiß, Schriftleiterin, Gelnhausen.

Flugblatt vom Herbst 1956

Kirche ist keine Ersatzpartei

Interview mit der Westfälischen Rundschau zur neuen Friedensbewegung

WR: Fast über Nacht ist in der Bundesrepublik eine starke Friedensbewegung entstanden. Sie richtet sich deutlich gegen den Nato-Doppelbeschluß. Wie bewerten Sie diese Bewegung?

Rau: Ich selber gehöre zu denen, die den Nato-Doppelbeschluß mitgefaßt haben und die ihn für richtig halten. Ich kann verstehen, daß es Menschen gibt, die aufgrund der Tatsache, daß immer mehr Krisenherde in der Welt erkennbar werden, sich Sorgen machen um den Weltfrieden und daß sie, um dieser Sorge Herr zu werden, sich verständlich machen wollen mit der Priorität für Abrüstung, die sie für richtig halten. Nun gibt es dabei auch sehr gewagte Hypothesen, die ich nicht nachvollziehen kann, etwa die der einseitigen Abrüstung. Ich habe das für falsch gehalten, seit ich politisch denke. Daß es in Kirchen und Verbänden oft spontane Reaktionen in dieser Richtung gibt, das soll die Politiker nach meiner Meinung wachhalten, damit deutlich wird: Der Gedanke an Abrüstung darf nicht verdeckt werden von den gegenwärtigen Bemühungen um die eine Seite des Doppelbeschlusses, die Nachrüstung also. Da war eine öffentliche Erörterung zu erwarten. Und die wird sicher auch noch lange andauern.

WR: Innerhalb dieser neuen Friedensbewegung spielen Teile der evangelischen Kirche, in der Sie selbst aktiv sind, eine wichtige Rolle. Das ist auf Kritik, namentlich des Bundespräsidenten und des Bundeskanzlers, gestoßen. Glauben Sie, daß hier mit dem Anspruch des Evangeliums Mißbrauch getrieben wird?

Rau: Das Evangelium ist immer auch Gegenstand des Mißbrauchs. Das ist so seit 2000 Jahren. Aber ich glaube, man muß hier die verschiedenen Stimmen hören. Ein Mann wie der frühere rheinische Präses Karl Immer, der jahrzehntelang in der Friedensbewegung aktiv war, hat vor der Parole »Frieden schaffen ohne Waffen« gewarnt. Eine andere Frage ist für mich die, warum wohl manche Politiker auf

Worte von kirchlichen Amtsträgern allergisch reagieren, wenn es sich um Worte handelt, die ihrer politischen Ansicht widersprechen. Widerspruch muß sein. Aber Widerspruch muß deutlich machen: Es gibt keine biblischen Rezepte für aktuelle politische Aussagen. Und das gilt für beide Seiten.

WR: Doch hat es immer wieder Ärger gegeben wegen einseitiger Festlegung der Kirchen.

Rau: Sicher, aber die Kirche ist keine Ersatzpartei, und die Parteien dürfen nicht zum Religionsersatz werden. Es muß ein lebendiges und lebhaftes Gespräch geben. Dabei haben die Kirchen die Funktion der Gewissensschärfung. Diese Funktion werden sie sehr oft wahrnehmen durch die Präzision ihrer Fragestellung, nicht so sehr aber durch die Richtigkeit ihrer eigenen Antworten.

WR: Sie selbst haben vor nicht langer Zeit davon gesprochen, daß das Verhältnis zwischen Kirchen und Staat, auch zwischen Kirchen und Sozialdemokratie, besser geworden sei. Der Kanzler sagt hingegen, die Kirchen mischen sich zuviel in die Politik ein.

Mit Loki und Helmut Schmidt auf der Hochzeitsfeier in Wuppertal 1982.

Rau: Ich kann den Ärger von Helmut Schmidt in manchen Punkten gut verstehen. Aber ich sage: Das ist nicht Einmischung der Kirchen, sondern das sind Stellungnahmen von Christen. Eine ganze Reihe von Stellungnahmen von Christen ärgern Helmut Schmidt offenbar nicht, denn es gibt hier verschiedene Sensibilisierungen. Andererseits: Wenn der mündige Christ das Ziel der kirchlichen Verkündigung ist, dann kann das Ergebnis der kirchlichen Verkündigung auch sein, daß dieser mündige Christ den Mund aufmacht, wie Helmut Schmidt das getan hat. Darüber darf man sich dann nicht ärgern, sondern man muß diesen Anstoß dann auch aufnehmen.

WR: In der Friedensbewegung arbeiten neben Christen auch Kommunisten mit. Warnen Sie Geistliche und Laien vor einer solchen Zusammenarbeit?

Rau: Als Sozialdemokrat sage ich zunächst, daß ich nicht mit dem politischen Gegner zusammenarbeite. Und ich halte Kommunisten für politische Gegner. Aber ich kann der christlichen Gemeinde nicht raten, sich parteipolitisch auseinanderzudividieren, sondern hier muß jeder mitwirken können, für den das Evangelium etwas von Weltauslegung bringt. Aber da gibt es kritische Fragen an die Kommunisten zu stellen, ob sie nicht im falschen Saal sind, wenn sie da mittun. Denn die kommunistische Tradition ist eine von ihrem Anbeginn an nichtchristliche, gegen das Christliche ausgerichtete.

WR: Sie raten also engagierten evangelischen Christen von einer Zusammenarbeit ab?

Rau: Für mich stellt sich hier die Frage nach der Schärfe des Blicks: ob ich eigentlich wegen der Übereinstimmung im konkreten Ziel auch bereit bin, die Unterschiedlichkeit der Motive einfach zu überdekken und nicht zur Kenntnis zu nehmen. Da kann ich nur sagen: Christen sollen zwar ohne Arg sein wie die Tauben, aber auch klug wie die Schlangen. Wer nur naiv ist, der mag zwar ohne Arg sein, ob er aber auch klug ist, daran habe ich Zweifel.

WR: In der aktuellen Auseinandersetzung berufen sich die Gegner des Nato-Doppelbeschlusses auch auf die Bergpredigt. Sie sind dafür von Schmidt und Carstens gescholten worden. Ist der darin geäußerte Pazifismus ein Element der Friedensbewegung?

Rau: Ich meine, daß in unserer Zeit und in unserer Hemisphäre Friedenssicherung und Kriegsverhütung nie vom grundsätzlichen Pazifismus ausgegangen sind. Unsere Modelle von Kriegsverhütung und Friedenssicherung können nach meiner Überzeugung nicht pazifistisch sein. Das heißt nicht, daß nicht der Pazifist, der aus Überzeugungsgründen den Wehrdienst in jeder Form ablehnt, die Möglichkeit gleichwertiger politischer Mitwirkung haben muß. Aber er muß dann auch erkennen, daß er – soweit das die SPD angeht – in einer Partei mitarbeitet, die mit überwältigender Mehrheit beschlossen und immer wieder bekräftigt hat, daß sie die Landesverteidigung für ein unverzichtbares Mittel der Kriegsverhütung hält.

Westfälische Rundschau vom 30. April 1981

Ohne vorausschauende Friedenspolitik steht es schlecht um die Zukunft

Ohne eine vorausschauende Friedenspolitik, die an den Konfliktursachen ansetzt, steht es schlecht um die Zukunft nicht nur unseres Kontinents.

Wenn wir das ernstmeinen, dann müssen wir dazu auch sagen, daß das ganz praktische Folgen hier bei uns hat. Wir müssen bereit sein zum Teilen, zum Abgeben, über die Grenzen von Staaten und Kontinenten hinaus. Wir müssen das auch im ureigensten Interesse tun, weil sonst auf Dauer keine rechtliche Regelung viele Menschen daran hindern wird, bei uns Zuflucht zu suchen.

Ich bleibe dabei: Noch wichtiger, als Flüchtlingen zu helfen, ist es mitzuhelfen, daß nicht immer mehr Menschen zu Flüchtlingen werden und werden müssen.

Ich gehöre zu denen – das wissen die meisten –, die die Änderung von Artikel 16 des Grundgesetzes für unvermeidbar gehalten haben. Aber gerade weil das so ist, wird es noch notwendiger, durch praktische Politik deutlich zu machen: Wir wollen Fluchtursachen bekämpfen und nicht Flüchtlinge.

Da brauchen wir eine Außenpolitik und eine Entwicklungspolitik, aber auch eine Wirtschafts- und eine Technologiepolitik, die bei dem dringend notwendigen Blick auf die internationalen Märkte nicht vergessen, daß der größere Teil der Menschheit heute keine Chance hat, vom Welthandel oder von der internationalen Arbeitsteilung zu profitieren.

SPD-Parteitag Essen, 1993

Wir empfinden unser Nationalgefühl nicht als Exportartikel

ZEIT: Was folgt aus der deutschen Geschichte? Sollen wir uns aus allen Konflikten heraushalten? Oder müssen wir gerade wegen der historischen Erfahrung in der internationalen Politik besonders aktiv und verantwortlich mitwirken?

Rau: Ohne Zweifel letzteres. Nur die Frage, ob »besonders aktiv« nur dann auch »verantwortlich« ist, wenn dabei deutsche Soldaten im Spiel sind, die wird mir zu schnell gestellt. Ich bin nicht der Meinung, daß einem bei internationaler Hilfe immer als erstes Soldaten einfallen müssen. Gerade wenn man weiß, daß die meisten kriegerischen Konflikte soziale oder ökologische Ursachen haben, dann glaube ist, daß die Idee eines europäischen Friedenskorps, das zum friedlichen Einsatz da ist, eine Neubelebung verdient.

Westfälischer Anzeiger
27. April 1996

Rau würdigt Wert des Zivildienstes

Volmarstein (lnw). Ministerpräsident Rau hat die Gleichwertigkeit von Wehr- und Zivildienst herausgestrichen. „Dies sind unterschiedliche Dienste gleichwertiger Art" – so Rau bei der Feier „35 Jahre Zivildienst in sozialen Einrichtungen" der evangelischen Stiftung Volmarstein. Rau sprach sich dagegen aus, den Wehrdienst dadurch attraktiver zu machen, daß der Zivildident erschwert werde. Wer davon spreche, daß der Zivildienst nicht länger ein bequemer Ausweg sein dürfe, solle sich zahlreiche Beispiele vor Ort ansehen. In Nordrhein-Westfalen arbeiteten fast 31 000 Zivildienstleistende in sozialen Einrichtungen.

ZEIT: Ob das in Jugoslawien geholfen hätte? Die SPD ist wegen einiger konkreter Fragen der Militär- und Sicherheitspolitik vor das Bundesverfassungsgericht gezogen, doch noch vor der mündlichen Verhandlung in Karlsruhe hat sie im Bundestag den militärischen Einsätzen im früheren Jugoslawien zugestimmt. Wie soll das zusammenpassen?

Rau: Es ging bei dem Weg nach Karlsruhe um Klarheit nach unserer Verfassung und nicht darum, daß wir der Meinung waren, Karlsruhe könne und müsse bestimmte Schritte verbieten oder ermöglichen. Wir sind nach Karlsruhe gegangen, weil wir die Äußerung des Bundeskanzlers für richtig halten, daß ohne Verfassungsänderung solche Einsätze nicht zulässig seien. Wir wollen das wirklich wissen, und wir wollen dann, wenn die Verfassung geändert ist, von Fall zu Fall politische Entscheidungen treffen.

DIE ZEIT vom 6. Mai 1994

Die Stiftung »Entwicklung und Frieden«

Mit Johannes Rau sprach die Redaktion Forum eine Welt *im September 1996. Dabei ging es auch um entwicklungspolitische Neuansätze:*

Forum: Nordrhein-Westfalen hat auch in der Vergangenheit immer wieder neue Wege in der Entwicklungspolitik beschritten. Gibt es dafür besondere Gründe?

Rau: Entwicklungspolitik ist eine Aufgabe des Bundes, die Länder können da nur mitwirken. Gleichwohl bringen wir uns als Land schon seit Anfang der sechziger Jahre mit einer Vielzahl von Projekten in Entwicklungsländern ein. Das sind vor allem Hilfen bei der schulischen und beruflichen Bildung, beim Verwaltungsaufbau oder bei der regionalen Wirtschaftsförderung. Auf diese Weise haben sich enge Beziehungen zu Partnern in der ganzen Welt entwikkelt, die wir im Rahmen unserer Möglichkeiten als Land ausbauen und pflegen. So gibt es etwa eine enge Zusammenarbeit mit Simbabwe, Namibia und der Republik Südafrika oder auch mit drei chinesischen Provinzen.

Johannes Rau auf einem Podium der Stiftung »Entwicklung und Frieden«.

Neben und oft begleitend zu diesen staatlichen Projekten gibt es in unserem Land eine erstaunliche Vielzahl und Vielfalt von Initiativen, Gruppen und Organisationen, die sich mit großem Engagement den wachsenden Problemen des Südens und ihren weltweiten Zusammenhängen widmen. Wir in Nordrhein-Westfalen haben solches Engagement stets gern und aktiv unterstützt. Besonders freue ich mich darüber, daß ich dazu selber einige Anregungen habe geben können, die inzwischen als erfolgreiche und zum Teil beispielgebende Programme viel Unterstützung erfahren haben.

Forum: An welche Anregungen denken Sie dabei?

Rau: Zum Beispiel an den »Konkreten Friedensdienst« oder an die mit Willy Brandt gemeinsam gegründete »Stiftung Entwicklung und Frieden«, aber auch an das Förderprogramm für die entwicklungspolitische Informationsarbeit. Wir verdanken aber auch der Kompetenz und dem Einfallsreichtum vieler unabhängiger Gruppen wichtige Anstöße, die inzwischen in landespolitische Aktivitäten eingemündet sind.

Kommentare: Am 23. Juli wäre Gustav Heinemann hundert Jahre alt geworden. Er war mit dafür verantwortlich, daß Sie 1952 in die GVP eintraten und so den Grundstein zu Ihrer politischen Karriere legten. Heinemann war ein konsequenter Gegner der militärischen Wiederaufrüstung Deutschlands. Heute beteiligt sich die Bundeswehr an Kampfeinsätzen. Welche Bedeutung messen Sie dieser Tatsache angesichts unserer deutschen Geschichte bei?

Rau: Gustav Heinemann war ein entschiedener Gegner der Wiederaufrüstung und ein guter Freund der Bundeswehr. Kein Bundespräsident vor ihm hat die Bundeswehr so oft besucht wie er. Keiner hat so deutlich davon gesprochen, daß die Menschen in der Bundeswehr einen Dienst an der Gemeinschaft tun. Heinemann war ein Freund des Militärs, aber ein Gegner des Militarismus.

Kommentare: Er setzte also auf die Demokratiefähigkeit der Bundeswehr?

Rau: Ja, er betrachtete die Bundeswehr als eine Bürgerarmee im demokratischen Staat und nicht als Staat im Staate, nicht als politischen Entscheider, möglicherweise nicht einmal als Ratgeber. Diese Differenzierung brauchen wir auch in Zukunft. Sowohl der Wehrdienst als auch der Zivildienst sind Gewissensentscheidungen. Das jedenfalls hoffe und erwarte ich.

Kommentare: Leiten Sie daraus für sich selbst die Überzeugung ab, daß der Weg in die Aufrüstung der richtige Weg für Deutschland nach dem Zweiten Weltkrieg war?

Rau: Nein, das sage ich deshalb nicht, weil es keine rückwärts gewandte Prophetie gibt. Man kann nicht simulieren, was geschehen wäre, wenn dieser oder jener Plan angenommen worden wäre oder nicht. Man kann nicht simulieren, was geschehen wäre, wenn etwa der NATO-Nachrüstungsbeschluß nicht gefallen wäre. Diejenigen, die die Auffassung vertreten, nur mit dem Doppelbeschluß sei die deutsche Wiedervereinigung zustande gekommen, tappen genauso im dunkeln wie diejenigen, die behaupten, ohne die Ostpolitik Willy Brandts hätte es die Wiedervereinigung nicht gegeben. Ich bin gegen eine rückwärts gewandte Prophetie.

Evangelische Kommentare, April 1999

Zwei Ereignisse haben Johannes Rau fast zur Verzweiflung gebracht, zur Überlegung, alles hinzuwerfen und aufzuhören: das Attentat auf Lafontaine in Köln 1990 und der mörderische Brandanschlag in Solingen 1993, dem zwei Frauen und drei Mädchen aus der Türkei zum Opfer fielen. Johannes Rau steht vor den Trümmern des ausgebrannten Hauses. Und dann muß er in der ARD-Sondersendung die richtigen Worte finden:

»Trauer und Wut. Empörung und Scham. Anteilnahme mit denen, die ihre nächsten Menschen verloren haben ... Die ganze Welt hat in diesen Tagen nach Solingen geblickt ... Solingen kann uns die Chance geben, umzudenken, weg vom Haß zum Miteinander«. (ARD, 3. Juni 1993)

Als Ministerpräsident gibt er nach der Trauerfeier am 23. Juni 1993 eine Regierungserklärung ab, die noch stark geprägt ist vom Schock über so brutale Formen des Ausländerhasses. »Es ist nicht falsch, wenn wir alle unsere Ratlosigkeit eingestehen.« Aber dabei kann der Politiker nicht stehenbleiben. Er muß nach den Ursachen und nach Lösungsansätzen suchen.

Ein Rückblick auf die Integration der Polen und Masuren im Ruhrgebiet um die Jahrhundertwende gibt Hinweise, daß und wie Assimilation gelingen kann. »Das Ziel muß eine Gesellschaft sein, in der die Menschen – so hat es Theodor W. Adorno einmal gesagt – ohne Angst verschieden sein können.« Einige konkrete Vorschläge zur Förderung des friedlichen Zusammenlebens folgen und werden verknüpft mit verständnisvollen Worten für die Fremdenscheu in der Gesellschaft. »Das Zusammenleben kann nur gelingen, wenn wir nicht jene Menschen abschreiben oder gar verurteilen, denen Fremdes angst macht. Es ist ein gefährlicher Irrtum, Fremdenangst und Fremdenfeindlichkeit gleichzusetzen. Wir müssen aber dafür sorgen, daß aus Angst vor Fremden nicht Haß wird, der sich dann in Gewalt entlädt.«

Diese differenzierte Sicht der multikulturellen Probleme versucht Rau in Interviews und Reden zu verbreiten. Wichtiger als Verbote von rechtsextremen Parteien ist für ihn, daß die Ursachen der Verführbarkeit von Menschen bekämpft werden. »Worauf wir achten müssen, es gibt eine Kette, vor allen Dingen im Zusammenleben mit Ausländern. Die beginnt bei Fremdheit. Von der Fremdheit geht es zur Angst, von der Angst zum Haß und vom Haß zur Gewalt. Wenn man diese Kette durchbrechen will, dann muß man bei der Fremdheit beginnen.« Also gilt: »Menschen zusammenführen, ihnen erklären, daß eine Bereicherung darin liegt, daß wir andere Kulturen nicht nur kennenlernen, sondern bei uns haben, daß aber gleichzeitig der Wert der eigenen Kultur und der eigenen Geschichte damit nicht abgeschafft, nicht reduziert wird, sondern daß er in ein neues Verhältnis kommt.«

Interview-Antworten und Reden im Parlament werden Ausgangspunkt eines Beitrags für das Forum »Mit dem Fremden leben« aus dem Jahr 1994 (vgl. S. 152ff.). »Der Fremde ist der Wanderer, der heute kommt und morgen bleibt – Miteinander, nicht gegeneinander leben.« Schon in der Systematik wird die Variation des Themas erkennbar. Familie Powilke, stellvertretend für »Pohlbürger« und »Pollacken« im Ruhrgebiet, hat sich eingewöhnt und fühlt sich wohl dank unpathetischer Hilfsbereitschaft der Einheimischen. An dieser Erfahrung ist anzuknüpfen. Es muß keine Utopie bleiben, ohne Angst verschieden sein zu können. Diesem Anfang folgt am Ende des Beitrags eine Warnung vor der »Entsorgung der Geschichte«, die in Auschwitz einen Teil der Vergangenheit der Deutschen hat, die nicht vergehen will. »Wer heute aus dem Schatten von Auschwitz heraustreten will ... setzt sich der Gefahr aus, durch das Verdrängen früherer Pogrome einer gegenwärtig drohenden Pogromstimmung nicht rechtzeitig widerstehen zu können.«

Das Lebensthema klingt durch: Die Welt liegt im argen. Wer Hoffnung hat, versteht Politik als angewandte Liebe zur Welt.

Solingen kann uns die Chance geben, umzudenken

Wir haben in den letzten fünf Tagen viele Worte gehört und gesprochen, gesagt und gelesen, und viele unserer Worte können die Ratlosigkeit nicht verbergen, in der wir diese Tage erleben. Trauer und Wut, Empörung und Scham, Anteilnahme mit denen, die ihre nächsten Menschen verloren haben, und Gedanken an die, die verletzt sind und auf deren Genesung wir hoffen.

Die ganze Welt hat in diesen Tagen nach Solingen geblickt. Die Schlagzeilen haben die schreckliche Nachricht in alle Erdteile verbreitet. Ab morgen ist dann wieder Alltag. Und da werden wir danach gefragt, ob wir etwas gelernt haben in diesen fünf Tagen, die Politiker und die Journalisten, die Lehrer und die Eltern. Ob wir etwas gelernt haben von der bitteren Lektion, daß Haß tötet, daß wir miteinander leben wollen und leben müssen und nicht gegeneinander, und daß das leichter gesagt ist als getan.

Solingen am 23. Mai 1993

Wir haben die Spirale oft gespürt, die es gibt, nicht nur zwischen Deutschen und Türken, auch zwischen verschiedenen Gruppen innerhalb der Türken und innerhalb der Deutschen. Wie oft kommt es dazu, daß aus Fremdheit Angst wird und daß Angst umschlägt in Haß! Wenn wir diese schreckliche Kette nicht durchbrechen, dann haben wir keine Zukunft, weder in Deutschland noch in der Türkei. Dann haben unsere Kinder keine Zukunft. Kinder, die wir so lieben, wie die Eltern die Kinder geliebt haben, von denen wir jetzt und heute Abschied nehmen.

Wir müssen aufpassen, daß die schreckliche und unbegreifliche Tat, die man sich nicht erklären kann, bei der man sich fragt, was geht in den Köpfen und den Herzen von Menschen wohl vor sich, die zu solchem fähig sind, daß diese schreckliche Tat jetzt nicht das Gegeneinander von Gewalt und Gegengewalt auslöst. Wir müssen lernen: Das Recht des Stärkeren ist immer das stärkste Unrecht, auch auf der Straße. Solingen, das Geschehen vom 29. Mai, das wir nicht aus den Köpfen und aus den Gedanken bekommen und das das Leben von fünf Menschen ausgelöscht und das Leben vieler Menschen schrecklich verändert hat: Solingen kann uns die Chance geben, umzudenken, weg vom Haß zum Miteinander.

Rede von Ministerpräsident Johannes Rau bei der Trauerfeier für die Opfer von Solingen in Köln, DITIB-Moschee, 3. Juni 1993. Quelle: Manuskript.

Der Fremde ist der Wanderer, der heute kommt und morgen bleibt

Miteinander, nicht gegeneinander leben

»Da habe ich wenigstens Klärchen und die Hühner und ein bißchen Zuhause ...«, schrieb vor mehr als 120 Jahren die jung verheiratete Franziska Powilke in ihr Tagebuch, kurz bevor sie aus einem kleinen Ort in Westpreußen ihrem Mann Robert in das ferne Gelsenkirchen nachfolgte. Mitzunehmen hatte sie nicht viel: nur ihre Ziege Klärchen, vier Legehühner und die Hoffnung, in der Fremde heimisch zu werden.

Was aus Franziska Powilke und ihrem Mann Robert geworden ist, wissen wir nicht. Sie gehörten zu jener großen Zahl von Menschen aus den Ostgebieten des Deutschen Reiches, die die Nachricht über Arbeit und Lohn auf den Zechen und Hütten im »Wilden Westen Preußens«, wie das Ruhrgebiet um die Jahrhundertwende genannt wurde, angelockt hatte.

Bis zum Ersten Weltkrieg war fast eine halbe Million Polen und Masuren in das Gebiet zwischen Duisburg und Dortmund, zwischen Emscher und Ruhr gekommen. Dort heimisch zu werden, sich in die neuen Lebens- und Arbeitsverhältnisse einzufinden und in guter Nachbarschaft zusammenzuleben, brachte für Zuwanderer und Einheimische im Schmelztiegel an der Ruhr Reibungen und Konflikte und dauerte auch seine Zeit. Es brauchte Generationen, bis aus »Pohlbürgern« und »Pollacken« ein Menschenschlag wurde, von dem Heinrich Böll einmal gesagt hat: »Sein bodenständiger Gemeinsinn und seine unpathetische Hilfsbereitschaft haben es dem Fremden und Zuwanderer, sofern er sich der Lebensweise der Region bereitwillig anpaßt, ungemein leicht gemacht, sich einzugewöhnen und sich wohl zu fühlen.«

Das Beispiel der Powilkes und ihrer Enkel und Urenkel, die das Wanderungsschicksal ihrer Vorfahren allenfalls noch an ihrem Namen ablesen können, zeigt uns: Zuwanderung und Einwanderung, Eingliederung und Zusammenleben unterschiedlicher Gruppen und Kulturen sind nichts ganz Neues. In der Geschichte der Deutschen haben sich immer wieder nicht nur Menschen über Grenzen, sondern auch Grenzen über Menschen hinwegbewegt. Wanderungsbewegungen und Grenzerfahrungen führten zu

Spannungen zwischen dem »Fremden« und dem »Eigenen« und gehören zu den existentiellen Grunderfahrungen der Menschen. Nach wie vor gilt Georg Simmels Definition, nach der der Fremde »der Wanderer« ist, »der heute kommt und morgen bleibt«.

Heute tritt uns »der Fremde« vornehmlich im Plural gegenüber. Wir haben die Fremden, um ein Wort von Max Frisch aufzugreifen, als Arbeitskräfte gerufen – und Menschen sind gekommen. Viele von ihnen stammen aus einem ganz anderen Kulturkreis, ihre Lebensart, ihre Religion, ihre Sitten und Gebräuche sind uns fremd. Noch viel stärker als bei den polnischen Zuwanderern um die Jahrhundertwende, die als Katholiken in einer protestantischen Umgebung viel Unverständnis und Diskriminierung erlebten, ist das Zusammenleben von Türken und Deutschen in unserer Gesellschaft eine große Herausforderung an die gemeinsame Bereitschaft, nicht gegeneinander oder nebeneinander, sondern miteinander zu leben.

Das Zusammenleben kann nur gelingen, wenn wir nicht jene Menschen abschreiben oder gar verurteilen, denen Fremdes angst macht. Es ist ein großer und gefährlicher Irrtum, Fremdenangst und Fremdenfeindlichkeit gleichzusetzen. Wir müssen aber dafür sorgen, daß aus Angst vor Fremden nicht Haß wird, der sich dann in Gewalt entlädt. Unser Ziel muß eine Gesellschaft sein, in der Menschen »ohne Angst verschieden sein können« (Theodor W. Adorno).

Mit jungen Menschen verschiedener Herkunft 1984 im Düsseldorfer Landtag.

Deshalb müssen wir uns fragen: Was macht andere zu Fremden? Wieviel Andersartigkeit können Menschen in ihrer Lebenswelt ertragen? Wann wird Andersartigkeit zu Fremdheit, und unter welchen Voraussetzungen wird Fremdes zu etwas Bedrohlichem? Was hat Einfluß darauf, und was fördert Toleranz und hemmt Aggression? Ein Fremder ist interessant, hundert Fremde können befremdend sein. Ein Fremder ist als Gast willkommen, aber nicht als Konkurrent um die Wohnung und den Arbeitsplatz. Darum droht Fremdenangst besonders in Zeiten wirtschaftlicher Krisen und sozialer Probleme in Fremdenfeindlichkeit umzuschlagen. Die Fähigkeit, Andersartigkeit zu ertragen, ist nicht immer gleich, sie ist abhängig von vielen Faktoren. Sie kann gefördert, darf aber auch nicht überfordert werden.

Eine zukunftsgerichtete Zuwanderungspolitik muß das Element der Begrenzung und Steuerung der Zuwanderung mit einer überzeugenden Strategie der Eingliederung der Zugewanderten in das wirtschaftliche, soziale und politische System der Bundesrepublik Deutschland verbinden. Dabei werden wir fünf Grundgegebenheiten Rechnung zu tragen haben:

- den Wanderungsströmen, die nicht aus der Welt zu schaffen, aber zu steuern sind;
- der Einsicht, daß Fluchtursachen, nicht Flüchtlinge zu bekämpfen sind;
- den Ängsten und Befürchtungen vor allem der Bürger, die ganz unmittelbar den Folgen der Zuwanderung gegenüberstehen;
- den Hoffnungen und Wünschen der Ausländer, die in Wirtschaft und Gesellschaft der Bundesrepublik Deutschland einen gleichberechtigten Platz suchen;
- und schließlich dem Gebot des Grundgesetzes, das unser Land in die Tradition einer offenen Bürgerrepublik stellt.

Weder rechtliche Vorkehrungen noch polizeiliche Grenzsicherungsmaßnahmen werden die Zuwanderung von Menschen, die sich in einem reichen Land ein besseres Leben erhoffen, auf Dauer zurückdrängen können. Zudem werden die westlichen Industrieländer in Zukunft aus demographischen Gründen ein gewisses Maß weiterer Zuwanderung brauchen. Dabei wird es entscheidend darauf ankommen, daß die aufnehmenden Länder Instrumente politischer Steuerung entwickeln, auf deren Grundlage über Umfang und Herkunft der Zuwanderung entschieden werden kann ...

Dieser Aufgabe werden sich die wirtschaftlich starken Industriestaaten ebensowenig entziehen können wie der Verpflichtung, eine zukunftswei-

Was macht andere zu Fremden? Die eigenen Kinder frühzeitig an diese Frage heranführen! Johannes Rau mit seinen Kindern während des Wahlkampfes im April 1995.

sende und europäisch abgestimmte Zuwanderungspolitik zu entwickeln. Unsere Nachbarn stehen vor den gleichen Problemen wie wir, auch dort gibt es Fremdenfeindlichkeit und rassistisch motivierte Gewalttaten. Aber für uns Deutsche ist Fremdenfeindlichkeit eine Herausforderung, der wir uns aus historischen Gründen noch weniger entziehen dürfen als unsere Nachbarn. Das gilt um so mehr, als die Art und Weise, wie in der Bundesrepublik Deutschland mit der Zuwanderungsfrage umgegangen wurde, für viele Menschen im Ausland kaum nachvollziehbar ist.

In der Tat mangelt es uns Deutschen an einem gelassenen Umgang mit der Zuwanderungsfrage: In unserem Land sind die, die sich für Ausländer einsetzen, immer ganz besonders engagierte Freunde, und die Feinde sind ganz besonders gewalttätig. Diese Extreme in beide Richtungen haben viel mit unserer Geschichte zu tun. Der Artikel 116 unseres Grundgesetzes, der das wilhelminische Staatsbürgerrecht – entstanden im Klima nationalen Hochgefühls vor dem Ersten Weltkrieg – fortschreibt, setzt für den Erwerb der deutschen Staatsbürgerschaft die engen Grenzen der Abstammungsgemeinschaft; der Artikel 16 des Grundgesetzes, der allen politisch Verfolgten ohne Einschränkung Asyl gewährt, steht in enger Verbindung mit den Erfahrungen von Verfolgung und Exil im Nationalsozialismus. Diese beiden Traditionsstränge lassen sich heute – unter den Bedingungen weltweiter Migrations- und Flüchtlingsströme – weniger denn je in Einklang bringen. Für den Artikel 16 ist eine pragmatische, wenngleich nicht alle Seiten zufriedenstellende Lösung gefunden worden. In der Frage des Staatsbürgerrechtes und des Wahlrechtes für Ausländer steht eine vergleichbare Lösung noch aus.

Der deutsche Sonderweg eines Abstammungs- bzw. »Blut«rechts führt dazu, daß Menschen, die seit langen Jahren in der Bundesrepublik Deutschland leben oder hier geboren sind, rechtlich als Ausländer behandelt werden. Sie sind Bürger zweiter Klasse und werden auch deshalb allzu oft als Menschen zweiter Klasse behandelt. So werden über Generationen hinweg Menschen zu Ausländern gemacht, die längst keine mehr sind. Eine Reform unseres Staatsbürgerrechts ist überfällig, weil uns sonst die Tradition einer völkisch verengten Abstammungsgemeinschaft Fesseln auferlegt, mit denen wir weder auf Dauer friedlich zusammenleben noch die zukünftigen Aufgaben in einem wirtschaftlich und politisch immer enger zusammenwachsenden Europa bewältigen können.

Heute übersehen wir viel zu häufig, daß der traditionelle Nationalstaat auf der Grundlage völkischer, religiöser und kultureller Homogenität alles andere als eine natürlich gewachsene Einheit ist, sondern als Kind der bürgerlichen Revolutionen »eine gedachte Ordnung«, wie es Max Weber einmal nannte. Dem trägt unser Grundgesetz Rechnung, das in bewußter Abkehr von der verhängnisvollen Tradition eines völkischen Nationalismus die Bundesrepublik Deutschland auf das politische Ordnungsmodell einer offenen Republik verpflichtet. Seine Ausrichtung auf universelle Freiheits- und Menschenrechte läßt sich nicht mit jenen Vorstellungen von politischen Gemeinschaften vereinbaren, die sich – unabhängig von der Staatsform, gleichsam verfassungsneutral – als Volks- oder Kulturnationen verstehen. Die Bundesrepublik Deutschland ist zu einer Gesellschaft von Staatsbürgern geworden, die ihre Verfassung leben und ihren Kernbestand, wenn es not tut, auch im Alltag verteidigen. Deshalb müssen wir als Verfassungspatrioten gegen Nationalismus, Chauvinismus und Deutschtümelei den Sinn der Menschen für den Wert kultureller Vielfalt, für Regionalität und lokale Heimatverbundenheit stärken. Zum vielfarbigen, vielgestaltigen Zusammenleben in einer durch Technik und Verkehr, Handel und Wandel, Medien und Kommunikation und nicht zuletzt durch Kunst und Kultur zusammenwachsenden Welt gibt es keine echte Alternative.

Es ist ein großer Irrtum, Nationalismus und Patriotismus zu verwechseln. Dazwischen liegen Welten. Ein Patriot ist jemand, der sein Vaterland liebt. Ein Nationalist ist einer, der die Vaterländer der anderen verachtet.

Zum Patrioten gehört, daß er den Auftrag wahrnimmt, den Willy Brandt an den Schluß seiner ersten Regierungserklärung 1969 gestellt hat: ein Volk guter Nachbarn sein, nach innen und nach außen.

Heute erwecken manche den Anschein, als ob mit dem oft beschworenen Ende der Nachkriegszeit sich auch die Wunde schließe, die den Namen »Auschwitz« trägt. Die Stimmen mehren sich, die mit der Rückkehr zu einer »Normalität des Nationalstaates« für uns Deutsche eine erinnerungsferne, gleichsam »fugendichte Normalität« (Jürgen Habermas) verbinden.

Auschwitz ist ein Teil einer Vergangenheit der Deutschen, die nicht vergehen will. Das zu sagen ist weder ein Zeichen von Schwäche noch die Preisgabe gegebener Identität. Wer heute aus dem Schatten von Auschwitz heraustreten will, setzt den selbstkritischen Umgang mit der eigenen Geschichte aufs Spiel und damit die Grundlage für eine moralisch sensible, politische Gesittung, die zur Signatur unseres Staatswesens gehört. Schlimmer noch: Er setzt sich der Gefahr aus, durch das Verdrängen früherer Pogrome einer gegenwärtig drohenden Pogromstimmung nicht rechtzeitig widerstehen zu können.

Für die Deutschen bleibt der Umgang mit Minderheiten und sozial Benachteiligten die Probe darauf, ob sie die Lehren aus der Vergangenheit gezogen haben. Hier entscheidet sich, inwieweit sie geschichtliche Erfahrungen in einen kulturellen Boden verwandelt haben, der Früchte tragen kann für die Aufgabe, eine lebenswerte Zukunft für alle zu gestalten.

Aus einem Beitrag in FORUM XXI, Mit dem Fremden leben, Bund-Verlag, Köln 1994

»Soziale und ökologische Erneuerung in Frieden« stand über der Rede, die der am Vortag zum Spitzenkandidaten der SPD für die Bundestagswahl 1987 gewählte Johannes Rau am 16. Dezember 1985 in der westfälischen Stadt Ahlen hielt. Unter dem Titel »Versöhnen statt Spalten« ist sie bekannt geworden und hängt seitdem wie ein Mantel um Johannes Rau. In Ahlen hatten die Christlichen Demokraten 1947 ihr erstes Programm formuliert mit dem Vorsatz, das machtverteilende Prinzip Mitbestimmung auf allen Ebenen, auch in der Wirtschaft, einzuführen, um einen Kapitalismus pur zu verhindern. Daran will Rau anknüpfen mit der programmatischen sozialen und ökologischen Erneuerung, die allen zugute kommen soll, nicht nur den Stammwählern der eigenen Partei.

Gegen das Einbringen des Versöhnungsgedankens in das harte Politikgeschäft hat es von Anfang an kritische Einwände gegeben. Nichts ärgert Rau so wie die ihm mit diesem Mantel umgehängte Harmoniesehnsucht. Immer wieder wehrt er sich dagegen, »Versöhnen statt Spalten heiße, die Soße der Harmonie über die Probleme der Welt zu schütten. Davon ist keine Rede. Diese Welt hat Zukunft, aber sie liegt im argen. Diese Welt liegt im argen, aber sie hat Zukunft.« So knapp wird 1997 gerafft, was 1983 so lautet: »In allem Streit muß deutlich werden, daß es nicht um unser Rechthaben geht, sondern um die zugesagte Hoffnung für eine Welt, die im argen liegt und die doch nicht verlorengegeben wird.«

Zugegeben: Ohne einen Blick in die theologisch-ethische Vorarbeit Raus rückt das Ahlener Kennwort »Versöhnen statt Spalten« in die Nähe eines platten »Seid nett zueinander«. Wenn man aber hinsieht, wie Rau sensibel auf neue Formen der Streitkultur in Kirche und Gesellschaft eingeht, so ist der tiefere Sinn nicht länger verschlossen. Schon das Stichwort »Allversöhnung« weist in die Richtung. Die Bemühungen in der Evangelischen Kirche im Rheinland um eine Erneuerung des Verhältnisses von Juden und Christen bewegen den Synodalen Rau. Er stellt sich hinter die Synodenbeschlüsse von 1980 und 1996 und verteidigt sie gegen Kritiker aus verschiedenen Richtungen. Entschieden verteidigt Rau 1987 auch das umstrittene SED-/SPD-Papier »Der Streit der Ideologien und die gemeinsame Sicherheit«. Es eröffnet eine neue Streitkultur und wird von der Synode des Bundes der Evangelischen Kirchen in der DDR im September 1987 dankbar begrüßt. Dieses neue Denken hat großen Anteil an den politischen Veränderungen in der DDR gehabt und Hypotheken aus der Zeit des Kalten Krieges abgetragen.

»Versöhnen statt Spalten« hat durch den Prozeß der deutschen Vereinigung eine aktuelle Zuspitzung erhalten. Noch ist die innerdeutsche Angleichung der Lebensverhältnisse auf der Tagesordnung. Europäische und globale Herausforderungen fragen nach Politikern, die ihre Hoffnung für die Welt, die im argen liegt, einbringen. Rechthaberei und parteipolitische Profile mit scharfen Kanten werden überwunden durch »Runde Tische« und »Bündnisse für Arbeit«. Gespräche zwischen Parteien, Gewerkschaften, Kirchen über eine »Zukunft in Solidarität und Gerechtigkeit« verändern das politische Klima.

Das Leitwort »Versöhnung« hat Inhalt, Richtung und Widerstandskraft erhalten. Johannes Rau hat damit etwas Zukunftsweisendes eingebracht in die Sprache der Politik: die Utopie einer verbesserlichen Welt. »Man kann der Hoffnung nicht genug Flügel geben«, dieses Wort des verstorbenen Präses der Evangelischen Kirche im Rheinland, Peter Beier, ist eine zutreffende Variation des Themas »Versöhnen statt Spalten«.

Versöhnung – Versöhnen …

Zum Verhältnis von Theologie und Politik

Was sich in der Ahlener Rede des Kanzlerkandidaten zu einem persönlichen Programm verdichtet, hat eine lange Vorgeschichte. Aber eine Grundmelodie wird durchgehalten, mit immer neuen Variationen in den unterschiedlichen Kontexten der Christengemeinde und der Bürgergemeinde. Sie läßt sich in den Worten Karl Barths am ehesten zusammenfassen:

»Gottes Sache in der Welt vertreten und doch nicht gegen die Welt Krieg führen – die Welt lieb haben und doch Gott ganz treu sein – mit der Welt leiden und für ihre Not ein offenes Ohr haben, aber darüber hinaus gleichzeitig das erlösende Wort von der Hilfe, auf die sie wartet – die Welt emportragen zu Gott und Gott hinein in die Welt – ein Anwalt der Menschen sein bei Gott und ein Bote Gottes, der den Frieden zu den Menschen bringt.«

Es mag manchen verwundern: Dieses Barth-Zitat wird wiederholt von Herbert Wehner genannt, wenn er sich zum Verhältnis von Christentum und Demokratischem Sozialismus äußert.

Zwei Sozialdemokraten mit sehr verschiedenen Begriffen und persönlichen Eigenarten berufen sich auf den Baseler Theologen, zu dessen 100.

Johannes Rau und Herbert Wehner 1985 in Ahlen.

Geburtstag der Ministerpräsident von Nordrhein-Westfalen die Familie Barth und einen ausgewählten Kreis von Freunden 1986 nach Düsseldorf eingeladen hat. 1958 hat Johannes Rau als verantwortlicher Schriftleiter der Politischen Verantwortung *eine öffentliche Diskussion begonnen, als der liberale Bundespräsident Theodor Heuss die schon beschlossene Verleihung des Friedenspreises des Deutschen Buchhandels an Karl Barth verhinderte. 1960 schreibt er einen Leserbrief zur SPIEGEL-Geschichte über »Karl Barth – Gottes fröhlicher Partisan«. Dem »politisch oft umstrittenen, aber theologisch bedeutsamsten, die Gegenwart seiner Disziplin am stärksten prägenden Lehrer« (so Rau über Barth 1958) weiß sich Johannes Rau persönlich und politisch zu Dank verpflichtet.*

In der für die Person und das Programm zentralen Vorstellungsrede des SPD-Kanzlerkandidaten am 16. Dezember 1985 in Ahlen werden die

Variationen und Konkretionen des so geprägten Politikverständnisses durchgespielt. »Versöhnen statt Spalten« ist das Versprechen, das beharrliche Ringen um den besten Weg in die Demokratie an die Stelle kriegswissenschaftlich geführter Konfrontation der Parteien zu stellen. Die Zukunftsaufgaben gebieten, daß Arbeit und Umwelt nicht gegeneinander ausgespielt werden und die Völker im Atomzeitalter Frieden nur gemeinsam politisch organisieren können. Darum wirbt der Wahlkämpfer um Zustimmung und bringt Menschen an einen Tisch, die traditionell in verschiedenen Lagern sitzen. Weil es Johannes Rau um das Leben der künftigen Generationen geht, mutet er seiner eigenen Partei zu, den polarisierenden Wahlkampfstil zu ersetzen durch andere Formen der Werbung um Zustimmung und Bürgerbeteiligung. Nicht überall wurde das von den Sozialdemokraten verstanden oder gutgeheißen. Die politische Streitkultur in der Gesellschaft und in den Parteien wurde von Johannes Rau offenbar überschätzt. Die schrecklichen Vereinfacher waren erfolgreicher. Das Freund-Feind-Schema erwies sich als werbewirksamer. Doch für das Polarisieren ist Johannes Rau nicht geeignet. Er bleibt der Grundmelodie treu und darum in Distanz zu den gängigen Erfolgskonzepten, auch in Wahlkampfzeiten. »Mich fasziniert Macht nicht. Mich fasziniert Gestaltung, und dazu braucht man in der Politik allerdings auch Einfluß und Macht. Aber ich bin nicht machthungrig oder machtgeil, kein bißchen. Man kann das vielleicht auch an meinem bisherigen Lebensweg erkennen«, antwortet er in einem Interview im Wahlkampf 1986. In der Tat, der Kanzlerkandidat unterscheidet sich von allen anderen Politikern. Der politische Protestant besucht Familien quer durch die Republik, nimmt sich Zeit für die von ihm allen anderen vorgezogenen Gespräche mit den Bürgerinnen und Bürgern.

Rede anläßlich der Wahl zum Kanzlerkandidaten der SPD in Ahlen, 16. Dezember 1985

Mein Rat an die Arbeitnehmer ist: Erstens: Geht hinein in die Gewerkschaften, soweit Ihr nicht schon dabei seid – das ist der beste Schutz für Euch, nicht nur Streik und Aussperrung. Und bedenkt, so rate ich, zweitens: Diese Bundesregierung kann man abwählen.

CDU und CSU haben die Kraft zur Versöhnung und zur Mitte verloren. Das mag man beklagen. Ich sehe darin für uns die politische Verpflichtung und Chance, auch denjenigen, die sich in der Union nicht mehr wiederfinden, bei uns eine neue politische Heimat zu geben. Wir müssen die große soziale Volkspartei bleiben, die unterschiedliche Interessen in unserem Volk miteinander versöhnt, wo andere spalten.

Wir sind uns einig: Wir gehören zum westlichen Bündnis

Sich einrichten, vermitteln, versöhnen, zusammenführen – wo gilt das mehr als in den Beziehungen unseres Volkes zu seinen Nachbarn? 40 Jahre nach dem Zweiten Weltkrieg gibt es für uns Deutsche eine Verpflichtung, die alles andere überragt: Von deutschem Boden darf nie wieder Krieg ausgehen. Von deutschem Boden muß Frieden ausgehen.

Bundespräsident Gustav Heinemann hat 1969 gesagt: »Ich sehe als erstes die Verpflichtung, dem Frieden zu dienen. Nicht der Krieg ist der Ernstfall ..., sondern der Friede ist der Ernstfall, in dem wir alle uns zu bewähren haben. Hinter dem Frieden gibt es keine Existenz mehr.« Für mich, einen Sozialdemokraten in der Tradition Gustav Heinemanns, ist diese Mahnung heute noch dringlicher geworden: Wir sind die erste Generation der Geschichte der Menschheit, die diese Welt gänzlich zerstören kann. Und dennoch werden Jahr für Jahr die Vernichtungspotentiale weiter angehäuft. Alle beschwichtigenden Reden im Bundestag und sonstwo täuschen nicht darüber hinweg: Die Rüstungspolitik der vergangenen Jahre hat den Frieden nicht sicherer gemacht – die Gefährdungen sind weiter gewachsen.

Ich habe den Eindruck: Viele Menschen in unserem Land sehen das deutlicher, klarer als mancher spezialisierte Sicherheitspolitiker. Unser Gedächtnis kann nicht so kurz sein, daß wir die großen Demonstrationen der Friedensbewegung schon vergessen hätten. Wie da Alte und Junge, Frauen und Männer, Pastoren und Gewerkschafter, Radikale und Gemäßigte gemeinsam gegen die Raketen aufgestanden sind, das war, das ist Wirklichkeit.

Ich habe manche Meinungen und Einschätzungen aus der Friedensbewegung nicht geteilt und teile sie auch heute nicht. Aber ich habe von der Friedensbewegung auch gelernt: Wir müssen noch deutlicher machen, daß der Friede nicht allein militärisch gesichert werden kann. Wir wollen eine breite Unterstützung für unsere Friedenspolitik: Also dürfen wir die außen- und sicherheitspolitischen Debatten nicht auf militärtechnische Fragen begrenzen. Wir wollen in unseren Bemühungen fortfahren, um aus Friedenssehnsucht praktische Friedenspolitik zu machen: Also brauchen wir eine starke parlamentarische Kraft. Ich will die Politisierung, und zwar sowohl gegen einen Pazifismus des Gefühls als auch gegen die Technokratie des Raketenschachs. Ich will die zweite Phase der Entspannungspolitik.

Rüstungswettlauf im All – Das wollen wir nicht

Es ist gut, daß der amerikanische Präsident und der sowjetische Generalsekretär die Phase der Sprachlosigkeit zwischen den Vereinigten Staaten und der UdSSR beendet haben. In Genf ist mehr erreicht worden, als manche vorher geglaubt hatten. Jetzt müssen aus der Gesprächsbereitschaft am Verhandlungstisch Konsequenzen gezogen werden. Gemeinsam mit vielen, ganz unterschiedlichen Kräften in Europa fordern wir, daß ein weiterer Rüstungswettlauf, auch der im Weltraum, verhindert wird. Ich sage auch meinen amerikanischen Freunden: Das wollen wir nicht. Wir haben auf unserer Erde genügend Probleme zu lösen, für die sich hohe Aufwendungen für Forschung und Entwicklung lohnen.

Die zweite Phase der Entspannungspolitik muß drei konkrete Elemente umfassen:

- Abrüstung eurostrategischer Waffensysteme,
- Intensivierung der Wirtschaftsbeziehungen zwischen Westeuropa und Osteuropa, und zwar einschließlich des Technologietransfers, und
- eine Verstärkung des Kulturaustausches in Ost und West mit dem Ziel der Wahrung der kulturellen Identität Europas.

Für die zweite Phase der Entspannungspolitik tragen die beiden deutschen Staaten ihre ganz besondere Verantwortung. Sie müssen dafür in ihren Bündnissen werben und wirken. Sie tun das am besten, wenn sie in ihrem, im deutsch-

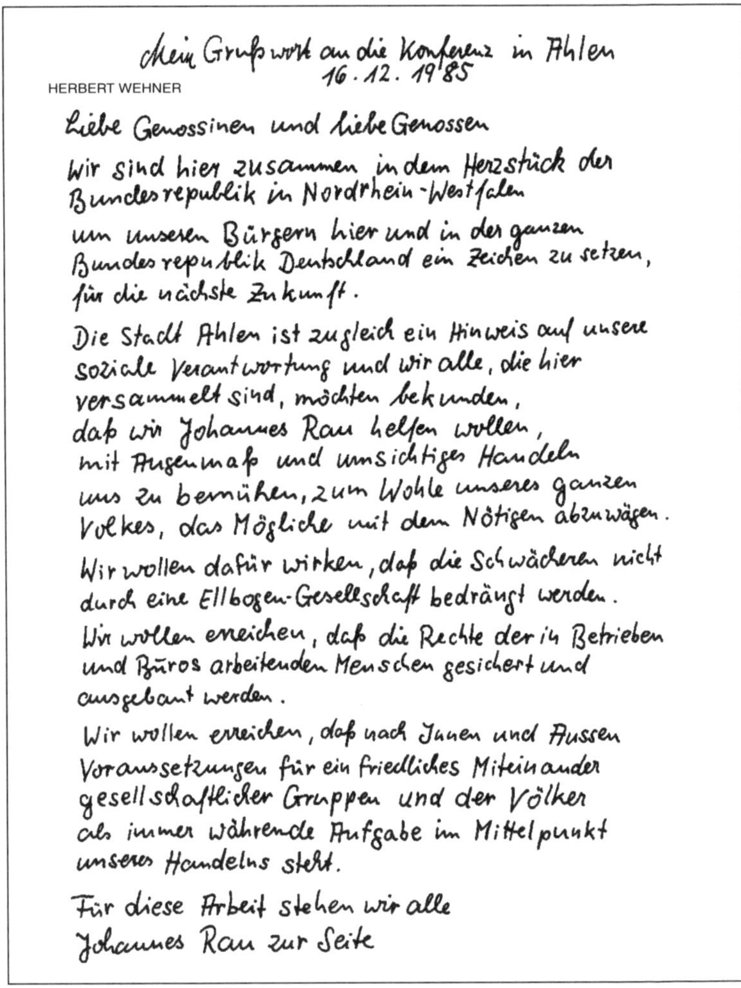

Mein Grußwort an die Konferenz in Ahlen
16. 12. 1985

Liebe Genossinen und liebe Genossen
Wir sind hier zusammen in dem Herzstück der Bundesrepublik in Nordrhein-Westfalen
um unseren Bürgern hier und in der ganzen Bundesrepublik Deutschland ein Zeichen zu setzen, für die nächste Zukunft.

Die Stadt Ahlen ist zugleich ein Hinweis auf unsere soziale Verantwortung und wir alle, die hier versammelt sind, möchten bekunden, daß wir Johannes Rau helfen wollen, mit Augenmaß und umsichtiges Handeln uns zu bemühen, zum Wohle unseres ganzen Volkes, das Mögliche mit dem Nötigen abzuwägen.

Wir wollen dafür wirken, daß die Schwächeren nicht durch eine Ellbogen-Gesellschaft bedrängt werden.

Wir wollen erreichen, daß die Rechte der in Betrieben und Büros arbeitenden Menschen gesichert und ausgebaut werden.

Wir wollen erreichen, daß nach Innen und Aussen Voraussetzungen für ein friedliches Miteinander gesellschaftlicher Gruppen und der Völker als immer währende Aufgabe im Mittelpunkt unseres Handelns steht.

Für diese Arbeit stehen wir alle Johannes Rau zur Seite

Grußwort von Herbert Wehner

deutschen Verhältnis ein Beispiel geben für die Chancen, die dieser Prozeß birgt – auf ökonomischem, umweltpolitischem, kulturpolitischem Gebiet, in der Abrüstung, aber vor allem für die Beziehungen der Menschen zueinander.

Europa darf jetzt nicht lockerlassen, vor allem nicht die Europäische Gemeinschaft. Die sozialdemokratischen und sozialistischen Parteien der europäischen Nato-Länder haben sich kürzlich über Grundzüge einer gemeinsamen Sicherheitspolitik geeinigt. Auf diesem Wege müssen wir weitergehen. Ein Europa der Butterberge, der Milchpreisregelungen und der ungelösten Agrarprobleme wäre bloß eine Gemeinschaft von Krämern. Europa muß endlich als fester Pfeiler einer atlantischen Brücke sein außen- und sicherheitspolitisches Gewicht in das westliche Bündnis und in die Bündnispolitik einbringen.

Lieber Filteranlagen als Kampfhubschrauber exportieren

Ich will noch ein außenpolitisches Thema ansprechen, das besondere moralische Qualität hat. Ich bin für äußerste Zurückhaltung beim Rüstungsexport. Ich weiß, es ist nicht immer leicht, standzuhalten, wenn Unternehmer und Betriebsräte eines Unternehmens aus dem eigenen Land vorstellig werden und Exportwünsche anmelden. Aber ich möchte alles dafür tun, daß wir lieber Werkzeugmaschinen exportieren als Panzer, lieber Katalysatoren und Filteranlagen als Minen und Kampfhubschrauber.

Ein persönliches Wort: Mancher mag meine engen Beziehungen zum Staat Israel, zu seinen Menschen und nicht wenigen seiner politischen Führer für eine persönliche Sache halten, eine Sache jenseits des politisch Notwendigen. Dem könnte ich nicht folgen. Die Bindung rührt weder aus Sentimentalität noch aus einer Mißachtung oder Unterschätzung der Bedeutung der arabischen Staaten. Sie rührt aus meinem Erleben. Wer wie ich in den 30er Jahren aufgewachsen und in den 40ern erwachsen geworden ist, der wird Schuld und Verantwortung niemals los, die unser Volk gegenüber seinen jüdischen Mitbürgern und der jüdischen Bevölkerung unserer Nachbarn auf sich geladen hat.

Deswegen muß jeder, der mich wählt, wissen: Für mich ist die Verantwortung für ein besonderes Verhältnis der Bundesrepublik Deutschland zum Staat Israel ein bindendes Anliegen, und ich werde mich in jedem Amt, das ich in meinem Leben haben werde, zu dieser besonderen Beziehung bekennen. Ich weiß aus eigener Kenntnis, daß darunter die Beziehungen zu den arabischen Staaten nicht leiden müssen. Rüstungsexport und Menschenrechte hängen nicht nur wegen ihrer moralischen Bedeutung eng zusammen.

Der Kampf um die Menschenrechte ist unteilbar

Der Kampf um Menschenrechte ist unteilbar, er gilt für alle Länder der Welt. Ich möchte zweierlei deutlich sagen: In Fragen der Menschenrechte hat nie-

Auf dem Essener SPD-Parteitag 1993 (»Vertrauen schaffen, Zukunft gestalten«) mit Ehefrau Christina.

mand Anlaß zur Selbstgerechtigkeit. Und: Zu den elementarsten Menschenrechten gehört die Freiheit von Hunger und Not. Wir alle wissen, daß diese Menschenrechte Tag für Tag millionenfach auf dieser Erde verletzt werden.

Das nimmt uns alle in die Pflicht, den Staat als Ganzes, jeden einzelnen von uns. Wir brauchen die Hinwendung des Stärkeren zum Schwachen, des Glücklichen zum Unglücklichen, des Erfolgreichen zum Notleidenden. Die Bereitschaft zum Helfen, zum Helfen ohne Anweisungen von oben. Auch Hilfe aus eigener Initiative, aus eigenem Antrieb.

Wir sprechen oft über Bürgerinnen und Bürger. Wir sprechen selten über Mit-Bürger. Und wir sprechen fast nie über Mitleidenschaft, die Fähigkeit zum Mitleiden, Mitleidenschaft. Mitleidenschaft: das heißt eben nicht nur Mitleid, sondern auch Leidenschaft; in der Bereitschaft zur Veränderung zur Erneuerung. Das gilt nach innen, für unsere eigene Gesellschaft. Das gilt nach außen, gegenüber der Dritten, der Vierten Welt ...

Für mich ist die Welt nicht aufgeteilt in Rote, Schwarze, Grüne, Farblose. Unsere Welt besteht aus Menschen, aus Gesunden und Kranken, aus Glücklichen und Unglücklichen, aus Jungen und Alten, aus Einsamen und Geselligen, aus Frauen und Männern. Politik ist die wichtigste Sache der Welt – für die Zeitungen. Vertrauen und Unterstützung erhalten wir aber nur, wenn wir den Menschen durch unser Tun beweisen, daß sie uns glauben können, daß unser Wirken für ihr alltägliches Leben wichtig ist. Es bleibt dabei: Das Ideal meiner Politik ist es, das Leben der Menschen im Laufe der Jahre ein Stückchen menschlicher zu machen.

So wollen wir zusammenführen, Trennendes überwinden.

Niemand darf sich täuschen, die ökologische Erneuerung unserer Industriegesellschaft ist keine Sache von heute auf morgen. Ist keine Sache eines ruckartigen Umbaus. Die Wahrheit ist: Es wird Jahre dauern ...

Ökologische Erneuerung der Industriepolitik heißt, die Verantwortung für unsere Umwelt in die Betriebe, in die Forschungslabors und in die Vorstandsetagen zu tragen. Dann müssen wir – neben den Gewerkschaften – auch aufgeschlossene Unternehmer und vor allem Wissenschaftler und Techniker für den ökologischen Fortschritt gewinnen.

Arbeitslosigkeit – mehr als ein ökonomisches Problem

Noch nie in der Geschichte der Bundesrepublik waren so viele Menschen ohne Arbeitsplatz ...

Für diese Menschen bringt das nicht nur schwere finanzielle Probleme, sondern auch eine Einschränkung ihrer sozialen Kontakte. Ihre Teilnahme am gesellschaftlichen Leben in der Gemeinde und im Stadtviertel verkümmert. Die Beziehungen mit früheren Arbeitskollegen schlafen häufig ein.

Auf dem Evangelischen Kirchentag im Juni 1985 in Düsseldorf.

Man verliert sie aus dem Auge, aus Geldgründen kann man bei gemeinsamen Unternehmungen nicht mehr mitmachen. Arbeitslosigkeit führt zu einem schrittweisen Ausschluß aus der Gesellschaft, zu sozialer Isolation, zur Spaltung unserer Gesellschaft. Die anhaltende Massenarbeitslosigkeit wirkt auch auf diejenigen, die einen Arbeitsplatz haben. Sie sind verunsichert, haben vielfach Angst um ihre materielle Existenz. Es wäre unmenschlich, über diesen dramatischen Einschnitt im Leben eines Erwerbstätigen nur wie über ein ökonomisches Datum zu sprechen. Es geht in erster Linie um den Menschen, seine Selbstsicherheit, sein Gefühl, nützlich zu sein, gebraucht zu werden, um seine Einbindung in die Gemeinschaft. Wir sollten uns davor hüten, bei den Problemen der Arbeitslosigkeit ausschließlich über die ökonomischen Aspekte zu sprechen.

Wir alle wissen, daß die Frauen in unserer Gesellschaft von der Arbeitslosigkeit am härtesten betroffen sind. Sie sind die ersten, die man hinausfallen läßt; und denen man dann noch hinterherruft, der richtige Ort für die Frauen sei ohnehin letztlich der Haushalt. Ist es uns eigentlich genügend bewußt, daß Frauen den größten Anteil der Arbeit in der Gesellschaft leisten? Nehmt Erwerbsarbeit und unbezahlte Arbeit in den Familien, in den Verbänden zusammen und fragt Euch, wer da wieviel leistet! Nur die Verteilung stimmt nicht. Männer erhalten den größten Teil der bezahlten Erwerbsarbeit, Frauen den größten Teil der unbezahlten Hausarbeit. Ohne Arbeit sind sie nicht – davon haben sie im Haushalt mehr als genug; aber viel zu viele Frauen sind ausgeschlossen von der Erwerbsarbeit.

Unsere Gesellschaft ist geprägt von Erwerbsarbeit. Das Ansehen des einzelnen Menschen ist überwiegend bestimmt von der Stellung im Beruf. Tatsächliche Gleichstellung der Frauen in unserer Gesellschaft gibt es deshalb nur, wo sie die Möglichkeit haben, berufstätig zu sein, wenn sie dies wollen. Wo dies faktisch verwehrt wird, wird den Frauen gesellschaftliche Gleichstellung vorenthalten.

Ich jedenfalls nehme niemandem mehr das Bemühen um tatsächliche Gleichstellung von Frauen und Männern ab, wenn nicht gleichzeitig eine andere Verteilung der Arbeit – der Erwerbsarbeit wie der unbezahlten Arbeit – eintritt. Konkret: Wer gesellschaftliche Gleichstellung der Frauen will, muß für Arbeitszeitverkürzung werben, in allen Formen und selbstverständlich nicht ohne Rücksicht auf betriebliche Belange. Arbeitszeitverkürzung ist ein entscheidendes Mittel, ausreichend Arbeitsplätze zu schaffen.

Vor der Bundestagswahl liegen noch wichtige Etappen

Ich kann auch in Zukunft nicht auf das unmittelbare Gespräch verzichten. Und ich werde auch in Zukunft Freunde haben, die politisch anders denken als ich. Es wäre gut, wenn in allen Parteien Kurt Schumachers Warnung bewußt bliebe, daß Demokratie nicht leben kann, wo kriegswissenschaftlich geführte Konfrontation an die Stelle des beharrlichen Streitens um den besten Weg tritt.

Unser Land braucht soziale und demokratische Politik. Wir grenzen nicht aus. Wir lassen eine weitere Spaltung unseres Volkes nicht zu. Wir wollen einen starken sozialen Staat, in dem die Menschen sich zu Hause fühlen können – alle Menschen. Wir setzen den beharrlichen Fortschritt gegen den schleichenden Rückschritt. Wir setzen friedlichen Ausgleich gegen die Kraftmeierei und die Fraktion der Stahlhelme! Versöhnen statt Spalten! Verliebtsein ins Gelingen!

Auszug aus der Rede; Protokoll des SPD-Parteitages

Kein Ersatz für Sachpolitik

Auszug aus einem Interview mit der Wochenzeitung Rheinischer Merkur/Christ und Welt *am 23. Oktober 1987:*

Merkur: Sie haben in den letzten Wochen, dies geschah im Rahmen der Aussprache der SPD über den Ausgang der Bundestagswahl, Ihre Maxime »Versöhnen statt Spalten« verteidigt. Doch viele Bürger, so meinen wir, haben diese Maxime als etwas empfunden, das zwar zu Ihnen persönlich passe, nicht hingegen zu der konkreten Gefechtslage, in der diese Worte benutzt wurden. Warum halten Sie an ihnen so stur fest?

Rau: Ich halte daran ganz fest, weil »Versöhnen statt Spalten« ja nie hieß, die Soße der Harmonie über die Konflikte dieser Welt zu schütten. Ich habe ja diesen Begriff »Versöhnen statt Spalten« durchdekliniert. Wenn Sie das nachlesen, was ich dazu in der Zeit vor den Wahlen gesagt habe, dann werden Sie feststellen: Ich habe zu Waffenexporten Stellung genommen, ich habe zu Menschenrech-

Das Versöhnungsmotiv prägte 30 Jahre vor der Ahlener Rede den damals noch gesamtdeutschen Kirchentag in Frankfurt.

ten Stellung genommen und zu vielen streitigen Sachthemen. Und das immer unter diesem Oberbegriff. Ich bin also nicht der Meinung, daß eine Formel wie »Versöhnen statt Spalten« Ersatz für Sachpolitik sein darf. Sie kann ein *Cantus firmus* sein für die Art und Weise, wie man Politik darstellt.

Wenn ideologische Gegensätze zwischenstaatliche Beziehungen gefährden

»Unsere weltgeschichtliche Situation besteht darin, daß die Menschheit nur noch gemeinsam überleben oder gemeinsam untergehen kann«, so beginnt eine Stellungnahme von Politikern aus SED und SPD, die 1987 gemeinsam erarbeitet wurde.

Weiter heißt es in diesem wichtigen Dokument: »Wir, deutsche Kommunisten und Sozialdemokraten, stimmen darin überein, daß Friede in unserer Zeit nicht mehr gegeneinander errüstet, sondern nur noch miteinander vereinbart und organisiert werden kann.«

Das ist in der Tat ein »neues Denken«, das Folgen hätte, wenn es zum Leitgedanken der ideologischen Auseinandersetzungen und der praktischen

Politik würde. Wenn die gemeinsame Sicherheit zum Vorzeichen des künftigen Streites zwischen Kommunisten und Sozialdemokraten wird, so hat der Streit eine andere Gestalt bekommen. Seit sieben Jahrzehnten liegen demokratischer Sozialismus und Kommunismus in erbittertem Streit. Der Streit wird weitergehen, aber anders als früher. Es hat eine große Bedeutung, daß die Synode des Bundes der Evangelischen Kirchen in der DDR in Görlitz im September 1987 dieses SED-/SPD-Dokument begrüßt. Empfindsamer als viele in der Bundesrepublik spüren Christen in der DDR, welche Chancen sich eröffnen durch eine Kultur des politischen Streites.

»Gemeinsame Sicherheit ist nicht zu erreichen, wenn ideologische Gegensätze in Formen ausgetragen werden, die zwischenstaatliche Beziehung gefährden oder vergiften oder gar Machtkonflikte als unversöhnlichen und unausweichlichen Kampf zwischen Gut und Böse erscheinen lassen«, heißt es weiter in dem Dokument.

Wenn das zwischen Sozialdemokraten und Kommunisten gemeinsame Überzeugung ist, so sind die Konsequenzen für das Verhältnis von Sozialismus und Christentum heute neu zu beschreiben.

Das eine ist auf das andere bezogen, keine Seite ist für sich – ohne den Dialog mit dem anderen – zu nehmen.

Geleitwort zu: Theodor Noa, »Sozialismus und Christentum«, Hrsg. vom Arbeitskreis Christen in der SPD, Siegen 1988

Vom Streit kann ausgehen, daß Menschen befreit werden

Bei der Frage, wie sich denn der große Krieg verhindern, bei der Frage, wie sich denn Umweltzerstörung stoppen oder doch begrenzen lasse, bei der Frage, wie denn soziale Gerechtigkeit von den Transparenten herunterkommen könne in unsere Wirklichkeit, wird es Streit geben. Da gibt es die verschiedensten gesellschaftlichen und politischen Entwürfe, da gibt es die unterschiedlichen parteipolitischen Antworten mit all der Vorläufigkeit, die sie haben. Dieser Streit darf uns nicht hindern, Gewissen zu schärfen, aber nicht Partei zu werden; das scheint mir ein wichtiger Auftrag zu sein. Bedenken sollten wir auch: Der Streit ist nicht das Ende, sondern vom Streit kann ausgehen, daß Menschen befreit werden von dem Desinteresse gegenüber dem Nächsten und von dem fixierten Interesse auf sich selber, wenn ihnen deutlich ist und wenn es Menschen gibt, die ihnen glaubwürdig sagen, daß diese Welt nicht zum Teufel geht, weil sie nicht uns Menschen gehört.

Das eine Wort für alle. Barmen 1934-1984. Eine Dokumentation im Auftrag der Evangelischen Kirche im Rheinland, 1986

Nicht warten auf die Weltverbesserer

Aus einer Rede von Johannes Rau zu »Melanchthon und die Politik« am 25. Mai 1997 in Bretten

Meine Damen und Herren, wer meint, »Versöhnen statt Spalten« bedeute, die Soße der Harmonie über die Probleme der Welt zu schütten, der hat nicht verstanden, was die Aufgabe der Politik ist.

Die Fähigkeit zum Kompromiß bewahrt vor dem Extremen. Das schmeckt nach Mittelmäßigkeit. Das gefällt uns oft nicht. In einer Zeit der Superlative ist vielen der Komparativ zu wenig. Und manche warten immer noch auf die großen Weltverbesserer, die so tun, als könnten Probleme einfach dadurch gelöst werden, daß man nur kräftig genug mit der Faust auf den Tisch schlägt.

Wer auf die zur Versöhnung ausgestreckte und bereite Hand verzichten will, wer die Fäuste sprechen lassen will, der redet dem Faustrecht das Wort und der Ellenbogengesellschaft.

Philipp Melanchthons Werk der Versöhnung und Verständigung ist ein Zeugnis der Leuchtkraft humanen Denkens.

»Einigkeit der Kirche bei einer Verschiedenheit der Bräuche«, so hat er gefordert. Heute würden wir das Toleranz nennen. Und wir wissen, Toleranz heißt nicht: Alles ist möglich, sondern Toleranz ist das schwere gegenseitige Aushalten trotz unterschiedlicher Auffassungen.

Toleranz beginnt mit Respekt, und der Dialog ist der stärkste Feind der Intoleranz. Daran erinnert ja auch das Motto im Melanchthon-Jahr: »Zum wechselseitigen Gespräch geboren.« Solange um Toleranz *ge*stritten wird, wird sie nicht *be*stritten.

Gustav Heinemann hat die Wahrheit dieses Satzes in der Zeit des Kalten Krieges einmal in die Worte gefaßt: »Das längste Verhandeln ist immer noch besser als der kürzeste Atomkrieg.«

Für das Amt des Bundespräsidenten sieht Johannes Rau eine doppelte Aufgabe: »Er muß für die Deutschen sprechen, und er muß Minderheiten zur Sprache verhelfen. Ich will das mit meinen Gaben und auf meine Weise tun. Jeder soll wissen, daß ich Zuversicht und Kraft aus dem christlichen Glauben schöpfe und daß ich Respekt vor allen habe, die ihr Leben auf andere Fundamente gründen. Ich will zuhören, damit niemand ungehört bleibt.« Dieser Teil seiner Antrittsrede vom 1. Juli 1999 wird zur Überschrift in den Zeitungen. Hier bringt sich Johannes Rau selbst ein. Rau – der Briefeschreiber, heißt es in den vorliegenden Biographieversuchen, wenn der persönliche Arbeits- und Führungsstil des Ministerpräsidenten skizziert werden soll. Wann immer er Zeit hat, schreibt er Briefe, während Plenarsitzungen, zwischen Außenterminen, morgens, abends, nachts. Von Klaus Matthiesen, Minister im Düsseldorfer Kabinett Rau von 1983-1995, wird überliefert: »Rau ist anders als viele andere Politiker. Ein Regierungschef, der nicht abgestumpft ist, der sich immer wieder und immer neu durch an ihn gerichtete Briefe von Bürgern betroffen machen läßt. Der teilnimmt am Schicksal Einzelner. Zum Beispiel, wenn eine verzweifelte Mutter über ihre und die Hoffnungslosigkeit ihres Sohnes berichtet, der einen Arbeitsplatz sucht, aber keinen findet. Ich habe mehrfach in Kabinettssitzungen erlebt, daß die sogenannten großen Dinge der Politik warten mußten, weil Rau wollte, daß der Brief einer Mutter und damit die Sorge eines konkreten Menschen Vorrang erhält. Ihr Anliegen wurde ungeplant Tagesordnungspunkt Nummer eins und nicht der vorgesehene und vielleicht noch so wichtige Gesetzentwurf. Vier Wochen später kam von Rau die Rückfrage, ob denn dem Sohn geholfen werden konnte.«

Es fällt auf, wie ungern Rau sich beim Briefeschreiben beobachten läßt. Das ist Arbeit im Stillen, nicht für die Öffentlichkeit bestimmt. Im Rückblick bei der Abschiedsrede des Ministerpräsidenten im Mai 1998 kommt er kurz darauf zu sprechen: »Diese Briefe zu lesen war mir wichtiger als manches andere. Ich verdanke ihnen neben manchen Einsichten und der Möglichkeit, praktisch zu helfen, vor allem das sichere Gefühl, daß ich Bodenhaftung behalten habe. Es hat meinem Amtsverständnis entsprochen, daß Menschen, die dem Ministerpräsidenten schreiben, auch eine Antwort bekommen, und zwar so schnell wie möglich und – wenn es irgend ging – von mir selbst.«

Bodenhaftung und zuhören, damit keiner ungehört bleibt, zu dieser Variation des Themas angewandte Liebe zur Welt gibt es kaum Bilder und wenig Texte. Die

Umarmung durch einen Behinderten und – wie so oft bei ihm – Sätze über Heinemann müssen als Erkennungszeichen ausreichen. »Anwalt der Minderheiten, Entdecker der Zukurzgekommenen und Nichtbeachteten, die Nachbarn, die als Nächste noch nicht Entdeckten interessierten ihn« (Junge Kirche, *Beiheft 10/1978). Sie interessieren auch den Bundespräsidenten Rau. Was er gerne hätte, das ihm nachgerühmt werde, fragte der Fernsehmoderator (SAT 1, 25. Oktober 1993). Die Antwort variiert das Lebensthema kurz und bündig: »Er mochte Menschen, und er hat Liebe zurückzugeben versucht.«*

Ich erfahre meine Kraft aus der Zuwendung von Menschen

Aus einem Interview mit Günter Gaus am 25. Oktober 1993 (SAT 1)

Gaus: Konrad Adenauer und Willy Brandt wurden eher Menschenfeinde im Alter, mindestens Menschenverächter, mindestens menschenscheu. Können Sie sich so etwas von Johannes Rau überhaupt vorstellen?

Rau: Nein, denn ich gestehe, daß ich meine Kraft immer stärker aus der Zuwendung zu Menschen und aus der Zuwendung von Menschen erfahre. Wir leben ja heute anders in der Politik. Wir haben mehr Akten, wir haben mehr Papiervorgänge, und ich empfinde es im-

Spontan schließt ein Behinderter den Ministerpräsidenten beim Besuch der Evangelischen Bildungs- und Pflegeanstalt »Benninghof« in Mettmann am 3. Juli 1987 in die Arme.

mer als befreiend, wenn das Gespräch mit den einzelnen oder mit den Gruppen stattfindet. Deshalb habe ich das Land besucht, und zwar eben nicht mit Staatsbesuchen. Deshalb bin ich in Kneipen und in Kirchen. Ich gestehe, ich beziehe da einen beträchtlichen Teil meiner Kraft.

»Deshalb habe ich das Land besucht ...« Eine Szene im April 1990 in Dülmen

Da ist die Mauer des Schweigens so breit und so stark

Als ich noch mit Schülerarbeit zu tun hatte und als es um die Frage ging, die man damals mit dem Stichwort »unbewältigte Vergangenheit« gemeint hat, da war der häufigste Satz, den man hörte: »Mein Vater schweigt darüber. Mein Vater sagt mir nicht, wo er im Krieg gewesen ist, mein Vater sagt nicht, ob er etwas gewußt hat. Das darf man zu Hause nicht aussprechen.« Das war vor zwei Jahren ganz anders, als die Holocaust-Diskussion begann.

Aber jetzt hören wir die Väter, die sagen: »Der Junge redet nicht mehr mit mir. Von dem Mädchen weiß ich nicht mehr, wo es ist.« Auch da ist die Mauer des Schweigens so breit und so stark, daß sie mit Millionen Worten nicht eingerissen werden kann. Aber könnte es nicht sein, daß zu den Erwartungen an die Kirche gehört, daß die altersspezifische Arbeit aufgebrochen wird, daß nicht mehr der Jugendkreis und die Altenhilfe, sondern das Sprechfähigmachen zwischen Vätern und Söhnen, zwischen Vätern und Töchtern eines der Themen der achtziger Jahre sein muß?

Ich glaube: Die eigentliche Herausforderung der achtziger Jahre ist das Reden der Generationen miteinander. Und dazu kann man statistische Zahlen nennen. In diesem Jahrhundert ist die durchschnittliche Lebenserwartung der Menschen bei uns um 30 Jahre gestiegen – in diesem Jahrhundert! Welche Konsequenzen das hat, etwa dafür, daß Städte überaltert sind, wie die Politiker das nennen, das kann man nicht nur in Berlin sehen.

Aber das ist doch die Frage: Was folgt daraus für eine Welt, die Zukunft hat, wenn es in ihr Menschen gibt, die nicht mehr zu arbeiten brauchen, die frei sind, die Zeit haben? Haben eigentlich die Kirchen, die Verbände, die Gewerkschaften, die Parteien für alte Menschen mehr anzubieten als Autobusfahrten mit Streuselkuchen und Betreuungscharakter und der Möglichkeit, Römertöpfe günstig einzukaufen? Gibt es ein Angebot an Weiterbildung für diese Phase des Lebens, oder sind das Betreuungsfälle? Was folgt aus längerer Lebenserwartung bei Veränderung politischer Strukturen?

Das kann doch kein Thema sein, bei dem eine Partei möglichst schnell dranzusein versucht, damit die andere das Thema, wie man heute sagt, nicht vor ihr besetzt! Das muß doch eine Gesellschaft in Gang bringen. Das folgt aus einer anderen Beobachtung: Warum ist ein großer Teil der jungen Generation aus dem Mittelstand, der Akademikerschaft im Sommer in Indien? Warum gibt es an unseren Hochschulen seit fünfzehn Jahren religiöse oder pseudoreligiöse spiritualistische Bewegungen, Gurus und Ersatzgurus mit transzendentaler Meditation und makrobiotischer Kost? »Kommilitone komm, das Essen wird welk!« Was ist da Hintergrund?

Als ich noch Wissenschaftsminister war, Anfang der siebziger Jahre, habe ich einem Redakteur beim Interview über Fragen der Hochschulpolitik, beim Herausgehen aus der Tür gesagt: Wissen Sie, viel mehr als die zweitausend Studenten, die da im Spartakusbund springen, bewegen mich die zehn- oder zwanzigtausend, die ihre Jogaübungen und ihre Trips versuchen und in Indien sind und von denen manche Haschisch mitbringen. Der Journalist fand das sehr interessant, und am nächsten Tag erschien die Schlagzeile in der Zeitung: »Rau gibt zu: Zweitausend Studenten sind Kommunisten.« Ich nehme das dem Redakteur nicht übel. Sondern das war Zeitgeist, das war interessant, das hatte Nachrichtenwert. Aber daß Teestuben entstehen, daß junge Leute die Sinnfrage stellen, das hat offenbar keinen Nachrichtenwert ...

Erwartungen an die Kirchen in den 80er Jahren, Rede in der Akademie Nordelbien, 24. Januar 1981

In einem Vortrag vor der Fritz-Erler-Akademie Freudenberg 1982 nimmt Rau eine Vermutung des Heinemann-Biographen Helmut Lindemann zustimmend auf, »daß Heinemann das ihm angetragene Amt des Bundespräsidenten auch oder gar hauptsächlich deshalb angenommen hat, weil er darin eine bessere Möglichkeit als in jedem anderen Amt sah, auf die politische Bildung seiner Landsleute Einfluß zu nehmen«.

*Ist dies ein Hinweis auch auf die Motive Raus? Junge Menschen zu politisieren ist ihm vertraut. »Junge Menschen suchen Antwort«, ein Leitartikel in der Ge-*samtdeutschen Rundschau *5/1957 reizt zum Zeitvergleich. Damals wurde über die Religiosität, das Erwerbsstreben und das Randalieren der Jugend geklagt. »Diese Jungen zu heilen, ihnen in die öffentliche Verantwortung zu helfen dadurch, daß man sie in die Verantwortung vor sich selbst bringt, das ist eine politische Aufgabe heute«, erkennt der junge Mitarbeiter der Gesamtdeutschen Volkspartei. Gesellschaftlich mündige junge Menschen wollen nicht bevormundet werden und nicht zum Plakatekleben, Spalierstehen und als »Fotografenfutter« benutzt werden. Rau gibt sich und seinen Lesern Rechenschaft über seine Erfahrungen mit jungen Menschen. 1966 sieht er, daß jedes Freund-Feind-Denken in der Politik Jugendliche abstößt, daß klare Konturen gefragt sind und auch dies: »Mut zur realen Utopie, verantwortliche Tabuzerstörung, Aufreißen des Horizonts, Setzung neuer Ziele und Grenzen.« Das habe Kennedy geweckt und ans Licht geholt. Weitsichtig nennt er als Themen der politischen Bildung: »Der Abbau des Nationalismus, die Klärung der Rassenfragen, das Problem der Grenzen im Jahre 2000 und die Frage der Welternährung und Bevölkerungsplanung.«*

Exemplarisch nutzt Rau immer wieder die eigenen Gehversuche in politischer Verantwortung: »Bei aller Trockenheit und aller Nüchternheit seiner Sprache konnte Heinemann ein faszinierender Erzähler sein. Wenn er jungen Menschen deutlich machen wollte, daß politisches Engagement nötig sei, dann erzählte er.« Etwa vom Plakat über der Schneiderwerkstatt in Pommern: »Lieber Landesfürst, unter Deinen Flügeln kann ich ruhig bügeln.« Heinemann, so erinnert sich Rau, »erzählte uns dieses Gedicht immer wieder, wohl wissend, daß inzwischen ganz andere Dinge auf den Transparenten stehen, um uns deutlich zu machen, daß dieser Rückzug ins Private und Berufliche nicht nur dem Christen, sondern auch dem Bürger verwehrt sei«.

Neben Heinemann nennt er Ehlers und würdigt beider Beitrag zur Politisierung evangelischer Christen in den ersten zehn Jahren nach 1945. Solche glaubwürdigen Vorbilder laden ein zu politischer Verantwortung. Aktive Politik und Entwicklung eines Demokratiebewußtseins gehören zusammen. Das Grundgesetz als großartiges Angebot und nicht als Fessel kann Bürgermut wecken, weil es alles staatliche Handeln unter den ersten Artikel unterordnet. »Die Würde des Menschen – jedes Menschen – ist unantastbar. Sie ist dem Staat vorgegeben, und der Staat hat nicht Würde zu definieren und zuzuteilen«, bemerkt Rau in einem Focus-*Interview 1994.*

Vor der Bundesversammlung 1999 spitzt er noch zu: »Da steht nicht ›die Würde des Deutschen‹, sondern die ›Würde des Menschen‹.« Hier klingt das Thema im Verweis auf das Vorgegebene durch. »Ich bin noch mit keinem Menschen um seiner politischen Überzeugungen willen innerlich auseinandergekommen. Ich empfinde im Politischen gar keine metaphysische Leidenschaft, vielmehr rein sachlich. Denn nichts ist vordergründiger als alles menschliche Politisieren inmitten der Weltpolitik Gottes.«

Junge Menschen suchen Antwort

Wer die Jugend hat und sie nicht ernstnimmt, hat nicht die Zukunft

Warum, so klagen die Alten, gibt es nach diesem Krieg nicht wie nach dem letzten Jugendbewegung, Aufstand, Ideale, Romantik, Protest? Wo bleibt das alles in den jugendgepflegten Bahnen, in die unsere Öffentlichkeit (einschließlich der SPD) die jungen Menschen leiten möchte? Nun, wer an den Eltern erlebt hat, wie Wohnungen und Ersparnisse und Berufe und Ideale und Weltanschauungen und Überzeugungen verbrennen, vergehen können und auswechselbar werden können, der wird sich schonen, einrichten und absichern wollen. Wer nicht versteht, wie nach dem Verbot der »Vereinigung der Verfolgten des Naziregimes« sich der »Verband der durch die Entnazifizierung Geschädigten« unverboten auftun kann, der wird schlußfolgern: Ich geh' nicht in den, den sie doch verbieten, weil ich meine Haut retten möchte. Ich geh' nicht in den, der sich da auftut, weil unter der zu rettenden Haut irgendwo Rudimente eines Gewissens sind, das ich nicht wie die Alten ab- und anstellen kann wie einen Staubsauger.

Die Alten haben versagt, sagen die Jungen sich, deshalb werde ich kleines Pflänzchen mich dieser Gefahr gar nicht erst aussetzen.

Von hier her – wobei wir nur andeuten, nicht ausführen können – wird manches, die Areligiosität, das Erwerbsstreben, das Randalieren und manches andere klarer. Diese Jungen zu heilen, ihnen in die öffentliche Verantwortung zu helfen dadurch, daß man sie in die Verantwortung vor sich selbst bringt, das ist eine politische Aufgabe heute. Dazu gehört es, daß die Erwachsenen sich ändern. Wer bloß Parolen bietet, mag die einfache oder die absolute Mehrheit auch unter jungen Menschen finden, die so begeisterungsfähig sind und so leicht auf Demagogen hereinfallen wie ihre Eltern. Er wird eines nicht bekommen: eine intakte Gesellschaft und einen gesunden, positiven Staat, in dem zu leben sicher leben heißt.

Man wird feststellen müssen, daß der etwa Zwanzigjährige sich der tantenhaften Betreuung auch durch die Jugendverbände zu entziehen weiß, weil diese Betreuung ihm eben nicht gemäß ist. Daß hier Aufgaben von noch nicht überall gesehener Tragweite gerade für die freie Jugendarbeit liegen, sei am Rande gesagt.

Dennoch ist er kein fertiger Mensch, weniger noch, als seine ihm zur Einübung in die Ehrfurcht vorgegebenen (man überlege, wozu die Erwachsenen also eigentlich da sind!) Eltern, Erzieher und Meister es sind. Das kann nicht hindern, ganz besonders ihm zu helfen, fertig, d. h. Mensch zu werden. Das Ziel der Erziehung ist die Menschlichkeit, ohne die es keine Persönlichkeit gibt.

Wie wollen die politischen Gruppen mit diesem Phänomen der Jungen fertigwerden, wenn sie stets dies tun: daß sie jammern über die politische Passivität der Kommenden (die doch gar nicht kommen können, weil keiner gehen will), daß sie aufrufen, in die Aktivität zu kommen und daß sie die dann Gekommenen in einer unverantwortlichen Weise verheizen! Was sind denn die politischen Jugendgruppen in der Bundesrepublik (wobei die in der DDR wegen ihres Zwanges und ihrer inneren Verlogenheit keinesfalls vorzuziehen sind) anders als solche Versuche, Stimmvieh zu füttern und die zu melkende Kuh gleich auch noch zu schlachten! Da bekommen sie natürlich Aufgaben (daß junge Menschen etwas tun wollen, steht in jedem Blättchen): Sie dürfen nämlich Plakate kleben. Sie dürfen Versammlungen vorbereiten und undankbare Diskussionen führen. Sie dürfen Spalier stehen, wenn sie zu alt sind, als daß sie Prominenten als Fotografenfutter Blümchen reichen könnten. Das ist die politische Aktivität der Jungen, wie sie zwar nicht gepredigt, aber praktiziert wird.

Wie dankbar sollten wir sein, daß wir das nicht nötig haben! Die Jugend der GVP ist zwar auch hier und da organisiert. Die »Gesamtdeutsche Jugend«, in manchen Kreisen recht aktiv und fruchtbar, wird selbst bei uns viel belächelt. Zu Unrecht. Eine Jugendgruppe ist zu loben und eben nicht zu belächeln, wenn sie nicht mehr aus sich macht, als sie ist. Darüber hinaus haben wir dankbar zu sein dafür, daß viele junge Menschen den Umweg über die Jugendgruppe (der seine Berechtigung hat) nicht erst machen. Welche Gruppe hätte so viele junge Menschen in ihren ersten und aktivsten Reihen wie wir?

Dies ist kein Lorbeerkissen. Damit sind wir der Schwierigkeiten nicht enthoben. Nicht einmal damit, daß wir Wehrdienstverweigerer werben (über dieses Thema wird noch, gerade von der Jugendpsychologie her, zu reden sein!) wie andere Leute Zeitungsabonnenten.

Gesamtdeutsche Rundschau, 5. Jg. Nr. 5, 1. Februar 1957

Der Staat ist für alle da

Duldung statt Mitarbeit, Diffamierung statt Partnerschaft; weltanschauliche Fixierung durch *eine* Gruppe statt Gestaltung des Staates durch die Vielen für alle – das sind Gefahren, die aufzuzeigen leider kein falscher Pessimismus ist.

Toleranz – etwas ganz anderes als der so oft mit ihr verwechselte Indifferentismus – sollte eingeübt werden. Der Blick auf den anderen sollte dazu freimachen, den Staat im Vorletzten anzusiedeln und ihn zur Heimat für alle seine Bürger zu machen. In der recht verstandenen Demokratie gibt es keine Menschen erster und zweiter Klasse.

Politisches Sektierertum und Verkirchlichung des Staates sind keine Hilfen. Taumel und Rausch sind dem Wohlstand nicht angemessen, der darauf wartet, daß wir uns seiner bedienen (zugunsten des Ganzen), und der doch immer wieder Mittel zur Verwirrung wird.

Das alles mögen keine Worte im Wahlkampf-Jargon sein. Wer so zu reden wagt, wird auch nach innen nicht schweigen dürfen. Aber er wird die Chancen der Besinnung genau und gerecht einschätzen müssen.

Einladung an die junge Generation, politische Verantwortung zu übernehmen. Anläßlich des Abschieds von Carmen Thomas als Moderatorin (»Hallo Ü-Wagen«) in Köln 1994.

Mut zur Besinnung wird am 17. September wichtiger sein als Deklamation statistisch »nachweisbarer« Gesinnung. Demokratie als bloße Spielregel kann uns hindern, die Staats- und Lebensformen zu entdecken, als die Demokratie verstanden und – getan werden möchte.

Politische Verantwortung, Nr. 9, 1961

Wieviel Trennung nötig war

So wird die Zeitgeschichte lebendig, in der Heinemann lebte und beobachtete, analysierte und widersprach, handelte und litt, redete und warb, stritt und zusammenführte.

»Ich bin noch mit keinem Menschen um seiner anderen politischen Überzeugung willen innerlich auseinandergekommen. Ich empfinde im Politischen gar keine metaphysische Leidenschaft, vielmehr rein sachlich.

Denn nichts ist vordergründiger als alles menschliche Politisieren inmitten der Weltpolitik Gottes«, schrieb Heinemann 1946 an seinen früheren Sozius, den Justizrat Niemeyer. So hat er es gemeint und gehalten.

Dennoch: Heinemann hat später erfahren müssen und gewußt, wieviel Trennung nötig war, damit das Zusammenleben glaubwürdig sein konnte. Adenauer und Heinemann – das wäre ein neues Buch im Grundsätzlichen und im Anekdotischen. Heinemann und Hermann Ehlers – eine bisher ungeschriebene, bis ins Tragische führende Geschichte von zwei Jahrzehnten (1934 bis 1954). Heinemann und die Parteien – wie ist eine politische Topographie zu beschreiben und zu beurteilen, in der die Gradlinigkeit eines Politikers von wahrlich staatsmännischem Format vielen als Zickzackkurs erschienen ist?

Buchbesprechung »Gustav Heinemann« von Helmut Lindemann, DER SPIEGEL, 22. Mai 1978

Der Rang der Politischen Bildung

Ich meine, es dürfte nicht so sein, daß »Vaterland« und »Heimat« Begriffe werden, die Konservativen gefallen und Reaktionären dienen und die Romantikern als Vorwand zur Verfügung stehen sollen. Nun habe ich zu sprechen über Gustav Heinemann und die Politische Bildung. Und das tue ich als jemand, der während seiner ganzen parlamentarischen Tätigkeit mit Politischer Bildung auf diese oder jene Weise zu tun gehabt hat, der immer wieder versucht hat, Anstöße aufzunehmen und Anstöße weiterzugeben. »Es ist dokumentarisch nicht zu belegen«, so hat Helmut Lindemann geschrieben, »daß Heinemann das ihm angetragene Amt des Bundespräsidenten auch oder gar hauptsächlich deshalb angenommen hat, weil er darin eine bessere Möglichkeit als in jedem anderen Amt sah, auf die Politische Bildung seiner Landsleute Einfluß zu nehmen. Die Vermutung, daß es so gewesen sein könnte, ist jedoch zulässig.« Ich meine, es wäre so gewesen.

Er hat nicht gesagt, in dem einen Bereich die aktive Politik – und in dem anderen die Politische Bildung auf irgendeine Weise überhöht, sondern er hat den Wert des Beispiels in der Politik erkannt und bei aller Trockenheit, bei aller Nüchternheit seiner Sprache konnte er ein faszinierender Erzähler sein. Wenn er jungen Menschen deutlich machen wollte, daß politisches Engagement nötig sei, dann erzählte er, und ich habe das zum erstenmal gehört am zweiten Pfingsttag 1950 in der Universität in Marburg, so vor 32 Jahren, dann erzählte er von dem pommerschen Fürsten, der zu einer Demonstration anregte, es sollten ihm Ovationen gebracht werden, und ein Schneidermeister, der glaubte, daß er seine Arbeit vernachlässige, wenn er mitdemonstriere und Ovationen darbringe, blieb in seiner Schneiderstube und hängte statt dessen ein Transparent über die Schneiderwerkstatt mit den Worten: Lieber Landesfürst, unter Deinen Flügeln kann ich ruhig bügeln. Gustav Heinemann erzählte uns dieses Gedicht immer wieder, wohl wissend, daß inzwischen ganz andere Dinge auf den Transparenten stehen, um uns deutlich zu machen, daß dieser Rückzug ins Private und Berufliche nicht nur dem Christen, sondern dem Bürger verwehrt sei. Und hier darf ich, ohne in falsche Überparteilichkeit zu geraten, hinzufügen, das war die große Leistung mehrerer Männer, in der zweiten Hälfte der 40er und in den 50er Jahren, das Bürgertum herauszu-

Als Vorsitzender der SPD- Fraktion im Februar 1968 während der Debatte der Schulgesetze im Landtag von NRW

holen aus der Meinung, die andern und die da oben machten das schon. Zu denen, die das getan haben, gehörte nicht nur Gustav Heinemann, sondern auch sein in den ersten zehn Jahren nach dem Krieg vitalster Gegner Hermann Ehlers. Die beiden haben für die Entwicklung der Evangelischen Kirchen und der Politisierung evangelischer Christen im Sinne des Aufbruchs eine außerordentlich wichtige Rolle gespielt. Demokratiebewußtsein wecken, Bürgermut entwickeln – darum ging es Gustav Heinemann nicht erst im höchsten Staatsamt.

Aus einer Rede anläßlich der Einweihung der Friedrich-Ebert-Stiftung in Freudenberg, 27. März 1982

Zwei Bündnisse, die zu schließen es gilt, hat Johannes Rau angemahnt und sich für sie in die Pflicht nehmen lassen: »Das Bündnis mit den Toten, denen in Yad Vashem ein Ort und ein Name gegeben worden ist, und das Bündnis mit den Lebenden, dem dynamischen jungen Staat Israel und den jüdischen Mitbürgern in unserem eigenen Land«, so heißt es in der Doktorandenrede in Haifa und in der Laudatio auf den Doktor der Theologie in Bochum.

Zwischen dem Artikel, den der 21jährige Rau 1952 in der Jungenwacht *schreibt zum Thema »Sind die Weissagungen erfüllt?«, seiner großen Rede zur »Woche der Brüderlichkeit« in Düsseldorf 1982 und den vielen Ansprachen in Deutschland und Israel ist ein hohes Maß an Kontinuität festzustellen. Wenige andere Fragen berühren offenbar so sehr den gemeinsamen Auftrag von Christen- und Bürgergemeinde wie die des Verhältnisses zum jüdischen Volk. Gegen allzu flinke Vereinnahmung der Staatsgründung Israels in den Endzeitkalender selbsternannter christlicher Propheten mahnt der Journalist Rau zur Nüchternheit. Israel, ein Zeichen der Treue Gottes – Ja! Aber zunächst einmal ein Anstoß für schmerzhafte Erinnerungsarbeit im eigenen Land und in den Kirchen.*

»Wir geben es zu: Es gab keinen Aufschrei im Lande. Die Kirchen hüllten sich in Schweigen, die Bischöfe blieben stumm, ja selbst die Bekennende Kirche äußerte sich nur zurückhaltend. So bleibt uns diese Frage der Geschichte. Wir müssen sie uns immer wieder stellen, und wir müssen uns ihr stellen.« Und: »Wir haben nicht das Recht, Vergebung und Versöhnung zu erwarten und gar einzufordern, aber wir können darum bitten.« Dies bleibt eine Aufgabe, die Rau über viele Jahre begleitet.

Er fördert die Gedenkstättenarbeit und das christlich-jüdische Gespräch zuerst in seinem Bundesland. »Nichts kann, nichts darf, nichts wird in unserm Land wieder selbstverständlich sein können im Verhältnis von Juden und Christen.« Wie sonst nur selten verläßt der Redner Rau die zurückhaltende freundliche Distanz bei diesem Thema. »Es gibt einen Wohnzimmerfaschismus, der täglich wieder auftaucht.« Gegen latenten und virulenten Antisemitismus müssen alle Kräfte gebündelt werden.

Praktische und finanzielle Unterstützung für Jugendaustausch mit Israel, für Forschung und Lehre, Seminare und Ausstellungen zum Judentum in Geschichte und Gegenwart und – immer wieder – eindeutige, klare Stellungnahmen zeigen an: Das Verhältnis von Juden und Christen mit Blick auf die Heimstätte der Juden in Israel ist ein zentrales Thema der politischen Ethik. Als pietistische Kreise, für die Rau sonst viel Verständnis hat, dies kritisieren, reagiert er schroff: »Judenmission widerspricht der Bibel!« Und Israel? Nicht alles, was dort geschieht, gehört zu den Zeichen der Verheißung, aber »Nie und nimmer anderen helfen gegen diesen einen Freund Israel«.

Seine zahlreichen Israelreisen lassen ihn zu einem intimen Kenner der Verhältnisse und zu einem gern gesehenen Freund prominenter und unbekannter Israelis werden. Die Verleihung der Ehrendoktorwürde in Haifa 1986 würdigt sein Engagement. Neben vielen Partnerschaften zwischen Universitäten beider Länder wirkt auch das »Gustav-Heinemann-Institute of Middle Eastern Studies« als eine Brükke. Und in Gaza wirbt ein Institut mit finanzieller Förderung des Landes Nordrhein-Westfalen für Wege der Verständigung zwischen Palästinensern und Israelis.

Johannes Rau ist bei seinen Bemühungen um eine Erneuerung des Verhältnisses von Juden und Christen und in seinem Einsatz für Frieden im Nahen Osten als politischer Erwachsenenbildner zu begreifen im Sinne des Adorno-Vorsatzes: »Alle Erziehung hat nur ein Ziel: daß sich Auschwitz nicht wiederhole.«

Der Deutsche Koordinierungsrat der Gesellschaften für Christlich-Jüdische Zusammenarbeit hat beschlossen, Johannes Rau am 14. März 2000 in Köln die Buber-Rosenzweig-Medaille zu verleihen. Rau habe die Gesellschaft 1959 in Wuppertal mitbegründet und seitdem christlich-jüdische Zusammenarbeit auf allen Ebenen seiner politischen und kirchlichen Tätigkeiten gefördert, heißt es zur Begründung.

Judenmission – Solidarität mit Israel

Im Novemberheft der Jungenwacht *setzt sich Johannes Rau 1952 auseinander mit den »Kreisen des prophetischen Wortes«. Selbsternannte Propheten und Sektenprediger sahen im Staat Israel die Erfüllung der Weissagungen Gottes und das Zeichen der Endzeit mit und ohne Zeitangaben. Gegen einen eifrigen Judenmissionar erinnert Rau an das, was Propst Grüber in Berlin nach 1933 als Lebensretter der verfolgten Juden tat, und warnt zugleich vor den Endzeitpropheten und Judenmissionaren. »Wir wollen auf die Zeichen sehen, ohne nach der Stunde zu fragen.« Er erinnert an Augustinus' »Den einen Tag hat uns Gott verborgen, damit wir achthaben auf alle Tage.«*

Mit dem Missionsbefehl »… und lehret alle Völker« setzt sich der 21jährige Mitarbeiter in den Schülerbibelkreisen 1952 nicht auseinander. Alle Völker, also auch die Juden, sollen getauft werden, das bleibt lange kirchliche

Das »Erinnern und nicht Vergessen« symbolisiert sich beispielhaft in der Förderung des »Tals der zerstörten jüdischen Gemeinden Deutschlands« in der Holocaust-Gedenkstätte Yad Vashem bei Jerusalem. Dort wurden auf Initiative Nordrhein-Westfalens insgesamt etwa 15 Millionen DM von den deutschen Ländern und dem Bund zur Einrichtung dieser Gedenkstätte aufgebracht, wobei Nordrhein-Westfalen allein mit drei Millionen DM engagiert war.

Lehrmeinung. Die Taufe als Eintrittsbillett in die europäische Kultur, so hatte Heinrich Heine seinen Entschluß angesehen. Er wurde enttäuscht. Der Zwang zur Assimilation, zur Aufgabe der jüdischen Identität, schützte Juden nicht vor Vorurteilen, als an die Stelle des christlichen Antijudaismus der politische Antisemitismus trat. Die Nürnberger Rassegesetze von 1935 verlangten den Ariernachweis über drei Generationen. Die Erkenntnis christlicher Mitverantwortung und Schuld an dem Holocaust, der Verfemung, der Verfolgung und Ermordung der Juden im Dritten Reich legt die Verbin-

dungslinien und damit die christlichen Wurzeln der politischen Judenfeindlichkeit offen.

Judenmission wird als der neuralgische Punkt erkannt. Die Überzeugung, daß die Kirche ihr Zeugnis dem jüdischen Volk gegenüber nicht wie ihre Mission an der Völkerwelt wahrnehmen kann, wird zum ersten Mal 1980 durch die Rheinische Landessynode ausgesprochen. Dieses Signal der Buße hat Erleichterung bei den Juden und Bereitschaft zum Gespräch ausgelöst. Neben den Protesten aus pietistischen Kreisen und Einsprüchen von seiten der Universitätstheologie löste der Synodenbeschluß auch eine neue Diskussion aus, in der sich Rau engagiert:

Warum sind in den Erklärungen der Evangelischen Kirche nach 1945 die christlichen Wurzeln des Antisemitismus nicht mutiger angegangen worden? Im Stuttgarter Schuldbekenntnis von 1945 und im Darmstädter Wort von 1947 fehlt ein Hinweis auf diese Schuld der Christen gegenüber den Juden. War es Blindheit oder Israelvergessenheit? Wirkten theologische Traditionen weiter, die vor 1933 den Boden bereiten halfen? Erst spät wurden die Augen geöffnet für ein neues Verständnis: »Das jüdische Volk und die christliche Kirche sind beide von dem einen Gott berufen, seine Zeugen in der Welt zu sein.« Neu ist die Ablehnung der Judenmission und das Eintreten für das Existenzrecht des Staates Israel als der Heimstätte der Juden. Rau hat als Synodaler an der Neubesinnung mitgewirkt und läßt keine Gelegenheit aus, die Beschlüsse bekanntzumachen. Hier redet Rau anders als sonst, eindeutiger, entschiedener. Er wird von der Sorge angeleitet, das Vergessen und Verdrängen könnte die Oberhand gewinnen in Kirche und Gesellschaft. Die Ansprache zur Wiedereröffnung der Alten Synagoge in Essen 1988 ist Anlaß, gegen diesen Strom anzukämpfen:

»Gegen das Vergessen spricht man, wie ich empfinde, besser und glaubwürdiger mit den Worten der einstigen Träger der Gewalt als den eigenen, die doch von Trauer und Scham so leicht erstickt werden.«

Goebbels-, Heydrich-, Himmler- und Streicher-Zitate erspart er sich nicht und nicht den Zuhörern, als einige Historiker die deutsche Schuld relativieren möchten. Hier wird Klartext geredet im offenen Streit mit den Stimmen, die das Vergessen und Verdrängen propagieren. Darin liegt die innere Legitimation für Raus Reden in Israel, in denen er zurückhaltender, schamhafter, fragender und bittender spricht als sonst. »Es wird die große und schwere Aufgabe für Israel sein, mit Geduld und Überzeugungskraft den arabischen Nachbarn zu verdeutlichen, daß Frieden in diesem Teil der Welt mit diesem Existenzrecht zusammenhängt, und zwar auch um einer menschlichen und menschenwürdigen Zukunft der Palästinenser willen.«

Versöhnung zwischen Israel und seinen Nachbarn? Dazu können Stimmen von außen, zumal aus Deutschland, nur leise raten, wenn überhaupt. Vor der eigenen Haustür liegen Aufgaben genug – das Nein zur Judenmission in der Christengemeinde ist ein wichtiger Schritt zur Solidarität mit der Heimstätte der Juden, mit Israel.

Ein Geleitwort

Als erste Synode einer Gliedkirche der Evangelischen Kirche in Deutschland hat sich die Rheinische Landessynode im Januar 1980 der schuldvollen Geschichte des Verhältnisses von Christen und Juden gestellt. Sie hat das stellvertretend auch für unser Land und Volk getan.

Der mit überwältigender Mehrheit verabschiedete Beschluß der Synode »Zur Erneuerung des Verhältnisses von Christen und Juden« in Deutschland kann deshalb nicht ohne konkrete Folgen auch für unser politisches Handeln sein.

1. Die Rheinische Synode bekennt »die Mitverantwortung und Schuld der Christen in Deutschland am Holocaust«. Dieses Bekenntnis konkretisiert die »Stuttgarter Schulderklärung« aus dem Jahre 1945. Der spätere Präsident der Bundesrepublik Deutschland, Dr. Gustav Heinemann, hat die Erklärung von Stuttgart den »Dreh- und Angelpunkt seiner politischen Anschauung« genannt. Und er hat doch diese Schulderklärung für viel zu allgemein gehalten. Fehlte doch in ihr ein konkretes Wort zur Judenvernichtung und also zur Mitverantwortung und Schuld der Christenheit in Deutschland am Holocaust. Heinemann hat sich deshalb immer neu um eine Konkretisierung des Schuldbekenntnisses im Hinblick auf unser Verhältnis zu Israel bemüht.

Deshalb hat er nach den antisemitischen Vorfällen des Jahres 1950 am 15. April 1950 im NDR erklärt: »Im Namen des deutschen Volkes sind an den

Juden in den Jahren der nationalsozialistischen Herrschaft solch ungeheure Untaten und Verbrechen begangen worden, daß wir allesamt wahrlich nur *einen* Anlaß hätten, nämlich uns der ganzen Tragweite dessen, was in unserem Namen geschah, vor Gott und den Menschen zutiefst bewußt zu werden und uns alle zur Umkehr rufen zu lassen. Es kann keinen Frieden unter uns und mit anderen Nationen geben, wenn nicht alle von jeglichem Antisemitismus entschlossen abrücken.«

Derselbe Heinemann mußte aber wenig später feststellen: »Unser Volk hat uns diese (Stuttgarter) Erklärung nicht abgenommen ... So wurde uns das in Hybris und Katastrophe ... Erlebte aufs ganze gesehen nicht ein Anlaß zu Umkehr und neuer Besinnung« (Rede am 1. Dezember 1950).

Für alle in der Bundesrepublik Deutschland politisch Verantwortlichen ist der jetzt 35 Jahre nach Stuttgart gefaßte Beschluß der Rheinischen Synode deshalb wichtig, weil hier konkret und vorbehaltlos die Schuld der Christen in Deutschland an der beinahe vollendeten Vernichtung des jüdischen Volkes ausgesprochen wird.

Daraus folgt für alle politisch Verantwortlichen die Pflicht, an die geschichtlich und politisch faßbaren Entstehungsgründe des Nationalsozialismus ständig zu erinnern, für die Vermittlung der Ursachen des Holocaust in Schule und Universität Sorge zu tragen, eine besondere Sensibilität gegenüber allen Formen des Antisemitismus und Neonazismus in Deutschland zu üben und gegenüber allen Erscheinungen ihres Wiederauflebens politisch äußerst wachsam zu sein.

2. Dem Rheinischen Synodalbeschluß geht es um eine »*Erneuerung* des Verhältnisses von Christen und Juden«. Dieser Beschluß kann nicht ohne konkrete politische Folgen auch für unser Land und Volk sein.

Ich habe bei meiner nur wenige Monate zurückliegenden Israelreise in vielen Städten und Gemeinden jüdische Bürger getroffen, die aus Nordrhein-Westfalen kamen. Eine Reihe von deutschen Städten auch bei uns in Nordrhein-Westfalen hat ihre ehemaligen Mitbürger eingeladen, in ihre Heimatstädte nach Deutschland zu kommen. Ich begrüße es außerordentlich. Und ich wäre froh, wenn noch mehr Städte von dieser Möglichkeit Gebrauch machten. Die Menschen, die dann kommen, sind meist alte Menschen, die seit vier Jahrzehnten in Israel leben und die eine Chance haben sollten, noch einmal zu sehen, wie wir hier leben.

Wuppertal, den 20. Mai 1959

Sehr geehrte Damen, sehr geehrte Herren!

Es besteht seit längerer Zeit der Wunsch, auch hier in Wuppertal eine Ortsgruppe der

Gesellschaft für Christlich-Jüdische Zusammenarbeit

zu gründen, wie sie in anderen größeren Städten bereits besteht. Vorbesprechungen hierüber, die erfreuliche Übereinstimmungen ergaben, ermutigen uns, Sie zu einer grundlegenden Besprechung einzuladen, die gegebenenfalls zur Gründung einer solchen Wuppertaler Ortsgruppe führen kann.

Mit großer Freude über die Resonanz, die unsere Bestrebungen bisher gefunden haben, dürfen wir Ihnen nun Ort und Zeit für diese Zusammenkunft angeben. Sie findet statt

am Mittwoch, dem 27. Mai 1959, 19.30 Uhr, im Rathaus Wuppertal-Barmen (Wegenerstr.), Zimmer 260 II Stock.

Da wir erst einen Teil der Anschriften der an dieser Gründung interessierten Persönlichkeiten besitzen, bitten wir Sie, Ihnen bekannte, interessierte Damen und Herren einzuführen. Möge diese Einladung recht viele erreichen, die an solcher Zusammenarbeit, die sich auf verschiedene Gebiete erstrecken kann, interessiert sind, und möge die Sache selbst unter dem Segen Gottes stehen. Mit diesem Wunsche grüßen wir Sie herzlich.

gez. Emil Marx MdL. gez. Johannes Rau MdL.

gez. Josef Heimann Verwaltungsrat a.D. gez. Ingomar Reinartz

Hinter dieser Initiative im Mai 1959 stand Johannes Rau

Um diese Erneuerung des Verhältnisses zu unseren jüdischen Mitbürgern und auch zu den im Staat Israel lebenden Juden sollte auf allen Ebenen gerungen werden. Es sollten konkrete Zeichen eines Neuanfangs verstärkt gesetzt werden.

3. Der Synodalbeschluß der Evangelischen Kirche im Rheinland erkennt *die fortdauernde Existenz des jüdischen Volkes* durch die Jahrtausende als Zeichen der Treue Gottes gegenüber seinem Volk Israel an.

Die Bedeutung des Judentums für die Geschichte unserer gesamten abendländischen Philosophie, Wissenschaft, Kultur und Politik wird uns erst langsam nach dem Holocaust in einem »Deutschland ohne Juden« erschreckend bewußt. Es wäre deshalb wichtig, daß wir in Schule, Volkshochschule und Universität die Geschichte der Juden und die Bedeutung des Judentums für die abendländische Geschichte neu begreifen und lehren lernten. Und darum gehören an viele Universitäten Lehrstühle für Judaistik und Lehraufträge für die Geschichte, Philosophie und Theologie des Judentums, wie sie der Synodalbeschluß für die Kirchliche Hochschule und für die Gesamthochschule Wuppertal zu Recht fordert.

4. Die Rheinische Landessynode erkennt in der Heimkehr des jüdischen Volkes in das Land der Verheißung und auch in der *Errichtung des Staates Israel* Zeichen der Treue Gottes gegenüber seinem Volk.

Wenn die Errichtung des Staates Israel indirekt mit der Schuld des deutschen Volkes am Holocaust zusammenhängt und wenn die Existenz dieses Staates für die Christen als Bürger unseres Staates zeichenhafte Bedeutung hat, dann folgt daraus politisch: Wir sind als Deutsche und Christen besonders verpflichtet, bei der Existenzsicherung des Staates Israel mitzuhelfen. Gibt es doch bis heute politische Kräfte in Nahost und in der Welt, deren Ziel ein neuer Holocaust am jüdischen Volk ist.

Deshalb hat Willy Brandt damals als Bundeskanzler mit Recht von den *besonderen* Beziehungen der Bundesrepublik Deutschland zum Staat Israel gesprochen. Ich glaube, daß es auch für Europa entscheidend ist, daß das Sicherheitsrecht und das Sicherheitsbedürfnis Israels anerkannt und garantiert wird. Die Entschließung 242 der Vereinten Nationen muß weiterhin die Basis der Mittelostpolitik sein.

Freilich: Nicht alles, was im Staat Israel geschieht, gehört zu den Zeichen der Verheißung. Aber daß ein 4000 Jahre gequältes und gejagtes Volk jetzt staatliche Souveränität besitzt, das ist für mich eine bewegende Sache. Und daß das Volk Israel im Land der Verheißung erneut einen souveränen Staat aufgebaut hat, das ist in der Tat ein Zeichen der Verheißung und der Treue Gottes zu seinem Volk.

Düsseldorf, im Juli 1980

Johannes Rau
Ministerpräsident
Synodaler der Rheinischen Landessynode

Aus: Umkehr und Erneuerung, Neukirchen-Vluyn 1980

Rede aus Anlaß der Verleihung der Ehrendoktorwürde der Universität Haifa/Israel am 2. April 1986

Herr Präsident, Herr Rektor, verehrte Professoren, meine Damen und Herren,

ich bitte um Ihr Verständnis, daß ich diese Rede in meiner Muttersprache halte. Eine hebräische Übersetzung meiner Ausführungen liegt auf allen Tischen, und ich will damit die Hoffnung verbinden, daß der eine oder andere unter Ihnen an den Gedanken, die in dieser Rede Ausdruck finden, interessiert ist und nachvollziehen kann, was mich in dieser Stunde bewegt.

Ich bin sehr froh, ich bin ein wenig stolz, aber auch beschämt über die Auszeichnung, die mir die Universität Haifa heute mit der Würde des Ehrendoktors der Philosophie zuteil werden läßt.

Für meine Freude will ich drei Gründe nennen: Zunächst die Tatsache, daß eine israelische Universität mich auszeichnet; weiter ist es das Bewußtsein, daß ich mich der Universität Haifa in ganz besonderer Weise verbunden fühle. Aus solcher Verbundenheit habe ich Anteil an der Forschung dieser Universität genommen, die dem Wiederaufbau Palästinas im 19. Jahrhundert gewidmet ist. Und ich denke, daß man es verstehen wird, und zwar hier in Israel wie in der Bundesrepublik, daß mir das im vergangenen Jahr von Willy Brandt eröffnete »Gustav-Heinemann-Institute of Middle Eastern Studies« besonders nahesteht. Schließlich ist es ein Grund meiner Freude, daß ich Ehrendoktor der Philosophie werde. Denn es ist nicht zu vergessen, daß jüdische Philosophie und philosophisches Denken bedeutender jüdischer Persönlichkeiten in dem Deutschland vor Hitler die Kultur- und Menschheitsgeschichte befruchtet haben. Dieses Denken jüdischer Philosophen war sehr oft ein Vorausdenken, und ich möchte hoffen, durch diese Auszeichnung dem Inhalt jenes Denkens noch ein wenig stärker verbunden zu werden.

Darum habe ich diese Ehrung gern angenommen, darum danke ich allen, die am Zustandekommen dieser Auszeichnung beteiligt gewesen sind.

Aber ich gestehe, daß sich in meine Freude auch ein Gefühl mischt, das ich schwer beschreiben kann. Vielleicht ist das Wort Schamhaftigkeit ein Wort, das diese innere Bewegtheit annähernd ausdrückt; von der Scham der Deutschen gegenüber den Juden ist früh nach dem Kriege und nach all dem Fürchterlichen, was Deutsche den Juden angetan haben, gesprochen worden. Scham war die Empfindung, zu der wir nach Auschwitz und Treb-

Bei der Einweihung des Dr. Johannes Rau Waldes *am 14. Oktober 1993 in Israel*

linka vielleicht noch fähig sein konnten. Und diese Schamhaftigkeit bleibt in mir, auch wenn ich von mir sagen darf, daß ich ein Freund Israels bin.

Meine Zuwendung zu Israel und zu seinen Bürgern besteht nun schon ein Vierteljahrhundert, und ich habe sie vor einigen Monaten, als ich in Ahlen vor meiner Partei ein Bild meiner politischen Ziele entworfen habe, bekräftigt.

Ich möchte gerne heute noch einmal unterstreichen: Für mich ist die besondere Verpflichtung der Deutschen gegenüber dem Staat Israel und seinen Menschen ein bindendes Anliegen.

Ich werde mich in jedem Amt, das ich in meinem Leben haben werde, zu dieser besonderen Verpflichtung bekennen.

Da habe ich gedacht: Jetzt höre ich auf

Es gibt Situationen im Leben des Menschen – auch und gerade des Politikers –, da möchte er aufhören. Ich habe solche Situationen mindestens zweimal erlebt. Das erste Mal am 29. Mai 1993: In Barmen-Gemarke fand die Erinnerung an den Bombenangriff statt. In der Gemarker Kirche, in der die Barmer Erklärung 1934 formuliert worden ist, ich war aufgefordert worden, in diesem Gedenkgottesdienst die Predigt zu halten. Da ging das Telefon morgens um 5 Uhr. Ich glaubte, es sei der Wecker, damit ich noch einmal an dem Text arbeiten könnte, und dann war es der Anruf, der Anruf der Polizei, in Solingen brennt ein Haus. Und dann habe ich morgens um 7 Uhr vor dem Haus gestanden, in dem sechs türkische Mädchen verbrannt worden waren, Frauen und Mädchen. Da habe ich gedacht, jetzt, es hat keinen Zweck, jetzt höre ich auf.

Ähnlich ist es mir gegangen, als die Nachricht von Jitzchak Rabins Tod kam. Er sang ein Lied vom Frieden. Wir alle wußten, daß er nicht gerne sang. Wir alle wußten, daß ihm das Musische und Emotionale, jedenfalls in der äußeren Darstellung, nicht lag. Und wir haben die Bilder ja gesehen, wie er am Text hing. Es war ein Lied vom Aufgehen der Sonne und vom Beginn des Friedens. Und wer das in den letzten zehn Jahren ein Stück weit mitbekommen hat, auch die Auseinandersetzungen innerhalb seiner politischen Gemeinschaft über den Friedensprozeß, der hat den ganzen Schmerz und die Bitterkeit dieses sinnlosen – nein, das darf man nicht sagen – dieses Sterbens erlebt und erfahren. Wie bekommt man das zustande, daß aus dem Schmerz darüber, daß wir ihn nicht mehr haben, nun die

Im Frühjahr 1995 mit dem im gleichen Jahr ermordeten israelischen Ministerpräsidenten Jitzchak Rabin.

Verpflichtung erwächst, für Versöhnung und Frieden einzutreten gegen Haß und Gewalt, damit das Lied, das er gesungen hat, nicht aufhört, sich zu übersetzen in unsere Wirklichkeit?

Aus der Rede anläßlich der Verleihung des Leo-Baeck-Preises, 20. November 1995

Ben-Gurion University of the Negev

The Senate and the Executive Committee
of Ben-Gurion University of the Negev

hereby resolve to honor

DR. JOHANNES RAU

In deep appreciation of the lifework of an outstanding leader, one of the finest Germany has known in recent times, whose words and deeds in service of the public have been infused with a true sense of mission; in recognition of his profound contribution as Minister of Science and Research of North Rhine-Westphalia to the creation of a new, post-War society, laying the foundation of the schooling of future generations, playing a pivotal role in the establishment of technical colleges, legislating enlightened laws in the field of education, and founding the first correspondence university in the Federal Republic of Germany; in honor of his many laudable accomplishments as President of North Rhine-Westphalia; and in gratitude for his unabated dedication to Ben-Gurion University of the Negev, wholeheartedly cooperating with its friends and supporters in Germany and extending vital assistence to students of all origins, and to Bedouin students in particular, driven by a faith in the promise of youth.

by conferring upon him the degree of
DOCTOR PHILOSOPHIAE HONORIS CAUSA
with all the rights and privileges pertaining thereto

Prof. Avishay Braverman	Lord Weidenfeld of Chelsea	Prof. Nachum Finger
President	Chairman of the Board of Governors	Rector

25. November, 1998

Was können wir von Johannes Rau erwarten?

Glaubwürdigkeit wächst aus Grenzerfahrungen

Ungewöhnlich offen gesteht Johannes Rau im Interview seine Angst vor dem Sterben ein: »Ich hatte sie schon als junger Mensch.«

Frühe Kriegserfahrungen in Wuppertal prägen sich ein, wie jener Bombenangriff am 30. Mai 1943 auf die Stadtteile Barmen und Ronsdorf mit der Frage des Vaters: »Wer ist tot und wer hat überlebt?« Der Unfalltod seines Vaters Ewald – zehn Jahre später, am 15. Dezember 1953 als Fahrgast eines Busses verunglückt, weil ein Türschloß defekt war –, bleibt im Gedächtnis. Vom Vater spricht Rau sein Leben lang.

Eine Konferenz der sozialistischen Internationale unter Leitung von Willy Brandt bemüht sich in Abu Faira in Portugal um Frieden im Nahen Osten. Shimon Perez und Hans-Jürgen Wischnewski versuchen, Brücken zu bauen. Ein Beobachter der Palästinensischen Befreiungsorganisation wohnt im Hotel. Es sollen erste Kontakte geknüpft werden. Da wird der PLO-Beobachter wenige Meter von Rau entfernt während der Schlußkonferenz erschossen.

Diese Grenzerfahrung trifft, wie die Nachricht von der Ermordung des Freundes Jizchak Rabin auf der Friedenskundgebung in Tel Aviv. Johannes Rau ist tief bewegt und bleibt mit Lea Rabin telefonisch und persönlich verbunden.

Zwei auf der Suche nach Frieden werden von Fanatikern aus dem eigenen Lager ermordet.

Rau nennt selbst drei Erfahrungen, die ihn vor die Frage gestellt haben, ob er nicht aufhören solle mit der Politik.

Im April 1990 steht er direkt neben Oskar Lafontaine beim Attentat in Köln. Am nächsten Tag sagt die geistig verwirrte Täterin, sie hätte eigentlich Rau töten wollen, aber der habe so ungeschickt gestanden.

Im Juli 1992 übersteht Rau eine schwere Nierenoperation. »Dieses Gefühl für die Begrenztheit und Vorläufigkeit dessen, was ich tue, ist geblieben.« Der Frage nach dem Sinn seiner Arbeit stellt er sich: »Man kann sich selber und seine Funktion besser einordnen. Also, man nimmt sich nicht mehr so wichtig, wenn man so etwas erlebt hat.«

»Das dritte Mal war am 29. Mai 1993, als ich morgens um acht vor dem Haus in Solingen stand, in dem fünf türkische Frauen und Mädchen verbrannt worden waren. Da habe ich gedacht, es lohnt sich alles nicht. Du kannst die Welt nicht ändern.«

»Ich habe alle drei Male die Kraft gefunden, weiterzumachen.«

Weil Johannes Rau in Krankheit und in extremen politischen Situationen an seine Grenzen geführt wurde, liegt für ihn Glück im »Gehaltenwerden«. Diese Freiheit eines Christenmenschen wird sich im Amt des Bundespräsidenten neu bewähren.

»Ich kenne meine Grenzen«

Der Mann, der Bundespräsident werden will, über Glauben und Glück

DS: Was gefällt Ihnen so an Wuppertal?

Rau: Ich bin in Wuppertal geboren und richtig fest verwurzelt. Es ist eine sehr charaktervolle Stadt mit einer alten Industriegeschichte. Darum mag ich sie. Die Menschen dort sind handfest und ohne Pathos. Sie sind heimatverbunden, reisen aber viel, weil sie weltoffen sind. Diese Mischung aus Bodenständigkeit und offener Perspektive gefällt mir.

DS: Prägt diese Mischung Ihr Leben?

Rau: Ich hoffe das, ja.

DS: Die Redekunst, über die Sie verfügen, ist aber nicht bergisch.

Rau: Nein. Die habe ich von meinem Vater. Mein Vater ist ein Kind des Oberbergischen. Das muß man genau unterscheiden. Das Oberbergische ist ganz anders als das Niederbergische. Und natürlich anders als das Bergische.

DS: Ihr Vater war Prediger.

Rau: Mein Vater war Prediger und ein großer Geschichtenerzähler. Zu uns fünf Geschwistern sagte er immer: Bringt alle mit, die ihr lieb habt. – Wir lebten in einem sehr weltoffenen Haus.

DS: Und waren fromm?

Rau: Es war ein christliches Milieu, allerdings ein fröhliches. Das ist ja nicht immer identisch. Mein Vater hatte zwar gelegentlich Depressionen. Aber eigentlich war er ein sehr lebensfroher Mensch und an allem interessiert. An Literatur, am Theater, an Kunst. Weltabgeschieden und intolerant war das Milieu nicht. Das ist mir sehr wichtig: Toleranz.

DS: Lebt der Protestantismus Toleranz?

Rau: Ganz gewiß zu wenig. Im Augenblick erhält das Thema des Weltfriedens und der Weltreligionen neue Bedeutung. Die Kirchen sind zum Glück hellwach. Zum Teil kommen die Anstöße aus dem Katholischen, darüber bin ich sehr froh.

DS: Was schätzen Sie besonders am Protestantismus?

Rau: Die Nüchternheit. Eine Nüchternheit, die nicht kopflastig ist. Denn Nüchternheit kann man auch übertreiben. Unsere katholischen Brüder haben es leichter, weil sie die Sinne ansprechen können.

DS: Gehört Humor zur Nüchternheit dazu?

Rau: Wilhelm Raabe hat gesagt, Humor sei der Schwimmgürtel auf dem Strom des Lebens. Mein Vater fand Christen, die nicht lachen konnten, zum Weinen. Und für mich hat Humor etwas Befreiendes. Er darf nicht verletzen, kann aber ruhig handfest sein. Ich finde, Christen sollten Humor haben.

DS: Und davon haben sie aber zu wenig.

Rau: Ja. Schon Martin Luther hat gesagt, die Freude sei der Doktorhut des Glaubens.

DS: Hat Glauben für Sie mit Glück zu tun?

Rau: Jedenfalls sieht das der Psalmist so. Im Psalm 1, »... sondern hat Lust am Gesetz des Herrn«, ist das ganz deutlich. Aber es gibt natürlich immer auch die gegenläufige Erfahrung. Die Erfahrung von Hiob, und Hiob war nicht glücklich.

DS: Und wie geht es Ihnen?

Rau: Ich schwanke zwischen Psalm 1 und Hiob.

DS: Haben Sie eine wirkliche Glaubensgewißheit, die Sie hält und trägt?

Rau: Teneo quia teneor. Das ist das Siegel der Bekennenden Kirche. Ich halte, weil ich gehalten werde.

DS: Ist dieses Gehaltenwerden die Kraft, aus der Sie schöpfen?

Rau: Ja.

DS: Und es stand nie in Frage?

Rau: Es stand immer wieder in Frage! Der Zweifel ist nicht abzuschaffen.

DS: Wie wichtig ist Ihnen die Nächstenliebe?

Rau: Der Glaube bewirkt das Handeln in Liebe. Das kann man im Katechismus und bei Paulus nachlesen. Es gibt keinen Glauben ohne Werke. Mir geht es um die Übereinstimmung von Reden und Handeln.

DS: Und was bedeutet dabei das Reden?

Rau: Beides hat seine Zeit: das Reden und das Schweigen. Natürlich ist das Reden eine Möglichkeit, andere Menschen für die eigenen

Gedanken zu erschließen oder ihre Gedanken zu erfahren. Aber Reden ist nur eine Ausdrucksform, die den Menschen von allen Kreaturen absetzt.

DS: Nun beherrschen Sie das Reden ja besonders gut. Gehört Reden zum Glück dazu?

Rau: Nein, durchaus nicht.

DS: Was ist denn Glück für Sie?

Rau: Übereinstimmung mit sich und seiner Umwelt. Vor allem mit denen, für die man besondere Verantwortung hat. Mit der Familie, Freunden und Verwandten. Wenn diese Beziehungen harmonisch sind, entsteht wohl so etwas wie Glück. Aber an sich ist mir der Begriff Glück fremd.

DS: Warum das?

Rau: Ich weiß es nicht.

DS: Fällt es Ihnen leichter, Zufriedenheit zu sagen, Fröhlichkeit?

Rau: Zufriedenheit, ja. Fröhlichkeit ist immer nur eine Stimmung. Glück ist wohl eher ein Lebensgefühl.

DS: Würden Sie sich als glücklichen Menschen bezeichnen?

Rau: Schon. Aber ich tue es zögernd. Man ist ja nicht jeden Tag glücklich. Manchmal bin ich auch mit mir selbst unzufrieden.

DS: Für den Fall, daß sie Bundespräsident werden: Wären Sie glücklich?

Rau: Das glaube ich nicht. Das wäre die Übernahme einer neuen Aufgabe, die ich gern wahrnehme und auf die ich mich freue. Als Glück würde ich das nicht bezeichnen.

DS: Weil es nicht so tief geht.

Rau: Ja.

DS: Sie wurden in der letzten Zeit häufig kritisiert. Auch aus den Reihen der SPD. Hat Sie das verletzt?

Rau: Manches hat mich verletzt, ja.

DS: Muß man sich als Politiker nicht ein dickes Fell zulegen?

Rau: Ich habe das nie geschafft.

DS: Waren Sie immer verletzbar?

Rau: Ja. Darum habe ich in mehr als vierzig Jahren auch nie einen politischen Gegner persönlich angegriffen. Das gibt's nicht bei mir.

DS: Weil Sie wissen, wie weh das tut.

Rau: Genau.

DS: Viele legen das als Konfliktscheu aus.

Rau: Stimmt. Aber damit hat es nichts zu tun.

DS: Als einer, der Konflikte entschärft, haben Sie Ihr Profil gefunden.

Rau: Das kann wohl sein. In der Bergpredigt ist das so vorgesehen: Daß die Friedfertigen die Glücklichen sind.

DS: Vor sieben Jahren waren Sie sehr krank. Was haben Sie aus Ihrer Krankheit gelernt?

Rau: Wenn man eine schwere Krankheit gehabt hat, lernt man die eigenen Grenzen kennen. Das vergißt man nicht. Die guten Vorsätze dagegen, die ich damals gefaßt habe, sind alle vergessen. Aber dieses Gefühl für die Begrenztheit und die Vorläufigkeit dessen, was ich tue, ist geblieben. Auf meinem Nachttisch im Krankenhaus lag damals ein Gruß von Pfarrer Heinrich Albertz, der mir schrieb: »Lieber Johannes, wir können nicht tiefer fallen als in Gottes Hände.«

DS: Wie haben Sie das umgesetzt? In mehr Aktivität? Oder in weniger?

Rau: Eher in etwas mehr Ruhe. Obwohl ich trotzdem das volle Programm fahre.

DS: Und ein volles Programm anstreben.

Rau: Ja. Aber ich achte darauf, daß meine Familie nicht zu kurz kommt.

DS: Sie haben sehr spät geheiratet. Was hat es für Sie bedeutet, mit über fünfzig Jahren Kinder zu bekommen?

»Meine Bezugspunkte sind jetzt andere.«

Rau: Wer in so hohem Alter Vater wird, erlebt das viel intensiver als junge Männer. Für einen jungen Vater sind Kinder eine Begleiterscheinung des Zusammenwachsens einer Familie und des Ausbaus einer Karriere. Ein älterer Vater ist viel besorgter und fürsorglicher. Weil er natürlich weiß, daß er die Kinder nur eine bestimmte Strecke ihres Lebens begleiten kann.

DS: Schätzen Sie deshalb Ihre Familie um so mehr?

Rau: Ja. Und ich empfinde als belastend, nicht zu wissen, ob ich meinen Kindern gerecht werde. Diese Sorge müssen sich junge Väter nicht machen.

DS: Haben die Kinder Ihr Leben völlig umgekrempelt?

Rau: Das wäre übertrieben. Sie haben das Denken verändert. Früher habe ich auf die Uhr geguckt und mich gefragt, wie lang welche Sitzung dauert. Heute gucke ich auf die Uhr und überlege, ob die Kinder schon zu Hause sind. Meine Bezugspunkte sind jetzt andere. Weil ich wenig Zeit habe, kommt es darauf an, sie besonders intensiv gemeinsam zu leben.

DS: Haben die Kinder Ihre Gefühle grundsätzlich verändert?

Rau: Nein. Früher waren die Freunde die nächsten Menschen. Jetzt ist es die Familie.

DS: Macht Ihnen der Tod Angst?

Rau: Angst vor dem Sterben kann ich nicht wegrationalisieren. Sie sieht in jeder Lebensphase anders aus. Im Alter ist sie nicht stärker geworden. Ich hatte sie schon als junger Mensch.

DS: Glauben Sie, daß es ein Leben nach dem Tod gibt?

Rau: Ja.

DS: Wie stellen Sie sich das vor?

Rau: Ich stelle es mir nicht vor. Es gibt davon eine biblische Vorstellung. Aber das sind natürlich nur Bilder. Ich meine, man sollte sich das nicht vorstellen.

DS: Auch nicht als eine Empfindung, ein Licht ...

Rau: Nein.

DS: Eine Vorstellung ohne Vorstellung ist Nichtgläubigen schwer vermittelbar.

Rau: Es handelt sich ja nicht um eine Vorstellung, sondern um einen Glauben, eine Zusage.

DS: Zurück zu Wuppertal: Stört es Sie nicht, eventuell nach Berlin zu gehen?

Rau: Das stelle ich mir interessant vor. Ich mag die Stadt seit langer Zeit.

DS: Machen Sie dann Ferien in Wuppertal?

Rau: Wir behalten dort auf jeden Fall ein Standbein. Das brauche ich.

Interview im DEUTSCHEN ALLGEMEINEN SONNTAGSBLATT, 26. März 1999.

Gespräch der Herausgeber Rüdiger Reitz und Manfred Zabel mit Bundespräsident Johannes Rau im Schloss Bellevue am 16. August 1999

Herausgeber: Herr Bundespräsident, im Mittelpunkt unseres Gespräches soll folgende Frage stehen: Was haben wir von Johannes Rau zu erwarten? Bevor wir nach vorn schauen, möchten wir uns vergewissern, ob wir das Leitmotiv Ihres Lebens, Ihr Lebensthema richtig getroffen haben. Ein Kapitel des Buches ist überschrieben: »Wofür steht Johannes Rau?«. Hier haben wir so etwas wie eine theologische Ethik des Politischen bei Ihnen

gefunden. Sie ist verknüpft mit einer Theologie der Hoffnung, wie Jürgen Moltmann sie formuliert hat. In ihr klingt auch die Perspektive an, die Sie selbst in Ihrem Nachruf auf Gustav Heinemann im Jahre 1976 so beschreiben: »Weil noch etwas, weil noch jemand kommt, darum ist diese Welt geliebt und wichtig, verbesserungswürdig und verbesserungsfähig.«

Rau: »Siehe, ich mache alles neu« ist das Gegenteil von »Es bleibt alles beim alten«. Diese Theologie der Hoffnung stammt von Jürgen Moltmann, der wiederum auf den Schultern anderer steht. Wenn man diese Linie zurückführt, kommt man auf den jungen Blumhardt und die Reich-Gottes-Theologie, die in einer Sprache formuliert ist, die uns heute nicht mehr angemessen ist.

Es ist richtig, daß mich die Erwartung des Zukünftigen in dieser Welt bestimmt hat. Ich bin viel gescholten worden für den angeblichen Kalauer »Die Welt liegt im argen, aber da soll sie nicht liegen bleiben«. Ich halte das nicht für einen Kalauer, sondern für den Auftrag zur Veränderung der verbesserlichen Welt. Das geht nicht, indem man sich an alte Strukturen klammert, sondern nur, indem man Mut und Phantasie zum Neuen hat. Das hat mein Leben immer begleitet.

Herausgeber: Wir haben dies im Buch *das* Lebensthema genannt und es in zehn Variationen aufgefächert. Eine Variation heißt »Christengemeinde und Bürgergemeinde«. Das Modell der konzentrischen Kreise bei Karl Barth hat Sie stets geleitet. Eine Trennung oder eine Vermischung von Kirche und Staat haben Sie abgelehnt.

Rau: Richtig. Die Trennung von Staat und Kirche ist staatsrechtlich geboten. Aber man kann die Menschen nicht auseinanderdividieren in die Bürger der Gemeinde und die Menschen Gottes. Sie sind immer beides.

Herausgeber: Außer dieser grundlegenden Variation Ihres Lebensthemas nennen wir noch die anderen, die in diesem Buch erläutert werden: Aus der Geschichte lernen; Ein guter Patriot sein;

Nur Reformen überwinden Extreme; Zum Frieden gerufen; Mit dem Fremden leben; Versöhnen statt Spalten; Den Ungehörten zur Sprache verhelfen; Einladen zur politischen Verantwortung; Bündnisse mit Juden und Israel.

Rau: Man muß bei der Variation »Bündnisse mit Juden und Israel« inzwischen die Muslime hinzunehmen. Denn der David und die Sarah des Jahres 1939 können heute Mehmet oder wie auch immer heißen.

Herausgeber: Das haben wir in der Variation »Mit dem Fremden leben« berücksichtigt.

Rau: Ja, aber das hat auch was mit dem Abrahamitischen Segen zu tun. Das »In Dir sollen gesegnet sein alle Völker der Erde« bezieht sich nicht nur auf Juden und Christen, sondern auf alle drei, in der Bibel auf Sem, Ham und Japhet.

Zu dem, was ich von meinem Vorgänger übernommen habe, gehört das Bemühen um einen Dialog der Kulturen. Ich habe ein aufregendes Dokument gelesen über eine Konferenz, die auf Veranlassung von Roman Herzog stattfand, in der Wissenschaftler aller Disziplinen und Kulturen darüber geredet haben, wie man diesen Dialog in Gang bringt. Ich gestehe, daß ich erst beim Lesen dieses Berichtes manche Dimensionen des Themas erfaßt habe.

Wir sehen es ja am Konflikt in Nordirland. Wenn man in den Nachrichten von Protestanten und Katholiken hört, klingt das so, als gehe es heute noch um die Unterschiede zwischen evangelisch und katholisch. Darum geht es aber gar nicht mehr, sondern es geht um Verkrustungen, die in vier Jahrhunderten entstanden sind und die heute mit dieser Chiffre Evangelisch – Katholisch versehen werden.

Wenn ich mir das ansehe im Islam, im Judentum, wenn ich mir die Grundzüge ansehe, die in allen Weltreligionen gleich sind, nämlich die Gefährdung durch Fundamentalismus auf der einen und Beliebigkeit auf der andern Seite, dann komme ich zurück auf den Abrahamitischen Segen.

Herausgeber: Bei der Vorbereitung auf unser Gespräch sind wir auf eine Beobachtung des polnischen Philosophen Zygmund Bauman gestoßen. »Eine der herausragenden Inkarnationen für Ungewißheit und Ambivalenz war in der Moderne die Gestalt des Fremden«. Das Thema ›Fremde‹ spielt auch in unserem Buch eine Rolle. Wir haben das entsprechende Kapitel »Mit dem Fremden leben« überschrieben. Das ist nicht identisch mit der bloßen Chiffre ›Ausländerpolitik‹; damit ist mehr gemeint.

Rau: Viel mehr. Ausländerpolitik ist eine innenpolitische Entfaltung des Themas »Mit dem Fremden leben.« Wir haben ja den Umbruch dadurch, daß die alte Ordnung der Geographie zerstört ist. Wenn ich an meine Kindheit denke, dann haben wir viel für den fernen Nächsten getan, indem wir in den »nickenden Neger« jeden Sonntag unseren Groschen legten. Das ist ein ganz altes, oft karikiertes Denken. Heute in der Zeit von Internet und Globalisierung und weltweitem Urlaub haben wir es damit zu tun, daß der einzelne sein Heimatgefühl erweitert um das Abenteuer des Fremden. Nur wenn er das Fremde zu sich nach Hause holt, dann bekommt er Angst. Fremdheit macht zuerst Angst.

Das, was wir erreichen müssen in der Ausländerpolitik wie in der globalen Perspektive, ist, daß statt Angst Neugier entsteht und aus der Neugier Vielfalt, ohne daß die eigene Identität aufgegeben wird. Es gibt ja auch einen Toleranzbegriff, der in Wirklichkeit Beliebigkeit meint oder Desinteresse, nach dem Motto »Soll doch jeder zusehen, wie er zurecht kommt«. Weltanschauliche und religiöse Fragen interessieren nur noch eine Minderheit.

Es gibt die Geschichte, – ich weiß nicht, von wem sie ist, ich glaube, von François-Poncet, dem früheren französischen Botschafter – zu dem soll Ribbentrop einmal gesagt haben: »Hitler ist doch wie Friedrich der Große, es geht bei ihm nach dem Motto ›Jeder kann nach seiner Façon selig werden‹.« Da hat François-Poncet geantwortet: »Ja, aber das schrieb Fried-

rich der Große mit accent cédille, und Hitler schreibt es mit SS«. Hermann Hesse, den ich als junger Mensch sehr geliebt habe und der mir heute noch nahe ist, hat mal gesagt: »Gestaltlose Nebel begegnen sich nie.« Wie erreicht man in einer Zeit der Schleiflackpersönlichkeiten Profile, ohne daß sie die Profile anderer verletzen? Das ist die Frage nach Toleranz heute.

Herausgeber: Wenn Sie über Heinemann schreiben, warnen Sie vor »der Gefahr falschen Imitierens«. In den letzten Wochen der Heinemann-Renaissance wurde von ihm als Ihrem Ziehvater gesprochen. Wir haben entdeckt, daß Sie sich ihm zu Dank verpflichtet sehen, aber mit einer anderen Handschrift und in einer anderen Sprache wirken. Dann finden wir aber auch Ähnlichkeiten wie z.B. Stilmittel des Erzählens. Und einmal haben Sie zustimmend zitiert »Heinemann ist vielleicht Bundespräsident geworden in der Absicht, auf diese Weise einen Beitrag zur politischen Bildung leisten zu können.« Ist das auch Ihre Absicht?

Rau: Ja, da ist sicher eine Ähnlichkeit. Wenn ich sage, er ist nicht der Ziehvater, sondern ich habe ihm viel zu verdanken, dann deshalb, weil es in meinem Leben mehrere gleichwertige

Menschen gegeben hat, die mich geprägt haben. Das war Leni Immer, das war Johannes Harder, das war Johannes Schlingensiepen, das war Gustav Heinemann. Ich könnte noch andere nennen. Der bekannteste von ihnen ist Heinemann, also wurde ich schneller mit Heinemann identifiziert als mit Johannes Harder oder Johannes Schlingensiepen. Dennoch: Johannes Harder hat mich mindestens so geprägt wie Gustav Heinemann. Als Verleger waren für mich Dostojewski, Tolstoi und Bakunin völlig unbekannte Namen, bis mir Harder die Brüder Karamasov mit nach Hause gab.

Herausgeber: Heinemann hat bis ins Alter hinein eng mit Helmut Gollwitzer theologisiert. Mit wem führen Sie theologische Gespräche? Im Orbishöher Kreis?

Rau: Ja, im Orbishöher Kreis. Früher mit Ernst Lange, der nicht mehr lebt. Und mit seinen Schülern, z.B. mit Jürgen Moltmann, der ja zusammen mit Wolf-Dieter Marsch und mir an der Formulierung des Abschnittes »Kirche und Religion« im Godesberger Programm der SPD mitgearbeitet hat.

Wir leben jetzt in Dahlem. Meine Frau war gestern, als ich in Tel Aviv war, in der Kirche, um mal zu sehen, in welche Gemeinde wir gehören. Sie war ganz bewegt, weil sie als erstes das Grab von Gollwitzer fand und dann das von Niemöller und dann das von Rudi Dutschke. Dieser Gemeinde anzugehören, ist schon etwas Besonderes. Ich habe ja Martin Niemöller noch erlebt 1945/46. Was waren das damals für Figuren: Dibelius, Niemöller, Lilje, Gollwitzer, Scharf ...

Herausgeber: Kommen wir zurück zum Stichwort »Politische Bildung«. Kann der Bundespräsident hier neue Zeichen setzen? Welche Möglichkeiten haben Sie in diesem Amt, um die junge Generation für Politik zu interessieren?

Rau: Zunächst einmal möchte ich sagen, daß ich mich immer dagegen gewehrt habe, politische Bildung mißzuverstehen als Institutionenlehre, also als politische Bildung, die nichts anderes tut, als Wahlgesetze oder Mechanismen des politischen

Handelns zu erläutern. Diese Art schreckt nur ab. Auch habe ich mich dagegen gewehrt, entweder die Frankfurter Schule als Konflikttheorie oder eine entgegengesetzte Harmonielehre absolut zu setzen. Vielmehr ging es mir immer darum, das Prozeßhafte oder – wenn man so will – die gesellschaftliche Dimension der politischen Bildung deutlich zu machen, und zwar im Zusammenhang von Politik mit anderen Lebensbereichen.

Deshalb lautet mein Resumé: Für die meisten Menschen ist – im Gegensatz zu mir – Politik nur ein kleines Segment ihres Lebens. Das muß ich erst einmal ernst nehmen. Ich darf nicht so tun, als sei der Profi das Ideal der Politik. Das Ideal ist der mündige Bürger, der orientierungsfähige Bürger, und das heißt immer, daß ich auch die Frage stellen muß, woher Menschen ihre Wertekoordinaten beziehen.

Wie ist das Verhältnis von Theorie und Vorbild? Wie ist das Verhältnis von operativer Politik und Glaubwürdigkeit? Ich glaube, in dem, was der Bundespräsident tut, was er sagt, wohin er geht, mit wem er spricht, wozuzu er sich bekennt – all das hat Dimensionen der politischen Bildung. Ein Bundespräsident, der sich Zeit nimmt für den Behindertensport und nicht nur zum Deutschen Fußballbund geht; einer, der diakonische Einrichtungen besucht und nicht nur Wirtschafts- oder Gewerkschaftskongresse, der setzt damit Akzente. Das hat nach meiner Überzeugung Auswirkungen auf die politische Bildung.

Herausgeber: Was bedeutet dies für die junge Generation?

Rau: Die ist – wenn ich es richtig sehe – interessierter, als wir das gemeinhin in Umfragen feststellen. Sie hat nur ein anderes Verständnis von Politik als wir Älteren. Ich kenne eine Fülle junger Leute, die bereit sind, sich zu engagieren, die aber nicht bereit sind, sich zu organisieren. Damit können wir in den Großorganisationen nicht umgehen. Wenn ich als nordrhein-westfälischer Ministerpräsident gesagt habe, ich brauche 300 junge Leute, die nach Rumänien gehen und Kinderheime aufbauen, habe ich sie in 14 Tagen gehabt. Wenn ich hingegen sage, ich suche junge Leute, die bereit sind, in die Gewerkschaft oder in eine Partei einzutreten, dann finde ich nur wenige.

Herausgeber: Das läßt sich noch zuspitzen. Wir kommen gerade aus einem Gespräch mit einem jungen Mann, der auf der Zugfahrt nach Berlin seinen Laptop fütterte. Er meinte, Vereinsarbeit zu machen, sei völlig von gestern. »Diese Satzungsfragen, diese Fragen nach Wimpeln und Ehrennadeln! Laßt doch diesen Ehrgeiz! Mit Vereinsarbeit hören wir auf. Wir schicken den Politikern E-mails, die werden sie viel mehr beeindrucken als die Resolution irgendeines Vereins oder einer Partei.« Da wandelt sich das Bewußtsein für persönliche Kommunikation grundlegend. Hat das nicht Auswirkungen auf die politische Bildungsarbeit?

Rau: Ja, es gibt einen Wandel. Aber das eigentliche Kunststück wird sein, aus diesem Kommunikationswandel zum Handeln zu kommen, denn der E-mail-Mensch wartet nur darauf, daß seine E-mail erwidert wird. Aber er wartet nicht darauf, daß etwas getan wird oder er etwas tun muß. Das heißt, eine Kom-

munikation l'art pour l'art darf nicht das Ziel sein. Es gibt Menschen, die sitzen den ganzen Tag und surfen im Internet. Die sind voll ausgelastet, sie tun viel, aber sie bewirken nichts.

Herausgeber: Also, elektronische Kommunikation mit politischer Konsumentenhaltung!

Rau: Ja, die Konsumentenhaltung muß in das Agieren überführt werden. Ernst Lange hätte gesagt: Wir sollen nicht »re-signativ«, sondern »pro-signativ« sein.

Herausgeber: Muß sich der Bundespräsident nicht doch mit den Parteien anlegen?

Rau: Ja, aber nicht grundsätzlich. In dieser Frage gibt es einen Unterschied zu meinem Vor-Vorgänger. Ich muß erst einmal mit den Parteien reden, und ich muß helfen, daß die miteinander reden. Da, wo ich den Eindruck habe, daß die Parteien Defizite in der Kommunikation aufweisen, muß ich zuerst auf sie einwirken. Erst wenn das keinen Erfolg hat, kann ich mich öffentlich äußern. Das ist eine Schrittfolge, die ich immer für die richtige gehalten habe. Deshalb habe ich zum Beispiel nie einen offenen Brief beantwortet. Weil ein offener Brief, der schon veröffentlicht ist oder zur Veröffentlichung gedacht ist, seinen Sinn für den, der Antwort geben soll, verloren hat. Das ist ja keine Kommunikation. Das ist im Grunde eine Plakataktion. An der will ich nicht beteiligt sein.

Herausgeber: Werden Sie – vielleicht mehr als Ihre Vorgänger – zu einem Moderator, um Parteien und auch andere gesellschaftliche Gruppen wieder näher zusammenzubringen?

Rau: Ja, jedenfalls hat – nach den ersten 50 Tagen – für mich das Wort von Gustav Heinemann: »Der Bundespräsident ist die Bundesklagemauer« eine ganz neue Bedeutung bekommen. Wenn wir uns jetzt mal hinsetzen würden und uns nur die Post eines Tages ansähen, dann würden wir feststellen: Erstens: – was wir alle gewußt haben – es gibt Verrückte, Spinner und Querulanten. Zweitens: sie sind in der Minderheit. Die Mehrheit derer, die sich melden und die schreiben, sind Menschen, die ratlos geworden sind in einer für sie orientierungslosen Zeit. Sie wissen nicht, an wen sie sich wenden sollen, weil das öffentliche Leben für sie undurchschaubar ist und stellen deshalb an den Bundespräsidenten Erwartungen, die er wahrscheinlich in den wenigsten Fällen erfüllen kann. Er kann keine Gerichtsurteile aufheben. Er kann kein Rentengesetz ändern. Er kann keine Stasi-Vergangenheit verzeihen – jedenfalls nicht mit rechtlicher Wirkung. Der Kreis der Menschen, die unerfüllte Erwartungen an die Gemeinschaft haben, ist riesengroß, ist viel größer, als das den meisten Politikern in ihrem Alltag bewußt ist.

Herausgeber: Gibt es für Sie einen neuen Schwerpunkt im Amt? Werden Sie mehr für das Normative eintreten?

Rau: Es gibt jedenfalls die feste Absicht, die Wertediskussion zu führen, wenn auch nicht im Sinne von stilistischen Mäkeleien. Ich will darüber reden, wie Menschen miteinander leben. Ich will darüber reden, welche Werte in einer Welt, in der offenbar merkantile, ökonomische Daten überbordende Kraft haben, dem standhalten können. Das interessiert mich. Insofern werde ich moderieren, und manche werden das als lästige Mäkelei empfinden. Aber es hilft nichts: Es muß auch noch Nachdenklichkeit geben und Nachdenklichkeit angeregt und eingefordert werden.

Herausgeber: Zum Stichwort »Werte«. In Ihrer kurzen Antrittsrede hier in Berlin – von der viele sagen, sie sei besser, als die nachher in Bonn gehaltene Rede – haben Sie besonderen Akzent auf die Würde des Menschen gelegt, nicht die der Deutschen, sondern die des Menschen schlechthin. Wo hat die Menschenwürde ihre Tiefendimension?

Rau: Für mich in der Geschöpflichkeit des Menschen. Aber ich kann nicht davon ausgehen, daß das von anderen auch so gesehen wird. Die Würde des Menschen gilt auch dann, wenn ich sie nicht von der Geschöpflichkeit ableite, sondern aus der Identität des Humanum. Leite ich sie aus einem religiösen, aus einem humanistischen oder liberalen Menschenbild ab? Das Grundgesetz verzichtet darauf, diesen ersten Satz mit Ableitungen zu versehen. Es heißt nicht: Die Würde des Menschen ist unantastbar, weil er Gottes Geschöpf ist. Es heißt nicht: Die Würde des Menschen ist unantastbar, weil er jenseits der Säugetiere seinen Platz hat oder weil das »Cogito ergo sum« gilt. Es heißt auch nicht: Die Würde des Menschen beginnt mit einem bestimmten Intelligenzquotienten oder mit Berufsfähigkeit. Es heißt nicht: Die Würde des Menschen beginnt mit seiner wirtschaftlichen Kraft oder mit seiner Schönheit. Sie gilt an sich!

Herausgeber: Dies ist von ganz aktueller Bedeutung für die Diskussion um Bioethik, um Euthanasie, um den Anfang und das Ende des Lebens.

Rau: Richtig. Es kann nun nicht meine Aufgabe sein, den innerhalb der katholischen Theologie geführten Streit oder die Thesen über den Beginn der Würde des Menschen zu moderieren: ob beim Eisprung, bei der Geburt, im dritten oder siebten Monat des werdenden Lebens. Da hat jeder seine eigene Überzeugung. Die naturrechtliche schließt alle anderen aus. Daß aber die Würde des lebenden Menschen ständig gefährdet ist, und daß es zur Dialektik des Menschen gehört, daß er sie selbst immer gefährdet, und zwar nicht nur die Würde des anderen, sondern auch die eigene Würde – das ist eine Grunderkenntnis. Sie führt dazu, daß wir Kontroversen haben um Bioethik, um Euthanasie, um Sterbehilfe oder Sterbebegleitung. Da ist nun der Bundespräsident nicht der Rezeptgeber. Er ist nicht der, der auf alles eine Antwort weiß.

Aber er ist jemand, der darauf drängen muß, daß diese Fragen nicht vergessen werden.

Ich glaube, daß in der persönlichen Situation eines Menschen, der einen unheilbar kranken Angehörigen oder Freund hat und der die Entscheidung zu treffen hat – ich habe vor kurzem mit einem solchen Thema zu tun gehabt – , nicht eine Ethikkommission entscheiden kann. Da ist eine persönliche Entscheidung gefragt, in der man schuldig werden wird – so wie man im Kosovo-Krieg schuldig wurde, und zwar über die Frage, was denn noch schuldiger mache, der Krieg oder die Verweigerung des Krieges. Da gibt es keine reine Lehre. Zur Würde des Menschen gehört auch, daß er sein Tun und Lassen vor sich selber verantworten muß und vor anderen.

Herausgeber: Wir haben in Europa unterschiedliche gesetzliche Regelungen. Denkbar ist, daß in Deutschland schon bald darüber entschieden wird, ob eine fremde Person das Recht hat, das Leben eines anderen zu beenden, der nicht mehr selbst entscheiden kann. Welche Wertorientierung kann der Bundespräsident in diese Diskussion einbringen?

Rau: Er kann eigentlich nicht mehr tun, als den Begriff der Verwertbarkeit von Leben zurückweisen. Eine Entscheidung, die danach fragt, ob dieser Mensch noch nützt, ob sein Leben noch sinnvoll ist, darf nicht von anderen getroffen werden. Es darf keine rechtlichen Handhaben geben, die dazu verleiten, das zu tun. Ich wehre mich dagegen, daß wir in eine Situation kommen, in der z.B. eine Ehefrau nicht mehr sagen kann: »Quälen Sie meinen Mann nicht auf der Intensivstation.« Ich will nicht, daß die Würde des Menschen in die Hände der Ärzte und der Gerichte gegeben wird.

Herausgeber: Das Stichwort »Kosovo«ist gefallen. Wir haben in dem Buch eine Variation Ihres Lebensthemas »Zum Frieden gerufen« überschrieben. Auf den Frieden gründet sich alles, schreiben Sie selbst einmal. Wir haben auch Hinweise gefunden, daß bei Ihnen der Pazifismus immer kontextuell, auf eine bestimmte

Situation bezogen bleibt. Er ist nie prinzipiell. Nun erleben wir die neue Situation, daß deutsche Soldaten zum ersten Mal außerhalb der Landesverteidigung operieren im Einsatz internationaler Verbände. Friedensethik nach dem Kosovo-Einsatz! Was kann jetzt die auseinanderdriftenden Flügel in der Friedensdiskussion zusammenführen?

Rau: Zunächst finde ich es bemerkenswert, daß in dieser relativ kurzen Diskussion die alten Fronten weg waren. Egon Bahr und Erhard Eppler als zwei miteinander argumentativ Wetteifernde, der eine auf dieser, der andere auf der gegensätzlichen Seite. Ich spreche keinem von beiden die Ernsthaftigkeit der Argumentation oder die Qualität der Motive ab. Ich komme zu dem Schluß, daß wir mit der Zeit auch Begriffe abrüsten müssen; z.B. den Begriff der »Nationalökonomie«, weil wir es mit einer internationalen Wirtschaft zu tun haben. Auch der Begriff der »Landesverteidigung« ist wahrscheinlich auf Dauer nicht mehr brauchbar. Denn die These im Godesberger Programm der SPD – Bundeswehr nur aus Gründen der Landesverteidigung – gilt für mich zwar weiterhin hinsichtlich der Abgrenzung gegenüber innenpolitischen Einsätzen, also hinsichtlich der Unterscheidung von Militär und Polizei. Sie gilt für mich aber nicht mehr im Sinn der nationalen Grenzen.

Wenn vor unserer Haustür im Kosovo, in Bosnien-Herzegowina, Vergewaltigungen an der Tagesordnung sind und Vertreibungen sowie Brandschatzungen als Kavaliersdelikt gelten, dann ist auch die deutsche Bundeswehr gefordert als Teil eines internationalen Verbandes. Wir müssen nur darauf achten, daß bei diesem – nach meiner Überzeugung im Kosovo notwendigen Einsatz – die Institutionen des Friedens nicht geschwächt werden. Das heißt, wir müssen darüber reden, wie man die UNO stärken kann. Wie die 0SZE und die WEU gestärkt werden, damit nicht die NATO die eigentlich Tonangebende wird!

Herausgeber: Stichwort »0SZE«. Gibt es Konturen einer europäischen Friedensordnung nach dem Balkankrieg?

Rau: Nein, leider noch lange nicht. Gespräche zu dieser Frage zwischen den europäischen Regierungen sind sehr dringend, denn natürlich ist die französische Position anders als die britische. Wir haben noch keine europäische Friedensordnung. Wir haben keine europäische Sicherheitspolitik. Ich hoffe, daß wir sie bekommen.

Herausgeber: In einer Ausgabe der *Gesamtdeutschen Rundschau* von 1956 haben wir Ihren Beitrag »Ich nicht!« gefunden. Darin geht es um das Nein zum Wehrdienst und zur Wiederaufrüstung. Ist der damals um seine Position ringende Johannes Rau über dieses Thema überhaupt erst richtig in die Politik gekommen?

Rau: Das ist richtig. Ich bin in die Politik gekommen über die Frage, ob die Deutschen, die Westdeutschen, gegenüber der kasernierten Volkspolizei eine eigene Bundeswehr aufbauen sollen. Ich habe dazu gesagt: Ich nicht! Ich habe das gesagt im geteilten Deutschland und auch so argumentiert.

Ich habe nicht gesagt: Ich bin ein Grundsatzpazifist, sondern ich habe das immer situativ verstanden. Ich habe in öffentlichen Briefen mit Franz-Josef Strauß darüber gestritten, wie sich Verantwortungsethik und Gesinnungsethik zueinander verhalten. Ich habe mich sehr früh dagegen gewehrt, daß aus dem Recht auf Wehrdienstverweigerung aufgrund von Gewissensentscheidungen der Schluß gezogen wurde, daß derjenige, der den Wehrdienst nicht verweigerte, sondern leistete, nicht gewissenhaft entschieden hätte.

Das heißt: Ich habe immer Bundeswehr und Zivildienst für zwei moralisch gleichwertige Varianten einer hoffentlich verantworteten Entscheidung gehalten. Ich habe immer daran erinnert, daß der, der zur Bundeswehr geht, sein Gewissen genauso geprüft haben muß wie der, der den Zivildienst leistet. Ich habe deshalb, als ich Ministerpräsident wurde, im Verlauf einer Woche Bundeswehr *und* Zivildienstleistende besucht. Ich habe immer Wert darauf gelegt, gerade bei der Nähe, die ich als Regierungschef zur Bundeswehr hatte und haben mußte, und wegen der vielen Menschen und der Standorte, auch vor und mit den Ersatzdienstleistenden zu reden.

Herausgeber: Sie waren niemals in der Situation, in einer »Gewissensprüfung« darauf zu antworten, ob und warum Sie den Dienst mit der Waffe verweigern. Jetzt stellt sich in der Diskussion um die zukünftige Mannschaftsstärke der Bundeswehr die spannende Frage, was das für den zukünftigen Aufbau von Zivildiensten und eines nichtmilitärischen Friedensdienstes bedeuten kann?

Rau: Diese Diskussion ist sehr vielschichtig. Sie hat natürlich auch mit der Frage »Wehrpflicht oder Berufsarmee« zu tun. Ich neige zur Wehrpflicht, um eine Söldnergesinnung möglichst zu vermeiden. Auch glaube ich, daß Berufsheere leichter einsetzbar sind als Wehrpflichtigenarmeen.

Ich möchte aber einen Ansatz verstärken, den ich als Ministerpräsident begonnen habe. Wir hatten in Berlin-Brandenburg auf der kirchlichen Ebene wie in Nordrhein-Westfalen auf der staatlichen Ebene Diskussionen über einen Friedensdienst jenseits des Ersatzdienstes. Ich habe die immer sehr gefördert.

Vor etwa zwei Jahren haben wir in einer gemeinsamen Aktion dreißig oder vierzig von uns ausgebildete Konfliktberater nach Bosnien geschickt. Für mich war das eine der wichtigsten Veranstaltungen in meiner Zeit als Ministerpräsident. Diese Aktion wurde getragen von Bischof Huber in Berlin-Brandenburg, Bischof Spital aus Trier, also von beiden Kirchen, und von Hans Koschnik, damals in Mostar, und von mir. Wir haben in einjährigen Kursen Menschen ausbilden lassen, die jetzt in Bosnien, hoffentlich auch mal im Kosovo, tätig sind und die keine andere Aufgabe haben, als das Miteinander der Menschen möglich zu machen. Wir müssen alles tun, damit mehr Menschen bereit sind, Nachbarschaft einzuüben.

Herausgeber: Es gab noch eine zweite Initiative aus Nordrhein-Westfalen. Als die bundesweite Förderung der Friedens- und Konfliktforschung eingestellt wurde, entstand die Stiftung »Entwicklung und Frieden«, die mit dem Namen von Willy Brandt verbunden ist.

Rau: Ich habe seinerzeit von Willy Brandt den Vorsitz dieser Stiftung übernommen, ihn aber vor kurzem wieder abgegeben. Es ist eine verdienstvolle Arbeit, die diese kleine Stiftung leistet. Mein Eindruck ist, daß sie noch zu stark hinter der Schallmauer der politischen Seminare agiert. Sie kommt noch nicht ausreichend an die Öffentlichkeit heran. Das alles ist hoch verdienstvoll, nur es ist noch zu wenig Veränderung der Wirklichkeit.

Herausgeber: Wir möchten zu einer weiteren Variation des Lebensthemas hinführen: »Ich lasse mir die Freude an der deutschen Einheit von niemandem nehmen«. Geht Ihr Anspruch, »ein guter Patriot« sein zu wollen, an dem Lebensgefühl der jungen Generation vorbei?

Rau: Ich glaube nicht, und zwar deshalb, weil der Begriff – jedenfalls von mir – benutzt wird als Abgrenzung gegenüber dem Begriff des Nationalismus. Ich sage nicht, daß wir ein deutschdeutsches Jugendwerk brauchen. Aber wir brauchen den Besuch von Schulklassen aus Bernburg in Frechen und von Schulklassen aus Ingolstadt in Dessau oder von Jugendverbänden. Wir haben unterschätzt, wie vierzig Jahre getrennte Existenz Entfremdung geschaffen haben. Wir dürfen es nicht den Rentnern überlassen, sich ihre Lebensgeschichten zu erzählen, sondern wir müssen junge Menschen dazu brin-

gen, miteinander ihr Vaterland – ich sage bewußt ihr Vaterland – zu entdecken.
Wenn ich das einmal aus der westdeutschen Sicht hier in Berlin unterstreiche, dann sage ich, daß wir weder Luther, noch Richard Wagner, noch Thomas Münzer – ich könnte noch weitergehen bis Wernher von Braun in Peenemünde – als Nationalgeschichte haben, sondern mit diesem vierzigjährigen Korridor, der geographische und historische Dimensionen hat, ist für mich eine Herausforderung verbunden, der wir uns stellen müssen.
Ich glaube, daß die deutsche Einheit ein Wunder ist. Es hat kaum jemanden gegeben, der geglaubt hat, daß es das noch einmal zu seinen Lebzeiten geben würde. Ich habe immer geglaubt, daß wir so leben müssen, daß sie kommen kann. Aber ich habe nie geglaubt, daß sie zu meinen Lebzeiten kommen wird. Das, was wir jetzt an gemeinsamen Chancen haben, ist so vielfältig – bis hin zu der Tatsache, daß wir jetzt das Land sind, das die meisten Nachbarn hat. Es gibt kein Land auf der Welt, das neun Nachbarstaaten hat, und das führt natürlich dazu, daß der Satz aus der ersten Regierungserklärung von Willy Brandt eine völlig neue Dimension erhält »Wir wollen ein Volk der guten Nachbarn sein!«
Ich mache im Augenblick Besuche in den Nachbarländern. Ich war in Frankreich und in Österreich, ich fahre nach Polen, in die Benelux-Staaten, nach Tschechien, in die Slowakei. Wenn man am Beispiel des kleinen Saarlandes sieht, wie unterschiedlich sich die einen nach Luxemburg hin orientieren und verheiraten, die anderen nach Lothringen, die dritten mehr nach Rheinland-Pfalz, und wenn man das bewertet, dann sieht man, was da für ein Reichtum ist, daß auf einmal ein Mensch in Nordrhein-Westfalen auch Polen und Tschechien als Nachbarn hat, und daß jemand aus Sachsen auf einmal auch den Niederländer als Nachbarn hat. Wenn dazu die Erkenntnis der eigenen deutschen Kultur- und Zivilisationsgeschichte kommt, dann sind dies für mich faszinierende Sachverhalte.

Herausgeber: Bei einem Interview zu Ihren vielen Reisen in die DDR haben Sie das Wort »Kurierdienste« benutzt. Haben Ihre persönlichen Kurierdienste seinerzeit an der Spitze der SPD Zustimmung oder auch Befremden ausgelöst?

Rau: Ich muß sagen, daß es mich schon bewegt hat, wenn – wie gerade, als ich mit der holländischen Königin in Oranienburg war – auf einmal die Leute »Johannes« riefen, weil sie meine alten Partner aus Oranienburg waren aus dem Jahr 1950 und später. Wenn ich mir vorstelle – das kann man sich ja heute gar nicht mehr bewußt machen – , daß Bischof Kurt Scharf gerade in Westdeutschland war, als am 13. August 1961 die Mauer gebaut wurde. Er wollte zurück in seine Wohnung. Sie ließen ihn jedoch nicht mehr hinein. Er hatte eine zweite Wohnung in Dahlem. Ich bin dann gerufen worden und bin wochenlang jeden Tag nach Ost-Berlin gefahren und habe die Wohnung von Kurt Scharf geräumt. Jeden Abend bin ich mit einem Koffer Wäsche, mal mit einer alten Tasche voller Bücher und dann mit den persönlichsten Dingen zu Scharf nach Dahlem gefahren und habe ihm seine Sachen gebracht, bis diese Wohnung leer war. Bei der Gelegenheit habe ich dann erfahren, ob noch ein Pastor im Gulli steckte. Denn es gab viele gefährdete Pastoren, die durch die Kanalisation von Ost-Berlin in den Westen flüchteten. Das sind natürlich Erfahrungen, die ich, wenn ich jetzt als 68jähriger fast vier Jahrzehnte später – nach Berlin komme, nicht vergessen habe. Das hat mich natürlich sehr stark geprägt.

Ich habe ja, genau wie Oskar Lafontaine, genau wie Gerhard Schröder, genau wie Willy Brandt und viele andere, meine Besuche in der DDR gemacht, auch bei der Staatsführung.

Herausgeber: Aber die fuhren nicht auf der »Jugendschiene«. Da waren Sie Einzelgänger.

Rau: Da war ich Einzelgänger.

Aber auch später, wenn ich zu Honecker ging, war ich am Abend vorher bei Bischof Forck oder bei Bischof Schönherr oder bei Bischof Hempel oder bei Konsistorialpräsident Stolpe oder bei Bischof Krusche in Magdeburg. Ich konnte immer etwas aus dem einen Gespräch in das andere einspeisen, ohne Verrat zu begehen. Das war wichtig, weil es ein Unterschied war, ob man nur aus dem Westen kam oder ob man den Umgang mit den Menschen in der DDR hatte. Den hatte ich, und das hat mich natürlich von den anderen unterschieden. Nur, das ist denen nicht vorzuwerfen.

Herausgeber: Ist das vielleicht so eine Art »Archetyp« für das, was Sie im Amt des Bundespräsidenten noch vorhaben?

Rau: Ein Stück weit ja. Ich will das nicht überhöhen. Aber natürlich ist das eine Erfahrung, die mich auch bei meinen Besuchen in den sogenannten »neuen Ländern« sehr stark beschäftigen wird. Wenn ich in Chemnitz eine Munch-Ausstellung eröffne, werde ich gleichzeitig meine alte Schule besuchen und die Familie, bei der ich 1943 Aufnahme gefunden habe. Da werden sich dann alle Generationen versammeln. Ich hoffe, daß ich das auch weitergeben kann. Das sind Erfahrungen, die mir jedenfalls in diesem Amt sehr nutzen.
Dazu kommt, daß es Stellen gibt, die ich nicht kenne und die ich kennenlernen muß. Ich kenne in Neuwied die Brüdergemeinden, und ich kenne sie in Königsfeld. Aber ich war nie in Herrnhut.

Herausgeber: Johannes Rau steht also in dieser Kontinuität seit den 50er Jahren. Er hat den gesamtdeutschen Gedanken nie preisgegeben.

Rau: Den habe ich nie preisgegeben.

Herausgeber: Wir führen das Gespräch am Tag nach der Reise, die Sie nach Tel Aviv führte, um dort an der Beerdigung von Ignatz Bubis teilzunehmen. Tom Segev schreibt zu diesem Anlaß in der israelischen Zeitung *Haaretz*, Bubis habe kurz vor seinem Tod das Scheitern aller Integrationsbemühungen von Juden in Deutschland erkannt. »Der Wunsch nach einem Begräbnis in Israel hat etwas sehr Symbolisches«.

Rau: Ich bin ganz anderer Meinung. Ich bin überzeugt davon, daß Ignatz Bubis, den wir in Tel Aviv beerdigt haben, wirklich ein deutscher Patriot gewesen und geblieben ist. Er ist in Breslau geboren. Er hat einige Jahre in Polen im Ghetto zubringen

müssen. Er ist nach Israel gegangen. Er hat sich dort nicht heimisch gefühlt und ist 1951 wiedergekommen. Ich kenne keinen, der um das Wachsen der jüdischen Gemeinde und um das Leben der jüdischen Gemeinden in Deutschland so große Verdienste hat wie Ignatz Bubis. Sicher mehr nach außen als im Inneren. Dazu hatte er gar nicht die Zeit, sich um diese ganz gewiß schwierige Situation zu kümmern zwischen Reformjuden und konservativen und völlig säkuralisierten Juden und Zuwanderern aus der früheren Sowjetunion. Daß er gesagt hat: »Ich will in Israel beerdigt werden«, halte ich nicht für eine Abkehr von seiner bisherigen Integrationsleistung.

Ihm war ja wirklich kein Weg zu weit. Wenn eine Schulklasse aus Friedrichshafen schrieb, fuhr er nach Friedrichshafen, und wenn die Schulklasse aus Neumünster schrieb, fuhr er nach Neumünster, um mit der Schulklasse zu diskutieren. Ich erinnere daran, daß Bubis im Januar 1996 während eines Besuches von Israels Staatspräsident Weizman diesem vehement widersprochen hat, als er eine kritische Bemerkung über Juden in Deutschland machte. Daß Weizman gestern zu seiner Beerdigung kam, habe ich als ein Zeichen der Versöhnung zwischen zwei Juden unterschiedlicher Nationalität gesehen. Für mich war es bewegend, daß außer seinem Schwager aus Paris, der eine Rede in englischer Sprache hielt, der sephardische Oberrabiner aus New York, sein einziger – noch lebender – Cousin, eine Totenrede hielt, ganz in jiddisch, die wir alle verstehen konnten.

Herausgeber: Wir sind zur 10.Variation Ihres Lebensthemas zurückgekehrt. »Bündnisse mit Juden und Israel«. Sie haben als Bundespräsident gesagt »Der Friedensprozess im Nahen Osten liegt mir besonders am Herzen«. Öfter als andere haben Sie seit Jahren Israel und seine Nachbarländer besucht. Werden Sie vermitteln können und wollen, oder ist das nicht Ihre Aufgabe als Bundespräsident?

Rau: Ich war Anfang der 80er Jahre auf einer Tagung der Sozialistischen Internationale in Abu Faira. Da wohnten die israelische Delegation und die palästinensischen Beobachter, die keinen Delegationsstatus hatten, in ein und demselben Hotel. Sie sprachen nicht miteinander. Sie durften nicht miteinander sprechen, weil jede Seite von der eigenen Heimat her gefährdet gewesen wäre. Sie haben dennoch voneinander erfahren, denn ich wohnte in dem gleichen Hotel. Nie ist davon ein Wort öffentlich geworden. Nie wird ein Wort öffentlich werden, wenn ich einen Eindruck, den mir Arafat vermittelt, weitergebe an Barak oder Weizman oder zwischen Weizman und Arafat vermittle. Aber es wird immer solche Grenzgängersituationen geben, ohne daß ich jetzt glaube, die Deutschen oder die Europäer oder gar ich könnten eine wirkliche Vermittlerrolle spielen.

Im Zusammenhang mit dem Friedensprozess im Nahen Osten gibt es ein Wort, das immer wieder genannt wird: Er ist unumkehrbar, es gibt zu ihm keine Alternative. Dennoch wird es sehr schwer werden. Niemand soll glauben, unter Barak werde es jetzt einfach mechanisch laufen. Dazu sind die innerisraelischen Konflikte viel zu groß, und dazu sind die Fraktionierungen innerhalb des palästinensischen Lagers viel zu tiefgehend. Um so mehr kommt es darauf an, daß es Menschen in Europa und Amerika gibt, die mithelfen, daß der Terror gegenüber Israel genauso aufhört, wie das Sozialdumping gegenüber den Palästinensern. Dazu habe ich immer Beiträge zu leisten versucht. Das werde ich auch als Bundespräsident tun.

Herausgeber: Was können wir erwarten von Johannes Rau? Einiges ist schon deutlich geworden. Wird es noch andere besondere Akzente in Ihrer Amtszeit geben?

Rau: Das weiß ich noch nicht. Ich weiß überhaupt noch nicht, was in diesen fünf Jahren geschieht, was auf mich zukommt. Ich bin da von fröhlicher Neugier bestimmt. Ich sage das immer an zwei Beispielen: Als Gustav Heinemann 1969 gewählt wurde, hat er nicht geahnt, daß er 1972 im Olympiastadion nach dem Attentat auf israelische Sportler reden müßte. Als Walter Scheel nach ihm gewählt wurde, hat er nicht gewußt, daß er später die Totenrede auf Hans Martin Schleyer würde halten müssen. Deshalb kann man nicht sagen, was in fünf Jahren an Akzentsetzungen nötig ist.

Herausgeber: Das Lebensmotto bleibt aber »Versöhnen statt Spalten«.

Rau: Daß dieser Satz, den ich ja nicht zufällig, aber eher beiläufig gebraucht habe, daß der hernach zur Lebensmelodie geworden ist, ist ja nicht mein Werk. Ich habe ja nicht im Dezember 1985 in Ahlen gesagt: So, von jetzt ab heißt mein Lebensmotto »Versöhnen statt Spalten«. Trotzdem habe ich wahrgenommen, wo immer etwas über mich geschrieben oder gesagt wurde, war das die Grundmelodie. Die wird es bleiben, denn wir leben in einer Zeit, in der die zentrifugalen Kräfte zunehmen. Manchmal hat man den Eindruck, die Welt rast auseinander. Die Alten von den Jungen weg, der Osten vom Westen, die Reichen von den Armen. Da muß es Menschen geben, die zusammenhalten, die zusammenführen, die dafür sorgen, daß wir weder erfrieren noch ersticken, und ich glaube, daß der Bundespräsident diese Funktion hat und daß er sie wahrnehmen muß.

Herausgeber: Moderne Streitkultur ...?

Rau: Auch moderne Streitkultur! Aber eine Streitkultur, die den Konflikt benennt, um den Konsens möglich zu machen und nicht eine Streitkultur, die den Konflikt heilig spricht.

Herausgeber: In einem Kirchenlied heißt es: »ER sitzt im Regimente und führet alles wohl.« Das wird von manchen als christlicher Fatalismus verstanden. Der liebe Gott wird's schon machen. Was können Sie damit anfangen?

Rau: Erst einmal muß man ja die zwei vorangehenden Zeilen in dem Lied berücksichtigen: »Bist Du doch nicht Regente, der alles führen soll«. Das ist das Entscheidende. Es wird mit diesem Liedvers von Paul Gerhardt – wenn ich nicht irre – auch ein bißchen spielerisches Leben möglich. Es wird der Zwang weggenommen: Du mußt es schaffen. Du mußt den Frieden schaffen. Du mußt die Gerechtigkeit herbeiführen. Dieses »Bist Du doch nicht Regente, der alles führen soll, Gott sitzt im Regimente und führet alles wohl« – das soll erst einmal Unbefangenheit zurückgeben, ein bißchen von der Leichtigkeit des Seins. Es kommt nicht darauf an, daß der Rau statt 18 nun 20 Stunden arbeitet. Es kommt nicht darauf an, daß er jede Gruppe erkennt, umarmt. Es kommt überhaupt nicht darauf an.

Herausgeber: Teilnehmende Distanz, distanzierte Teilnahme. Hilaritas, Heiterkeit?

Rau: Ja, das würde ich sagen. Das ist eine Grundstimmung, bei der man wissen muß, die hält man nie ganz durch. Es ist ja nicht so, als wenn man wie ein lebendes Evangeliar durch die Gegend läuft. Man hat ja Depressionen, man hat Stimmungen, und man ist Stimmungen unterworfen. Das gibt es alles auch.

Herausgeber: Sie haben auch Grenzerfahrungen verarbeitet ...

Rau: Ja. Wahrlich.

Herausgeber: Ein Attentat ganz dicht neben Ihnen.

Rau: Ein Attentat, eine schwere Operation!
Das gibt einem eine gewisse Unbefangenheit gegenüber den Aufträgen, die man wahrnimmt. Es nimmt einem die Verbissenheit, hoffe ich jedenfalls, und führt einen dennoch nicht in

die Resignation.«Seid getrost, tut eure Hände nicht ab, denn euer Werk hat sein Lob.« Das steht – glaube ich – im zweiten Buch der Chronik.

Herausgeber: Auf die Frage eines Journalisten, was Sie gerne möchten, daß die Menschen später einmal von Ihnen sagen sollten, haben Sie 1993 geantwortet: »Er mochte die Menschen. Und: Er hat Liebe zurückzugeben versucht«. Gilt das heute auch?

Rau: Ja, das würde ich heute auch so sagen!

Personenregister

BILDQUELLENVERZEICHNIS

S. 13, 15, 19, 22, 108, 109, 110, 114, 187 und 194: Privatbesitz. – S. 17, 31, 33, 34, 36, 75 und 83: Hans Lachmann, Monheim. – S. 25, 69, 153 und 183: Landespresse- und Informationsamt Nordrhein-Westfalen (LIN). – S. 43 und 174: epd-bild, Frankfurt. – S. 48 und 51: Protexte 4: »Es geht ums Leben!«. Abrüstungsbemühungen und Aufrüstungspolitik 1945 bis 1981, zusammengestellt und kommentiert von Karl-Ludwig Sommer, eine Veröffentlichung des Bildungswerkes evangelischer Kirchen im Lande Bremen, 1982. – S. 55, 125 und 160: dpa, Frankfurt am Main. – S. 78: Archiv der sozialen Demokratie AdsD, Friedrich-Ebert-Stiftung (FES), Bonn. – S. 62: Boris Spaker, Frankfurt. – S. 72, 77, 81, 106, 117, 121, 128, 154, 166, 179, 199, 203, 205*, 209*, 212*, 215*, 219* und 224*: J. H. Darchinger IFJ, Bonn. –S. 93: Presse- und Informationsamt der Stadt Duisburg. – S. 98 und S. 195: Israel Hadari, Tel Aviv. – S. 101: Thomas Kersten, Unna. – S. 104: Renate Schmitz, Düsseldorf. – S. 112: Gitta Penning. – S. 124: Archiv der Arbeiterjugendbewegung, Oer-Erkenschwick (Alfred Winter, Wattenscheid). – S. 131: F. W. Holubovsky, Köln. – S. 141: Rainer Haldenwang, Wuppertal. – S. 146: Alfred Koch, Köln. – S. 175: Westfälische Nachrichten, Münster. – S. 181: Fotoarchiv des WDR, Köln.

* Diese Fotos von Johannes Rau entstanden während des Gesprächs mit den Herausgebern am 16. August 1999 im Berliner Amtssitz des Bundespräsidenten.